DETHOLIAD O FALEDI HUW JONES:
'LLYMGI PENLLWYD LLANGWM'

golygwyd gan

ALAW MAI EDWARDS ac A. CYNFAEL LAKE

ABERYSTWYTH
CANOLFAN UWCHEFRYDIAU CYMREIG A CHELTAIDD
PRIFYSGOL CYMRU
2010

℗ Alaw Mai Edwards ac A. Cynfael Lake, 2010.

Cedwir pob hawl. Ni chaniateir atgynhyrchu unrhyw ran o'r cyhoeddiad hwn na'i gadw mewn cyfundrefn adferadwy na'i drosglwyddo mewn unrhyw ddull na thrwy unrhyw gyfrwng electronig, mecanyddol, ffotocopïo, recordio, nac fel arall, heb ganiatâd ymlaen llaw gan Ganolfan Uwchefrydiau Cymreig a Cheltaidd Prifysgol Cymru, Llyfrgell Genedlaethol Cymru, Aberystwyth, Ceredigion, SY23 3HH.

Y mae cofnod catalogio'r llyfr hwn ar gael gan y Llyfrgell Brydeinig.

ISBN 978-1-907029-04-2

Cysodwyd yng Nghanolfan Uwchefrydiau Cymreig a Cheltaidd Prifysgol Cymru.
Argraffwyd gan Argraffwyr Cambrian.

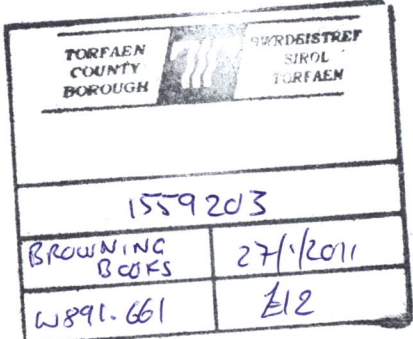

Rhagair

Rhan o ffrwyth prosiect a ariannwyd gan Fwrdd Gwybodau Celtaidd Prifysgol Cymru yw'r casgliad hwn o faledi. Diolch i nawdd y Bwrdd, cyflogwyd ymchwilydd i gasglu ynghyd ac i olygu holl faledi Huw Jones o Langwm. Bwriedir creu gwefan a fydd yn cynnwys yr holl ddeunydd hwn, ond yn y lle cyntaf darperir detholiad o hanner cant o faledi, sydd nid yn unig yn cynnig cipolwg ar weithgarwch ac ymagweddiad un o brif faledwyr ei oes, ond sydd ar yr un pryd, gobeithio, yn tystio i'r math o ddeunydd poblogaidd a oedd yn cylchredeg ar lafar ac mewn print yn ystod y ddeunawfed ganrif.

Testun wedi ei ddiweddaru a'i olygu a gynigir yma, ac fe'i seiliwyd ar y deunydd crai a ddiogelwyd mewn ffynonellau print a / neu mewn llawysgrifau. Cyfrwng llafar oedd y faled yn ei hanfod, ac y mae'r fydryddiaeth, yr odlau a'r gynghanedd yn hawlio ffurfiau llafar yn gyson. Ac felly bydd *anifel* a *chwedel* yn odli, fel y bydd *peth* a *gobeth*, *sêl* a *trafel*, *esmwythder* a *Peder*, *llywodreth* a *perffeth*. Ychwanegir llafariaid epenthetig yn gyson, yn enwedig at eiriau unsill sy'n cynnwys sillaf gadarnleddf, er mwyn ateb gofynion yr odl ac er mwyn sicrhau bod aceniad y llinellau yn rheolaidd (*chwedel* a *Peder* uchod, er enghraifft). At hyn, hawlia'r odl y terfyniad *-on* (yn hytrach nag *-om*) pan ddefnyddir ffurfiau cyntaf lluosog y ferf, er enghraifft *buon* (am *buom*) i odli â *dynion*, *byddon* (am *byddom*) i odli ag *arferion*. Cyffredin hefyd yw hepgor llafariaid er mwyn cywasgu geiriau megis *caledi* (*cledi*), *gwaradwydd* (*gwradwydd*), *anewyllysgar* (*anwyllysgar*) a *boneddigion* (*bonddigion*).

Erys dau rhwystr y mae'n rhaid i olygydd y baledi eu hwynebu. Er bod y ffurfiau llafar yn cael eu cofnodi yn ffyddlon yn y copïau print a llawysgrif fel ei gilydd, ni ddigwydd hynny bob tro, ac o'r herwydd rhaid cyfnewid ffurfiau llenyddol y gwreiddiol am ffurfiau llafar wrth olygu os mynnir sicrhau cysondeb. Ond buan y daw i'r amlwg nad oedd y bardd ei hun yn gyson, a'i fod yn barod i elwa ar hyblygrwydd ei gyfrwng, ac i ddefnyddio ffurfiau llafar a llenyddol yn gyfochrog â'i gilydd. Er mai'r terfyniad enwol llafar *-e* a ddefnyddir bron yn ddieithriad, digwydd *-au* llenyddol yn achlysurol er mwyn galluogi'r bardd i odli *brau* a *cadwynau*. Er mai symleiddio'r deuseiniaid *ae* ac *ai* yn *e* er mwyn sicrhau odl sydd fwyaf cyffredin, ar dro rhaid wrth y ffurfiau llenyddol wrth odli *llaeth* ac *afiaith*, neu *gwaith* a *cynhaliaeth*. Efallai mai'r deusain *ai* sydd fwyaf hyblyg yng ngolwg Huw Jones, a gallai odli *ened* a *fyned* ar y naill law, ac *enaid* a *rhaid* ar y llaw arall. Yn yr un modd ceir *perffeth* a *gelynieth* ynghyd â *perffaith* a *gwaith*.

Wrth olygu ceisiwyd ymgyrraedd at fesur o gysondeb, er cydnabod nad oedd hynny yn bosibl bob tro ar gyfrif y ddau anhawster y cyfeiriwyd atynt. Mabwysiadwyd yn gyson y terfyniadau *-e* am *-au* mewn berfenwau ac mewn enwau lluosog (oni bai fod yr odl yn hawlio *-au*), (*i*)*ed* (am *-*(*i*)*aid*) mewn enwau lluosog, ynghyd â'r terfyniad ansoddeiriol *-edd* (am *-aidd*). Defnyddiwyd y terfyniadau berfol *-es* (1 unigol gorffennol, am *-ais*), *-e* (3 unigol gorffennol, am *-ai*), ac *-on* (er enghraifft 1 lluosog gorffennol mynegol neu 1 lluosog presennol dibynnol, am *-om*). At hyn, dewiswyd mabwysiadu *e* yn hytrach na'r deusain *ae* gan mai yn anfynych iawn yr hawlia'r odl y ffurf lenyddol (eithriad yw *gwnaeth* / *marwolaeth*). Rhaid wrth lafariad seml *e* wrth odli *geneth* a *llygredigeth*, ac wrth odli *wybodeth* ac *unweth*, a gellid ychwanegu llu o engheifftiau eraill. Yn achos y deusain *ai* sydd, fel yr awgrymwyd, yn fwy hyblyg, mabwysiadwyd ffurfiau enwol megis *gobaith*, *araith*, *enaid* gan fod y rhain yn cael eu defnyddio wrth odli ar fwy nag un achlysur (oni bai fod rhaid wrth ffurf lafar), ond defnyddiwyd yn gyfochrog â hwy *cyfreth*, *Llunden*, *males* a *mantes* er nad yw'r odl bob tro yn mynnu'r ffurfiau llafar hyn.

At ei gilydd dilynwyd orgraff y gwreiddiol wrth gofnodi pob gair unigol ond ni ddefnyddiwyd yr arwydd sillgoll yng nghorff geiriau gan y galwai hynny am arfer lliaws o'r cyfryw, ac felly ceir *cledi* yn hytrach na *c'ledi*, *twllwch* yn hytrach na *t'w'llwch*. Fe'i harferwyd yn gyson, fodd bynnag, ar ddiwedd geiriau: *ne'* (am *nef*), *benna'* (am *bennaf*), *diodde'* (am *dioddef*) a *neidien'* (am *neidient*).

Os ychwanegwyd gair neu lythyren at y testun wrth olygu dynodwyd hynny trwy ddefnyddio teip italig. Defnyddiwyd teip italig hefyd ar gyfer rhai geiriau Saesneg a gofnodwyd yn yr un modd yn y gwreiddiol.

Cydnabyddaf yn ddiolchgar y nawdd a dderbyniwyd gan y Bwrdd Gwybodau Celtaidd, ac a sicrhaodd fod prosiect baledi Huw Jones yn gallu mynd rhagddo. Ar ysgwyddau Dr Alaw Mai Edwards y disgynnodd y baich o gopïo'r baledi ac o'u cydolygu, a phriodol iawn yw cydnabod ei chyfraniad cwbl allweddol hithau. Diolch i'r Athro Dafydd Johnston, Cyfarwyddwr Canolfan Uwchefrydiau Cymreig a Cheltaidd Prifysgol Cymru, am gytuno i gyhoeddi'r detholiad hwn o dan enw'r Ganolfan. Dr Ann Parry Owen, Cyfarwyddwr Prosiect Guto'r Glyn yn y Ganolfan, a osododd yr holl ddeunydd yn ei le ac a'i llywiodd trwy'r wasg, a braint yw cael mynegi fy nyled iddi.

A. Cynfael Lake
Prifysgol Abertawe
Gorffennaf 2009

Y Cynnwys

RHAGAIR iii
RHAGYMADRODD 1
BYRFODDAU 22
Y CERDDI

Troseddau, llofruddiaethau a damweiniau
1 Hanes fel y cafodd un Siân Ysmith ei barnu i farwolaeth ar gam 23
2 Cerdd yn rhoddi byr hanes am City Lisbon 27
3 Cerdd neu hanes rhyfeddol fel y crogwyd tri yn Amwythig
   y sesiwn ddiwethaf 29
4 Cerdd dosturus fel yr oedd gwraig feichiog yn trafaelio tros fynydd yn
   sir Faesyfed 31
5 Cerdd neu hanes rhyfeddol fel y darfu i fachgen pedair oed syrthio i
   grochenaid o ddŵr berwedig a cholli ei fywyd 34

Rhyfeloedd
6 Cerdd ar ddull ymddiddan rhwng y prydydd a'r gog ynghylch yr amser
   presennol 37
7 Cerdd newydd neu gwynfan teyrnas Loegr ar drigolion America am eu
   bod yn gwrthryfela i'w herbyn 40
8 Cerdd o atebiad y plant i'w mam neu anfoniad Americans i Loegr 43
9 Cerdd o goffadwriaeth am orfoleddus lwyddiant brenin Prwsia
   ar ei holl elynion 46
10 Cwynfan gwŷr Ffrainc am ychwaneg o luniaeth o Loegr 48

Serch
11 Cerdd i'r merched 52
12 Cerdd neu gynghorion i ferched ieuanc i gadw eu hunain fel y bo
   gweddus 54
13 Cwynfan merch gwedi ufuddhau i'w chariad ac yntau ei gadael hi 56
14 Cerdd ar ddull ymddiddan rhwng gŵr ifanc a'i gariad yr hon oedd
   feichiog ohono ef, yntau yn ei gwrthod hi 57
15 Cerdd ar ddull ymddiddan rhwng hen ddynes heb briodi a
   dynes ifanc yn gweiddi am ŵr 60

16　Cerdd neu gwynfan gŵr ieuanc am ei gariad gan ei chyffelybu hi i'r winllan 63
17　Byr hanes o ryw ffregedd a fu rhwng mab a merch wrth ddyfod o'r gwylmabsant 66
18　Cerdd newydd, neu hanes gŵr ifanc a aeth i garu 68

Meddwdod a'i ganlyniadau
19　Cerdd neu gynghorion yn erbyn medd-dod 70
20　Cyffes yr oferddyn drannoeth ar ôl gwario'r cwbl 72
21　Cerdd ar ddull ymddiddan rhwng meddwyn a'i wraig, y hi yn ei geisio ef adref ac yntau yn nacáu 74
22　Cerdd o ymddiddan rhwng yr oferddyn a'r dafarnwraig 78
23　Cerdd newydd neu hanes fel y tyfodd ymrafael mawr yng Nghymru rhwng dau ŵr bonheddig 81

Y byd sydd ohoni
24　Cerdd newydd neu ymffrost Balchder o'i anrhydedd a'i lywodraeth 87
25　Cerdd newydd neu gwynfan tosturus y cybyddion am fod y farchnad mor isel a'r byd cystal ar bobl dylodion 89
26　Cerdd newydd ar ffurf ymddiddan rhwng merch fonheddig a merch y tenant 92
27　Cerdd newydd o gwynfan yr hwsmon trafferthus o achos y trethi a'r degwm 96
28　Cerdd newydd yn adrodd costus drafael y porthmyn 99
29　Ychydig o benillion ynghylch dechreuad a chodiad yr ymenyn 102
30　Cerdd newydd neu gwynfan y rhan fwyaf o drigolion Cymru am yr holl ddarnau aur ac arian a fu anrhydeddus yn ein plith 104
31　Cerdd a wnaed o gwynfan tros amryw bobl a gadd lawer o gwrw a licers yn rhad wrth gadw elecsiwnau y flwyddyn ddiwethaf 106
32　Cerdd o glod i filisia sir Fôn 108
33　Cerdd newydd neu fynegiad am ŵr a gwraig aeth i Ruthun ag ymenyn i'w werthu 111

Crefydd
34　Rhybudd i bawb edifarhau 114
35　Cerdd newydd yn gosod allan aml bechodau ac anwireddau dynion 117

36 Cerdd yn rhoddi eglurhad o'r ddameg sy'n 10 pennod o Luc 120
37 Cerdd newydd ynghylch diwedd amser a dechrau tragwyddoldeb 123
38 Dyrifau digrifol ar ddull o ymddiddanion rhwng Cristion ac
   Anghristion ynghylch mynd i'r eglwys 125
39 Cerdd yn adrodd fel y mae amryw fath o ddynion yn torri'r
   Saboth 130
40 Carol plygain ar Susanna am 1782 133
41 Carol plygain ar y mesur a elwir Y Cowper Mwyn 136

Annerch
42 Cerdd newydd i'r anrhydeddus Esgwiar Robert Watgyn Wynne o
   Garthmeilo 139
43 Cerdd ar ddyfodiad Henry Corbed Owen o Ynysymaengwyn,
   Esq., yn un ar hugain oed 142
44 Cerdd o fawl i bobl ifanc ar ddydd eu priodas 144
45 Cerdd ar ddull ymddiddan rhwng y byw a'r marw 145
46 Cerdd newydd a wnaed i gaseg Hywel Lloyd o Hafodunnos 148

Personol
47 Hugh Jones siopwr Llangwm yn sir Ddinbych, yr hwn oedd yn Jêl
   Rhuthun am ddyled ac a wnaeth gerdd iddo ei hunan 150
48 Cerdd newydd neu gwynfan dyn trafferthus wedi bod mewn
   caethiwed a charchar 153
49 Cerdd i annerch ei wraig a'i blant 159
50 Dau bennill er cof am ei ferch 160

GEIRFA 161
MYNEGAI I'R ENWAU PRIOD 165
MYNEGAI LLAWN I DEITLAU'R CERDDI 169
MYNEGAI I'R LLINELLAU CYNTAF 173
MYNEGAI I'R ALAWON 175

'Llymgi penllwyd Llangwm':
Cyflwyniad i faledi Huw Jones o Langwm

Baledwr, anterliwtiwr, cyhoeddwr, casglwr; gallwn eu defnyddio i gyd i ddisgrifio Huw Jones o Langwm. 'Nid am y rhain y mae Huw Jones yn haeddu cael ei gofio', meddai Thomas Parry am y baledi a'r anterliwtiau, 'a gallwn fforddio eu hanwybyddu am y tro. Ei wir gymwynas oedd cyhoeddi dau lyfr'.[1] *Dewisol Ganiadau yr Oes Hon* (1759) a'r *Diddanwch Teuluaidd* (1763) oedd y ddau hynny, a sicrhaodd Huw Jones, diolch i'w ddwy fenter lwyddiannus, fod gwaith y beirdd a elwir yn newydd-glasurwyr, gwŷr megis Goronwy Owen ac Ieuan Fardd a geisiodd adfer bri'r gynghanedd a'r mesurau caeth, yn dod yn hysbys. Prin oedd y rhai a glywsai am Oronwy yn ail hanner y ddeunawfed ganrif, a phrinnach y rhai hynny a gawsai gyfle i ymgydnabod â'i ganu. Trwy rwydwaith gohebol y Morrisiaid a'u cyfeillion y bu cerddi Goronwy Owen yn cylchredeg yn y lle cyntaf, ond pan gyhoeddwyd y *Diddanwch Teuluaidd* yn 1763, a'i ailgyhoeddi yn 1817, wedi marw Huw Jones, daeth cerddi megis 'Cywydd yn Ateb y Bardd Coch o Fôn' a 'Cywydd y Maen Gwerthfawr' i sylw'r cyhoedd am y tro cyntaf. Yr oedd dwy o gerddi dylanwadol Goronwy, 'Cywydd y Farn' a 'Bonedd a Chyneddfau'r Awen', eisoes wedi gweld golau dydd yn *Dewisol Ganiadau*.

Y ddwy flodeugerdd, felly, oedd meini prawf Thomas Parry wrth iddo geisio cloriannu cyfraniad Huw Jones, ond nid oes amheuaeth nad ei waith fel awdur baledi ac anterliwtiau a'i gwnaeth yn ffigwr mor adnabyddus yn ei ddydd. Diogelwyd pedair anterliwt o'i waith ynghyd ag un arall a luniwyd ganddo ef a Siôn Cadwaladr, neu Sionyn o'r Bala, ar y cyd, a gwyddys fod un testun arall o leiaf wedi diflannu. Argraffwyd y cywaith ynghyd â thair o'r anterliwtiau a luniodd Huw ei hun, ac y mae'n bur debyg i drigolion rhai o bentrefi'r gogledd fwynhau gweld cwmni o actorion yn eu cyflwyno ar achlysur ffair neu farchnad. Ond mae'n amlwg fod cyfansoddi baledi hefyd yn weithgarwch pwysig yn ei olwg, a chan fod rhyw gant a phedwar ugain ohonynt wedi goroesi, eu deuparth mewn llyfrynnau print wyth tudalen (a elwir gennym hefyd yn faledi) a'u traean mewn amryfal lawysgrifau, gallwn dybio nad oedd ei faledi yn llai cyfarwydd na'i anterliwtiau.

Heb os, y mae Huw Jones yn llawn haeddu'r un sylw â baledwyr pwysicaf eraill ei gyfnod, sef Twm o'r Nant, Elis y Cowper a Jonathan Hughes. Ac fel Huw Jones, yr oedd y tri hyn hefyd yn awduron anterliwtiau. Yn Henllan, nid nepell o Ddinbych, y maged Twm o'r Nant, treuliodd

---

[1] Thomas Parry, 'Yr hen ryfeddod o Langwm', *Y Casglwr* 16 (1982), 16.

Elis y Cowper y rhan fwyaf o'i oes yn Llanddoged ger Llanrwst, a hanai Jonathan Hughes o Langollen. Yr oedd gogledd-ddwyrain Cymru yn y cyfnod hwn yn llawn bwrlwm o safbwynt y faled, a chalon y diddordeb oedd y diriogaeth rhwng dyffryn Conwy i'r gorllewin, dyffryn Clwyd i'r dwyrain, ac Edeirnion i'r de. Saif pentref Llangwm bron â bod yn y canol, ac eto yr oedd Amwythig a Chaer, lle yr argraffwyd y rhan fwyaf o'r baledi, o fewn cyrraedd hwylus. Ni chafwyd prawf pendant mai yn Llangwm y ganed Huw Jones, er mai wrth yr enw 'Huw Jones o Langwm' yr adwaenid ef, a barnu wrth y baledi a'r anterliwtiau. Tipyn o ddirgelwch hefyd yw dyddiad ei eni. Awgrymwyd dyddiadau amrywiol rhwng 1700 a 1740, ond y mae'n debyg y byddai 1720–5 yn nes ati. Y dyddiad cynharaf ar lyfryn baledol sy'n cynnwys baled ganddo yw 1748; erbyn y 1750au yr oedd yn ddigon adnabyddus i Dwm o'r Nant allu ei alw yn 'prydydd enwog yn yr amser honno'.[2] Y mae rhestr y tanysgrifwyr ar ddiwedd y gyfrol *Dewisol Ganiadau* yn awgrym arall o'i gyswllt â phlwyf Llangwm. Er y ceir enwau amaethwyr a chrefftwyr o bob cwr o ogledd Gymru, nodir yn eu plith lawer iawn o enwau cartrefi a ffermydd Llangwm a'r cyffiniau, er enghraifft, Garthmeilo, Aeddren, Disgarth, Gellïoedd ac Ystrad Fawr. Y mae Huw Jones yn cyfeirio at y pentref hefyd yn rhai o'i faledi. Canodd gerdd fawl i Robert Wynne, Plas Garthmeilo, Llangwm, cerdd goffa i Elisabeth Jones o'r Fron, Llangwm, a cherdd alarus sy'n disgrifio effaith marwolaeth morwyn ifanc o'r enw Jane Evans ar drigolion y pentref:

Mae dy garennydd bod ac un, llawer dynes, llawer dyn,
Yn Llangwm hawddgar, foddgar fun, cwyn iddyn' sy'n cynyddu.[3]

Ac yn y faled a luniodd i ddathlu achlysur priodas Edward Lloyd, Trefnant, ag aeres Maesmor, meddai:

Ni fu yn Llangwm gwlwm gole un ddonie ag oedd y ddau,
Ni chadd tylodion mo'r fath foddion oedd yn llymion i'w gwellhau.[4]

Ni chawn wybod ym mha le y bu ef ei hun yn byw yn y pentref, fodd bynnag, a chred y rhai sy'n byw yn Llangwm heddiw yw mai tyddyn bychan a elwir yn 'Votty Fron Llan' oedd ei gartref – bwthyn sydd bellach yn ddim ond adfeilion ar ochr y mynydd.

Tebyg mai tlawd iawn oedd bywyd y prydydd a oedd hefyd, fe awgrymwyd, yn was fferm. Rhoes gynnig ar fod yn siopwr hefyd:

Mi es yn barchus yn y wlad wrth brynu'n ddrud a gwerthu'n rhad,
Nid oedd undyn yn y wlad mwy ei gariad ar eu geirie.[5]

---

[2] G.M. Ashton gol., *Hunangofiant a Llythyrau Twm o'r Nant* (Caerdydd, 1964), 33.
[3] Llsgr. LlGC 346B, 352. [Fy morwyn oedd]
[4] BWB 241. [Chwe sir Gwynedd fwynedd]
[5] Cerdd 47. BWB 196A.

Yn anffodus bu'r fenter yn fethiant, ac yn y carchar yn Rhuthun am ddyled yr oedd Huw Jones pan ganodd y faled hon. Cyfeiria at saith o blant mewn baled arall a luniwyd beth amser yn ddiweddarach, wedi iddo gael ei draed yn rhydd, a chyfeiria at ei wraig hynod o amyneddgar hefyd:

> A finne sydd na fedda-i neb a dry mo'i wyneb ata'
> Ond mam 'y mhlant sydd imi yn fwyn yn cofio ar dwyn amdana'.[6]

Yn ôl y Morrisiaid treuliodd gyfnod dan glo am hen ddyledion yn Llundain hefyd, ac y mae'n debyg y byddai Lewis a'i frodyr yn barnu ei fod yn llwyr deilyngu ei gosb. Ymhlith pethau eraill cafodd Huw Jones ei alw ganddynt yn '*bungler*', 'penbwl', 'ceryn llysowenaidd' a 'llymgi penllwyd'. Fe'i cyhuddwyd o bocedu arian y tanysgrifwyr, a bu William Morris a'i gydnabod ym Môn yn aros yn hir am eu copïau o'r *Diddanwch Teuluaidd*. 'Ow Llangwm, pa beth sydd arnat na ddeui a llyfrau i'r wlad cyn marw o'r holl subscrifwyr?', cwynai William ym mis Mehefin 1763.[7] Ceisiodd Huw Jones ei hun egluro'r oedi cyn argraffu'r flodeugerdd gyntaf, *Dewisol Ganiadau*, trwy fwrw'r bai ar yr argraffwyr: 'Fy nal yno wnaethon' gan ddodi i mi addewidion', meddai'n hollol ddiniwed.[8] At hyn, ymddengys iddo ar ambell achlysur 'anghofio' talu i'r argraffwyr am eu gwasanaeth. Marw yn nhŷ gweithio'r plwyf, yn fawr ei drueni, a wnaeth un printiwr, William Roberts, oherwydd na chafodd arian gan Huw Jones am argraffu'r *Diddanwch Teuluaidd*, ac ymhen rhai blynyddoedd byddai Richard Morris yn dal i gorddi wrth gofio am 'Roberts y printiwr druan a amdwywyd gan y Llangwm atgas, yr hwn a gaiff gyfiawn dâl am ei ddrwg weithredoedd yn y byd nesaf'.[9]

Beirniadwyd ef hefyd am iddo geisio argraffu gwaith Goronwy Owen ac Ieuan Fardd, cywion Lewis Morris, a chefnogwyr Cymdeithas ddysgedig y Cymmrodorion, ochr yn ochr â gwaith baledwyr cyffredin megis Elis y Cowper, Twm o'r Nant a Daniel Jones, Rhiwabon. Ond fel y dywed Alan Llwyd yn ei gofiant i Oronwy Owen, cenfigen a snobeiddrwydd oedd wrth wraidd agwedd nawddoglyd a dilornus y Morrisiaid tuag at Huw Jones a Dafydd Jones o Drefriw, gŵr arall tebyg iawn iddo o ran ei fagwraeth, ei weithgarwch a'i ddiddordebau:

> I'r Morrisiaid, dau fwnglerwr oedd y Jonesiaid hyn, dynion gwladaidd, syml a diurddas, heb arlliw o ysgolheictod ar eu cyfyl.[10]

Pwysleisiai'r Morrisiaid hefyd fod eu gweithiau yn llawn gwallau. 'You must look after him', meddai Ieuan Fardd wrth Richard Morris pan ddatgelwyd bod Huw Jones yn bwriadu trefnu chwaer-gyfrol i'r *Diddanwch*

---

[6] Cerdd 47.
[7] ML II, 564.
[8] BWB 155B. [Pob Cymro da radde]
[9] ALMA 693.
[10] Alan Llwyd, *Gronwy ddiafael, Gronwy Ddu* (Llandybïe, 1997), 280.

Teuluaidd, 'for I find his conceit and ignorance has contrived to commit some faults even under your inspection'.[11] Y mae Huw Jones yn cydnabod nad yw ei lyfrau yn ddi-fai, ond esbonia hefyd fod ganddo amcan arbennig mewn golwg wrth baratoi blodeugerdd a oedd yn cynnwys cywyddau ynghyd â baledi. Mawr obeithiai y byddai'r Cymry cyffredin a oedd yn gyfarwydd â'r baledi poblogaidd yn cael eu cymell i droi at y deunydd mwy uchelgeisiol yn y rhan gyntaf, a gobeithiai hefyd y byddai'r deunydd yn gyfrwng ennyn a chynnal diddordeb mewn barddoniaeth Gymraeg:

> ... pob Cymro athrylithgar awyddus edryched ar waith Dechreuol y llyfr yma ... a phlant a phobl I faingc darllenyddion anhyddysg edrychan ar y rhann ddiweddaf or llyfr, yr hon sydd esmwythach a haws ei deall .... O herwydd finnau ryfygais Argraffu hyn o waith Beirdd Cymry, ac os Bydd i'r Llyfran yma foddio fy nghyd Wladwyr, a bod yn gŷnorthwyd [sic] i'r Ieunctid ddysgu llafaru eu Mamiaith, fe fydd hynny er bodlondeb i minau.[12]

Awgryma'r geiriau hyn fod Huw Jones yn ymwybodol iawn o anghenion Cymry cyffredin fel ef ei hun. Ar gyfer y dosbarth hwn y lluniwyd y baledi. Canodd ar bynciau hynod amrywiol; ceir troeon trwstan a fyddai'n codi gwrid ynghyd â charolau plygain defosiynol a syberw. Yr amrywiaeth hynod hwn, a'i allu i ddelio â'r dwys ac â'r digrif, sy'n ei wneud yn un o faledwyr mwyaf pwysig y ddeunawfed ganrif, ac 'yn fardd enwog o bêr ddoniau'.

* * *

Cawn eglurhad cryno o beth yn union oedd swyddogaeth baledwr yn y ddeunawfed ganrif gan Siwan Rosser:

> O'r dwys i'r digrif, y duwiol i'r masweddus, cynigia'r baledwr sylwadau ar holl rychwant profiadau, coelion, pryderon a gobeithion ei gyfnod. Diddanwr cymdeithas ydyw, crefftwr a chanddo rywbeth i'w ddweud wrthym hyd heddiw am lên gwerin, hanes, diwylliant ac adloniant ei oes.[13]

Ac yntau yn teithio yn aml i drefi'r argraffwyr, i Gaer, i Amwythig ac i Lundain, y mae'n siŵr i Huw Jones glywed llawer iawn o faledi Saesneg yn cael eu canu mewn ffeiriau a marchnadoedd. Dywed Siwan Rosser mai ailgreu testunau yn seiliedig ar straeon neu themâu cyfarwydd a wnâi'r baledwyr gan amlaf, ac o Loegr y daeth llawer iawn o'r deunydd crai hwnnw. O Loegr hefyd y daeth llawer o'r alawon y seiliwyd y geiriau

---

[11] ALMA 608.
[12] Huw Jones gol., *Dewisol Ganiadau yr Oes Hon* (Y Mwythig, 1759), iii–iv.
[13] Siwan Rosser, *Y Ferch ym Myd y Faled* (Caerdydd, 2005), 1.

arnynt, megis 'Green Windsor', 'Hunting the Hare', 'Heart of Oak' a 'Let Mary Live Long'. Wrth ail-greu, mae'n amlwg fod Huw Jones yn dewis ei bynciau yn ofalus, a'i fod yn gwybod yn union beth a oedd at ddant ei gynulleidfa. Mae'r nifer helaeth o faledi o'r eiddo sydd wedi goroesi yn brawf o hyn. Ailgyhoeddwyd llawer ohonynt. Ymddangosodd y faled a adroddai 'fel y cafodd un Siân Ysmith ei barnu i farwolaeth ar gam' ar dri achlysur (Cerdd 1), ac argraffwyd sawl baled yn ystod yr ugain mlynedd yn dilyn marwolaeth Huw Jones. Ar y llaw arall, ymddengys mai ar lafar y bu'r carolau plygain yn cylchredeg gan fod y rhan fwyaf o'r rhain wedi eu cofnodi mewn llawysgrifau. Diogelwyd rhai copïau yn llaw Huw Jones ei hun. Yn ei law ef y mae'r unig gopi o'r faled anghyffredin i gaseg Hywel Lloyd o Hafodunnos (Cerdd 46) ac y mae'n debyg mai casgliad o faledi yn ei law oedd cynsail y testunau a ddiogelwyd yn llawysgrif Cwrtmawr 209. Ar ddiwedd 'Cywydd y Bedd' yn y casgliad hwnnw, nodwyd: 'Gwybydd- wch, nid o ran cywreindeb y cywydd uchod y gosodwyd ef yma ond bod yr ystyr yn Ganmoladwy genyfi – Bardd Llangwm'.

Y mae iaith y baledi yn ymddangos yn ddieithr i ni heddiw, ond y mae'n dilyn na châi gwerinwyr y ddeunawfed ganrif anhawster i'w deall. Cân yw baled, a rhaid cofio mai ar lafar, ac nid ar bapur, y cyflwynid llawer iawn o'r deunydd. Ni fyddai gan aelodau'r gynulleidfa mewn ffair a marchnad eiriaduron yn eu pocedi. Serch hynny, lluniwyd penillion pob baled yn gelfydd, a manteisiai'r awdur ar odlau mewnol ac ar gyflythrennu ym mhob llinell ac ym mhob cwpled. Dibynnai Huw Jones, megis ei gyd- faledwyr, yn helaeth ar drawiadau cynganeddol cyfarwydd ac ar ymadroddion megis 'moddau mawr' neu 'ffraethlon ffri', ac ailadroddir y rhain ganddo drosodd a thro. Weithiau gwelir cystrawennau a threigladau anghyffredin, a hynny er mwyn sicrhau bod yr odl neu'r gyfatebiaeth gynganeddol yn gywir. Ni fyddai hynny yn mennu ar y gynulleidfa, ac yn wir, y mae lle i gedu y byddai gallu'r baledwr i gynnal yr addurn hwn o'r dechrau hyd y diwedd yn destun boddhad ac edmygedd. Hoff fesurau Huw Jones oedd 'Gwêl yr Adeilad', 'Consêt Gwŷr Dyfi', 'Charity Meistres' a 'Greece and Troy'. Buasai'r rhain ar un adeg yn gyfarwydd iawn i drigolion y gogledd-ddwyrain, a chynigiai pob un gyfle i'r baledwr amlygu ei ddawn wrth drin geiriau.

Yn y sylwadau sy'n dilyn trafodir yn gryno brif bynciau a phrif themâu baledi Huw Jones.

'Hanes hynod mwrdwr parod ...'
Cyflawnai'r faled yn y ddeunawfed ganrif yr un swyddogaeth â'r papur newydd yn ein dyddiau ni. Trwy'r faled y clywai trigolion cefn gwlad am ddigwyddiadau cyffrous y dydd, ac ni fyddai'n destun syndod felly fod baledi a oedd yn ymwneud â llofruddiaethau a damweiniau ar y naill law, a rhyfeloedd ar dir a môr ar y llaw arall, yn boblogaidd iawn. Canodd Huw Jones sawl baled o'r math hwn, ac y mae'n ymddangos iddynt gylchredeg

yn helaeth. Yn achos nifer o'r baledi print un copi yn unig a oroesodd. Ond diogelwyd tri argraffiad gwahanol o'r faled a adroddai hanes Siân Smith a diogelwyd tri chopi gwahanol o'r argraffiad o'r faled a gofnodai'r ddamwain frawychus pan gollodd bachgen pedair blwydd oed ei fywyd wedi iddo syrthio i ganol crochenaid o ddŵr berw. Yn Sussex y lleolir helynt Siân Smith ond yn Nhrawsfynydd y digwyddodd y ddamwain. Dengys hyn fod y baledwr yn barod i chwilio ymhell ac yn agos am ddeunydd a fyddai wrth fodd ei gynulleidfa. Anodd gwybod sut yn union y cyrhaeddai'r hanesion hyn glustiau Huw Jones a'i gyd-faledwyr. Y mae'n bosibl i rai o'r hanesion gyrraedd clust yr awdur trwy gyfrwng y masnachwyr a deithiai yn ôl ac ymlaen rhwng Cymru a Lloegr. Ar y llaw arall, awgryma'r ffeithiau ym maled Siân Smith – enwir y siopwr a'i cyflogai a'r wraig ysgeler a ddewisodd ddwyn camdystiolaeth yn ei herbyn – fod hon yn seiliedig naill ai ar adroddiad yn y wasg neu ar faled Saesneg a ddiflannodd bellach. Yn y dosbarth hwn o faledi dengys Huw Jones ei fod yn bencampwr ar adrodd stori yn glir ac yn fachog, a gwelir y ddawn hon yn yr anterliwtiau drachefn. Cyflwynir y digwyddiadau yn drefnus, y naill ar ôl y llall, gan gadw sylw'r gynulleidfa hyd y pennill olaf, a chofnodir ymateb y sawl a oedd yn dyst iddynt. Ychwanegir naws ddramatig at helynt Siân Smith trwy ddyfynnu tystiolaeth yr amryfal gymeriadau.

Bu daeargryn Lisbon ar 1 Tachwedd 1755 pan gollodd hyd at gan mil eu bywydau yn destun siarad a thrafod yn holl wledydd Ewrob. Lluniodd Huw Jones ddwy faled ar y pwnc (y mae'r ail, ysywaeth, yn anghyflawn) a chyfeiriodd at y digwyddiad arswydus mewn sawl baled arall. Yr oedd 'Cerdd yn rhoddi byr hanes am City Lisbon' Huw Jones yn un o dair a werthid gan Evan Ellis, un o werthwyr baledi mwyaf dyfal ac ymroddedig ei oes. Prin yw'r manylion yn y faled hon, a darlun cyffredinol o ganlyniadau'r dinistr a gynigir o ganlyniad:

> Roedd cri yn awr, da gwyddon ni, pan oedd y brodyr heb fawr gysur
> Ond gweiddi'n eglur mewn llafur tan y lli';
> Nid ydoedd fawr ddiddanwch pan ddarfu ei harddwch hi.[14]

'Duw sy'n ordro rhyfel drud ...'

Y mae'r grŵp o faledi sy'n cyfeirio at frwydro a rhyfela yn perthyn yn agos i'r dosbarth cyntaf. Yn ystod oes Huw Jones ymladdwyd y Rhyfel Saith Mlynedd (1756–63), rhyfel y bu'r rhan fwyaf o wledydd Ewrob yn gyfrannog ynddo, a dechreuodd y taleithiau yng Ngogledd America frwydro am eu hannibyniaeth yn ystod y degawd nesaf. Y Rhyfel Saith Mlynedd sy'n cael y sylw pennaf gan Huw Jones. Yr oedd Prydain a Phrwsia yn gynghreiriaid yn y rhyfel, ac mewn un faled dethlir llwyddiant Ffredrig, Brenin Prwsia, yn erbyn ei elynion (Cerdd 9). Mewn baled a

---

[14] Cerdd 2. BWB 95.

luniwyd yn weddol gynnar yn hanes y rhyfel, yn 1758, ac a seiliwyd ar ddigwyddiadau hanesyddol 1757, rhestrir gelynion Ffredrig a'r niferoedd a laddwyd gan ei fyddin:

> Can mil oedd o'r Awstried sur yn hepil bur anhapus,
> Can mil o Ffrancod yn 'r un fan a fynnen' ran o'r ynys;
> Can mil o Rysians o bob lle na ddofen' fyth i'w ddifa fe,
> A'r rhain yn erbyn Crist o'r ne' yn gwisgo eu harfe hirfaith;
> Deng mil a deugain oedd ar led o Sacsonia, croesa' cred,
> Ac o *Germany* gryn ysbred, cân' fyned heb damed ymaith.[15]

Yr oedd Ffrainc yn un o'r gwledydd a frwydrai yn erbyn Prydain yn y rhyfel. Mewn baled arall sonnir am y newyn yn y wlad honno yn dilyn cyfres o fethiannau, ond prin yw'r cydymdeimlad gan mai portread comig a dychanol o'r bobl a'u brenin, Louis (Lewis i'r Cymry) XV a gyflwynir y tro hwn:

> Mae newyn mawr i'n mysg ni'r Ffrancod,
> Ni wiw mo'r codi lawer diwrnod;
> Mae gan brinned ar y brenin:
> Ni fedd o gaws na blawd nac eisin
> Un difyn yn ei dŷ ...
>
> Petaech yn gweled mor anghynnes
> Hyd y gegin yr aeth ei goges;
> Roedd cyn dewed ei thor felen
> Â Siôn y cigydd o Langollen.[16]

Yr oedd y rhyfel rhwng Prydain ac America a ddechreuodd yn 1775 yn bwnc arall a hawliodd sylw. Cyflwynir safbwyntiau'r ddwy wlad yn gelfydd mewn dwy faled sy'n ateb ei gilydd. Dilyniant i 'Cwynfan teyrnas Loegr ar drigolion America am eu bod yn gwrthryfela i'w herbyn' yw 'Atebiad y plant i'w mam neu anfoniad Americans i Loegr' (Cerddi 7–8). Delweddir Prydain fel y fam ofalus a'i thaleithiau fel ei phlant ('Magu a wnes blant, rhois fronne yn eu mant'), ond ochr yn ochr â'r darlun hynaws o'r fam yn magu ei phlentyn ceir disgrifiadau o'r milwyr arfog ar faes y gad a'r gwaed yn llifo ('Ow! f'offisers mwynion sy a'u gwaed fel lli'r afon'). Ni all Lloegr yn y faled gyntaf ddeall pan na chaiff barch a theyrngarwch – a threthi – yr Americaniaid o ystyried y cyfan a wnaed trostynt. Etyb pobl America mai trwy eu hymdrechion eu hunain y llwyddwyd i wastrodi'r wlad newydd ac i gadw'r Indiaid brodorol o hyd braich, ac mai'r cyfan a wnaeth Lloegr oedd llesteirio eu llafur trwy anfon i'w plith haid ar ôl haid o garcharorion, ynghyd ag ambell glerigwr meddw fel Goronwy Owen yn y fargen! Ceisiodd Huw Jones esbonio safbwynt y ddwy ochr yn y ddwy faled hyn, ac efallai

---

[15] Cerdd 9. BWB 165.
[16] Cerdd 10. BWB 77B.

fod y pellter daearyddol rhwng Cymru ac America yn ei alluogi i edrych ar y sefyllfa mewn gwaed oer. Ond nid yw hynny yn gwbl gywir ychwaith gan fod yr ail gerdd, 'Atebiad y plant' yn fwy angerddol na nemor un gerdd arall a luniodd Huw Jones, ac anodd gwybod sut i roi cyfrif am hyn. Gwyddys fod ei gyfaill, Siôn Cadwaladr, a chyd-awdur yr anterliwt *Y Brenin Dafydd*, wedi ei alltudio i Ogledd America am saith mlynedd yn dilyn achos o ladrata. Dychwelodd Siôn i sir Feirionnydd yn 1766, ac efallai fod Huw Jones yn cyfleu ymateb trigolion y taleithiau ar sail yr hyn a adroddodd Siôn wrtho. Ac efallai fod a wnelo ei angerdd â'i gas tuag at y drefn a barai fod cyfaill megis Siôn Cadwaladr yn cael ei gosbi trwy ei anfon mor bell o'i gynefin, a hynny am drosedd bitw.

Un o ganlyniadau'r Rhyfel Saith Mlynedd oedd codi llu milisia ym mhob sir yn Lloegr ac yng Nghymru. Canodd Huw Jones faled i filisia sir Fôn (Cerdd 32) a chanodd hefyd i'r milwr a orfodwyd i ffarwelio â'i wlad ac â'i deulu. Dygir i gof fformiwla ailadrodd a chywair telynegol yr hen benillion yn y faled 'Gyrru'r ydwyf mor garedig at ffrind unig diddig da', dau beth sy'n dwysáu tristwch a chwithdod y llefarwr wrth iddo adael Cymru a mentro i fyd newydd a diethr.

> Trwm yw'r chwedel, rhaid ymadel, daeth imi heb gêl ryw drafel drist,
> Trwm heb gelu mynd o Gymru, ond galla' er hynny gredu i Grist;
> Trwm yw'r arfe, gwn a chledde, sy yn fy mreichie yn ole 'nawr,
> Trwm wyf finne trwy 'mofynion a phrudd fy nghalon, moddion mawr;
> Trwm yw canu "Ffarwél Gymru", yn drwm rwy'n gyrru i fyny i Fôn,
> Trwm yw'r munud tramwy mo'ni mewn naws heini mwy na sôn.[17]

'*Rwy'n llwyd fy ngwawr a'm bol yn fawr ...*'

Yr oedd rhybuddio'r merched ifainc rhag peryglon y cnawd yn bwnc hynod o boblogaidd. Trafodwyd y ddelwedd o'r ferch yn y baledi gan Siwan Rosser, a sylwodd fod y merched yn cael eu portreadu mewn mwy nag un ffordd:

> Canai'r baledwr, yn aml, am anfoesoldeb y ferch drachwantus mewn un faled, cyn cyflwyno morwyn ddiwair, ffyddlon mewn un arall ... Nid anghysondeb a barai iddo wneud hynny, ond y ffaith y perthynai pob un o'r delweddau benywaidd gwrthgyferbyniol i is-*genres* gwahanol.[18]

Y mae a wnelo nifer o faledi Huw Jones â'r forwyn ddiniwed a siomwyd; 'cwymp y forwyn' yw'r enw a roes Siwan Rosser ar y dosbarth hwn. Cyflwynir y pwnc mewn sawl ffordd. Mewn rhai baledi bydd y bardd ei hun yn annerch y ferch, dro arall ceir ymddiddan rhwng y ferch a'i chariad a thro arall clywir ymson y ferch. Pa batrwm bynnag a ddefnyddir, yr un yw'r

---

[17] BWB 480. [Gyrru'r ydwyf mor garedig]
[18] Siwan M. Rosser, *Y Ferch ym Myd y Faled*, 13.

ergyd; cawn bortread llawn o ferch ifanc ddibriod a siomwyd gan ei chariad twyllodrus. Yn ddieithriad, bydd y llanc wedi ei gadael a hithau yn feichiog. Y gweddau a bwysleisir yn y rhain yw'r cywilydd a deimlai'r ferch oherwydd ei phlentyn siawns, y modd y byddai pob un yn siarad amdani a'i chydnabod yn ei hanwybyddu, ei anghysur corfforol yn ystod cyfnod ei beichiogrwydd, a'r tlodi a ddaw i'w rhan wrth iddi geisio ymgynnal. Cyferbynnir hefyd rhwng y fam a thad ei phlentyn. Y mae hi yn gaeth ond y mae ef yn rhydd i fynd fel y myn ac i garu ag arall:

> Yn lle mynd hyd y ffeirie, rhodio heb ame yn ole a wnawn,
> Bodlona' i'm byd yn siglo'r crud, fe ddarfu'r llonfyd llawn;
> Am wneuthur wrth ei feddwl rwyf fi dan gwmwl, drwbwl draw,
> Y fo bob dydd yn holliach sydd a minne yn brudd mewn braw.[19]

Nid yw amgylchiadau'r fam ddibriod yn rhai i'w chwennych:

> Rhaid ichwi ganu hai lwl lwl a gwarchad gartre' dyddie dwl
> A thorri'r dillad sidan a'u troi nhw ynghylch y bychan,
> Pan bibo golchi'r baban heb neb yn ceisio cusan
> Gan y feingan fwynlan fant ... [20]

Y plwyf a fyddai'n gyfrifol am y ferch a'i phlentyn, ac o'r herwydd nid oedd beichiogi cyn priodi yn gymeradwy yn y ddeunawfed ganrif. Cyfrifoldeb y ferch, felly, ydoedd diogelu ei henw da a'i diweirdeb (neu 'rhos y berth'), a thanlinellir hyn yn ddramatig iawn gan Huw Jones wrth iddo rag-weld yr effaith ar fywyd y ferch: 'Os ymrowch, fe ddowch yn ddwy', meddai yn syml. Ond awgrymir hefyd fod bai ar y mab a'r ferch fel ei gilydd. Byddai'r llanc yn twyllo'r ferch â'i eirau teg ('Yr oedd mor fwyn ei fadroddion'), ac nid angylion o bell ffordd ydoedd y merched a ddarlunnid yn y baledi hyn; ymddengys na fyddai angen llawer o berswâd arnynt i'w cymell i ildio.

> Pwy goelie 'chwaith yr un o'r merched teg eu llun?
> Maen nhw dan sêr fal pwysi pêr yn denu llawer dyn;
> Bu Tamar wen yn gwisgo ei phen, yn buten irwen aeth,
> I'r dre' mewn gwŷn yn deg ei llun er denu dyn y daeth;
> A merched Lot caed arnyn' flot, rhoen' iddo bot yn bur,
> Beichiogi o'u tad ac ennill had o eisie yn wastad wŷr.[21]

Mae'r gyfeiriadaeth feiblaidd yn digwydd yn aml yn y baledi hyn, yn enwedig at Efa, y ferch gyntaf a fu'n gyfrifol am dwyllo ei gŵr Adda yng Ngardd Eden. Ei disgynyddion hi yw'r merched anffodus y deuir ar eu traws yn y baledi hyn:

---

[19] Cerdd 13. BWB 77.
[20] Llsgr. LlGC 1710B, 166. [Pob meinir luniaredd]
[21] Cerdd 14. BWB 91.

> Hawddfyd fu'r dechre, rhyw droee rhai drwg,
> A hawddfyd roes Efa yn gyfa' mewn gwg;
> Pan oedd hi efo'i gŵr troes hawddfyd yn siŵr
> Yn fwstwr a chynnwr' a chwant;
> Blysio ffrwyth pren a wnaeth y wraig wen,
> Bu'n wenwyn tra milen i'w mant;
> Y hi am yr afal, oer dreial, ar dro
> A chwithe am yr eirin a yrrwyd o'ch co'.[22]

Aros nes priodi yw'r cyngor a rydd Huw Jones. Ond nid oedd priodas yn fêl i gyd, a cheir baledi sy'n lleisio cwynion gwragedd am eu gwŷr, ac sy'n cyflwyno trafferthion y bywyd priodasol. Mewn un faled clywir dwy wraig yn trafod diffygion eu gwŷr; y mae'r naill yn briod â chybydd a'r llall yn briod ag oferwr, ac y mae'r ddwy yn bur anhapus eu byd. Y mae'r faled hon sydd ar ffurf ymddiddan yn ddrych i glebran ffraeth a doniol gwragedd y cyfnod. Mewn baled arall cyflwynir ymddiddan rhwng merch ifanc sy'n awyddus i briodi a gwraig annibynnol ei meddwl a ddewisodd fyw ar ei phen ei hun. Ni all y ferch ifanc amgyffred bywyd heb ŵr, ond darlun delfrydol o fywyd priodasol sydd ganddi:

> Oni bydde hwn yn fwyn wrth orwedd drwyn-yn-nhrwyn?
> Serennu'n wastad yn ei lygad trwy gariad a thrwy gŵyn.[23]

Darlun gwahanol a gynigir gan yr hen wraig:

> Mae'r gwely gen-i 'n gynnes a lloches abal llawn,
> I mi fy hunan caf y cyfan trwy fwynlan ddiddan ddawn;
> Pan eloch chdi yn briodol o'm lledol byddi'n llom
> A'th beisie yn gagal dan ymgegu a'r galon drwyddi yn drom.

Mewn baled arall, y mae'r ferch ifanc 'yn ysu am ledu 'nau lin', ond fe'i cynghorir mai 'llelo *yw* pob llanc'. Pasiwyd deddf ynglŷn â phriodi yn 1753 a rhaid oedd cael caniatâd y rhieni cyn i'r sawl nad oedd yn un ar hugain oed briodi. Mewn un faled y mae merch ifanc yn lleisio ei hymateb i'r ddeddf hon, ac yn mynegi ei hanniddigrwydd oherwydd 'Rhyw gyfreth go egwan bensyfrdan yn siŵr / Sy'n rhwystro i mi yn ddirgel gael gafel mewn gŵr'.[24]

Mater mwy difrifol yw'r trais corfforol a ddaw i ran y wraig briod. Crybwyll y pwnc wrth fynd heibio a wna Huw yn ei faledi, ond awgryma ei fod yn rhan o brofiad y merched. 'O'i ddwrn ac o'i ddyrnod mor barod y bydd', rhybuddir mewn un faled, ac mewn un arall 'Dy labio a'th ystwytho heb ddim ystop'. Ni fynegir unrhyw gydymdeimlad â'r gwragedd, a hawdd tybio bod y 'labio' yn nodwedd gyffredin ar fywyd yr oes. Y mae'n bosibl

---

[22] Cerdd 11. BWB 223.
[23] Cerdd 15. BWB 249B.
[24] BWB 94B. [Dydd da fo i'm cymdoges]

hefyd fod Huw Jones yn mynd allan o'i ffordd i bwysleisio'r gwrthgyferbyniad rhwng yr uniad delfrydol a'r realiti. Er gwaethaf y rhybuddion ymddengys mai sicrhau gŵr oedd nod pob merch, a cheir cryn hiwmor yn y baledi lle y cyflwynir ei rhwystredigaeth mewn iaith fachog ac awgrymog:

> Ow! na ystyriech chwi fy nghlwy',
> Un afiach wy' o nwy' a chwant;
> Rwy'n fronnog gynffonnog,
> Wynebog wawr dalog ar des;
> Rwy'n ddeunaw mlwydd llawn ddydd Mercher brydnhawn,
> Anffortun yn gyflawn a ges.[25]

Yr oedd adrodd am droeon trwstan a oedd yn gysylltiedig â serch yn bwnc arall a gynigiai i'r baledwr bob math o bosibiliadau. Mewn un faled disgrifir y modd y gwelodd llanc ifanc ei gariad yn caru ag arall, ac mewn baled arall cofnodir syndod dwy ferch pan ddarganfuasant fod llanc ifanc yn rhannu eu gwely.

'Mae rhinwedd mewn diod ...'

Yr oedd meddwdod a'i ganlyniadau yn un o hoff bynciau Huw Jones. Unwaith eto, cyflwynir y pwnc mewn sawl baled ar ffurf ymddiddan, ac y mae nifer o'r rhain yn hwyliog ac yn llawn hiwmor. Cawn ymddiddanion yn trafod rhinweddau'r dafarn ac yfed, yn lleisio rhybuddion yn erbyn yfed, ac yn traethu am effeithiau yfed a meddwi. Ond er mai'r dafarn a'r ddiod gadarn yw canolbwynt y baledi hyn, ymdrinnir â'r thema yn wahanol ym mhob un. Yn yr ymddiddan rhwng y Dafarn a'r Meddwyn, er enghraifft, clywir y Meddwyn yn cyhuddo'r dafarn o'i ddenu i feddwi:

> Mi fûm yn dwad iddi, rhyw ffansi rhy ffeind,
> A'm cwbwl ddymuniad a'm bwriad am beint,
> A thithe trwy gellwer tra gallwn gwblhau
> A fyddi ar fyr alwad yn dwad â dau.[26]

Yn ôl y Dafarn, fodd bynnag, y Meddwyn yn unig sy'n gyfrifol am ei holl drallodion, er mai rhyfedd yw clywed y Dafarn yn pregethu mai rheitiach fyddai i'r Meddwyn aros gartref a gwario llai ar gwrw:

> Ni roit ti ar dafarne dy feie yn dy fyw;
> Rwyt ti, 'r Cymro hawddgar, mewn claear fodd, clyw,
> Fel llwdwn â phendro yn ymdreinglio mewn drain
> Na pheidit â myned cyn rhwydded i'r rhain.

Dro arall Gwraig y Dafarn a ddewisir i achub cam y sefydliad y mae yn gyfrifol amdano yn wyneb cyhuddiadau'r Oferddyn, a chlywir y naill gymeriad yn ymosod ar y llall yn ddi-flewyn-ar-dafod. Cawn wybod fod

---

[25] BWB 243. [Pob carwr brigog serchog swyn]
[26] BWB 112. [Dydd da fo iti, 'r dafarn]

arian yn ddyledus i Wraig y Dafarn gan yr Oferddyn, a gelwir yr olaf yn 'lelo drwg ei lun', yn 'lelo melyn', yn 'gnonyn ci', yn 'lolyn meddw', ac yn 'hen lipryn gwirion gwael'. Serch hynny, 'gwaetha slaf yw slaf y cwrw'. Mangre pechod a thrythyllwch yw'r dafarn yng ngolwg Huw Jones, a cheir rhybudd i ymwrthod â'i hatyniadau yn yr holl faledi er na chyflwynir y neges yn uniongyrchol ym mhob un. Cyflwynir y ddau begwn, y da a'r drwg, yr eglwys a'r dafarn, yn glir mewn ymddiddan rhwng y Meddwyn a'i Gydwybod. Bu Cydwybod yn ddyfal yn ceisio denu'r Meddwyn i'r eglwys, ond anwybyddodd y Meddwyn ei gynghorion a'i rybuddion:

> Mi fûm wrth hir grefu yn dy dynnu bob dydd
> I ddrws y wir eglwys tra pharchus trwy ffydd;
> Os gwelit gwmpeini, rhyw ffansi rhy ffol,
> Ti droit yn o gadarn i'r dafarn yn d'ôl.[27]

Byddai Huw Jones yn cyfosod y ddau yn gyson ac yn pwysleisio'r gwahaniaethau rhyngddynt. Y mae'r dafarn yn 'lletty'r ddalfa ddu', yn 'llety gwael aflan', ac yn 'drigfan pob drwg'. Crefftus yw'r modd y defnyddir ymadroddion sy'n perthyn i fyd yr eglwys wrth ddisgrifio ymlyniad y Meddwyn wrth y ddiod gadarn: 'Duw pob meddw yw'r cwrw costus a'r tŷ tafarn ydyw'r eglwys / A'r wraig yw'r person, drwg eu pyrse, a'r chwart a'r peint yw'r ceraint gore'.[28] Y mae'r eglwys a'r hen dŷ tafarn yn Llangwm drws nesaf i'w gilydd yn llythrennol, ac efallai fod a wnelo hyn â'r modd y dewisodd Huw Jones uniaethu'r ddau fyd. Er mai cyflwyno cynghorion a rhybuddion moesol sydd wrth wraidd y baledi hyn, y maent hefyd yn rhoi darlun byw iawn o fwrlwm a diwylliant tafarndai Cymru yn y ddeunawfed ganrif, fel y gwnaeth William Hogarth yn ei ddigriflun o'r 'Beer Street' yn Lundain yn 1751. Rhestrir mewn un faled holl atyniadau'r dafarn:

> Ca-i gwrw, ca-i groeso, ca-i 'nghoelio am 'y nghân,
> Ca-i ffrins a chyfeillion, rai mawrion a mân,
> A gwraig y tŷ yn effro i dendio i mi dân;
> Caf ŵr y tŷ hefyd mawr funud mor fwyn,
> Ca-i forwyn, ca-i 'r feistres o loches i lwyn,
> Llawenydd diddarfod yw glan medd-dod mwyn.[29]

Ac mewn baled arall:

> Ti gei gymdeithion glân, cwrw a thwrw a thân,
> Ni a fynnwn ffidler ar ôl swper i diwnio ar gyfer gân;
> Cei'r gwely gore i gysgu a'th ymgeleddu'n glyd,
> Craf dy boced, cei dobaco a chroeso heno o hyd.[30]

---

[27] BWB 111. [Ow! gwrando, Cydwybod]
[28] Cerdd 19. Llsgr. LlGC 12869B, 23.
[29] BWB 221. [Braf ydy'ch bywolieth]
[30] Cerdd 22. Baledi a Cherddi 15 (5).

Sonnir mewn baled arall am fwynhau 'y cwrw coch' a 'gwneud siot', am yfed 'y full bumpar', am ysmygu 'tobaco a phibelle' a hefyd am y daith feddw tuag adref:

> Fe gerddodd pawb adre' a'u gyddfe yn un gwaed,
> Rhai oedd yn syrthio i ffosydd a phiso
> A'r lleill yn pendwmpio ac yn treinglo oddiar eu traed,
> Ac un dan fôn derwen yn gelen a gaed.[31]

Cyflwynir y gwrthdaro mewn sawl baled mewn ymddiddanion rhwng y meddwyn a'i wraig. Daw i'r amlwg yn y rhain fod i'r ymddifyrru anghyfrifol yn y dafarn ei ganlyniadau. Tra bydd eu tad yn mwynhau yn y dafarn bydd y plant yn newynog ac yn llwm eu byd: 'Mae chwech o blant gartre' â rhyw liwie rhy lwyd / Na feddan' i'w fwyta na bara na bwyd'.[32]

'Rwy' braidd gwedi blino yn ceibio pob cae ...'

Os oedd y gŵr oriog a yfai holl elw'r teulu tlawd yn y dafarn yn destun poblogaidd iawn, nid llai poblogaidd oedd y cerddi a oedd yn seiliedig ar fywyd yr hwsmon neu'r tenant. Yr oedd pris y farchnad, a phris y gwenith, yr ŷd a'r ymenyn, yn fater o bwys i holl gymunedau gwledig Cymru, ac nid oedd talu trethi yn fwy atyniadol yn y ddeunawfed ganrif nag ydyw yn yr unfed ganrif ar hugain. Trafodir pynciau fel y rhain ar sawl achlysur, ond yn y faled 'Cwynfan yr hwsmon trafferthus' (Cerdd 27) y ceir y darlun mwyaf cyflawn o'r hwsmon a'i fyd a'i werthoedd. Cwyna fod ei wraig yn gwario ar de ac ar ddillad, a'r gweision yn hawlio cyflogau afresymol a hynny am wneud y nesaf peth i ddim. Nid da ganddo'r person sy'n mynnu'r degwm na'r meistr tir sy'n mesur y tiroedd i sicrhau ei fod yn gwasgu pob ceiniog o ddwylo ei denantiaid. Mewn baled arall ar yr un pwnc gresyna fod ffyrdd newydd yn cael eu hadeiladu a'r arian 'Yn mynd i wag ddynion pen ffolion di-ffydd / Am wneuthyd hyd fynydd ffyrdd newydd i ni'. Tua diwedd y ganrif y gwelwyd y ffordd dyrpeg yn ymddangos a thollbyrth, neu'r 'ffordd bost'. O ganlyniad yr oedd rhaid 'Rhoi bara a chig rhost i ŵr wrth y post, / Am agor llidiarde cynigir ceinioge, / Aeth arnom er ys dyddie i'r hen gene gryn gost'.[33] Fodd bynnag, perthyn arwyddocâd arbennig i'r hwsmon ac i'r modd y delweddir ef yn y baledi. Yr oedd yr hwsmon yn gymeriad canolog yn yr anterliwtiau, a'r un yw nodweddion y cymeriad yn y ddau gyfrwng. Cybydd yw'r hwsmon bron yn ddieithriad. Y mae iddo ei rinweddau; y mae'n weithiwr dyfal a diflino ond ni fyn rannu dim â neb. Nid oes ganddo ddim i'w ddweud ychwaith wrth y tlawd a'r anghenus. Yn ei farn ef, diogi ac ofera sydd wrth wraidd pob anghaffael.

---

[31] BWB 206. [Doed pob oferddyn yn un]
[32] BWB 784. [Dydd da fo i'm gŵr priod]
[33] BWB 249B. [Trwy'ch cennad, pob hwsmon]

Mewn un faled cais y ddau gymeriad, Hywel ac Ifan, ddarogan beth fydd effaith y rhyfeloedd ar bris y farchnad, ac y mae eu hymddiddan yn darlunio'n berffaith y sgwrsio a oedd yn digwydd yn y ffeiriau a'r marchnadoedd. Meddai Hywel:

> Pa beth sy ar bapur newydd Caer? Mae hwnnw yn daer yn taeru
> Y gostwn y farchnad eto ar frys, mae rhywun a'i 'wllys felly.[34]

Ond dau gybydd yw'r rhain, ac elwa i'r eithaf, a hynny ar draul eraill, yw eu nod. Mewn un faled fe'u clywir yn llawenhau pan glywant fod y prisiau yn codi ond mewn baled arall y mae yn gyfnod o gyni, a hiraetha'r ddau am yr amser da a gafwyd yn y gorffennol pan gaent bris teilwng am eu nwyddau. Erbyn hyn, 'Ni cheir yr awron gan dylodion / Mewn anhrugaredd ond rhyw goron, / Wŷr blinion, am y blawd'.[35] Ychydig o sôn a glywir am y tlawd a'r anghenus, a hynny o bosibl am na feddai'r dosbarth hwn y moddion i brynu'r baledi. Diau mai o blith y tenantiaid a'r crefftwyr y deuai prynwyr y baledi, ac ar eu cyfer hwy, felly, y bwriadwyd y deunydd. Ond camarweiniol fyddai awgrymu na phoenai Huw Jones am aelodau llai breintiedig y gymdeithas. Lluniodd sawl baled rhwng 1757 a 1758, cyfnod a welodd gryn gyni yn dilyn cyfres o gynaeafau gwael, a chyfeiria yn 'Ymddiddan rhwng y prydydd a'r gog' at y newyn, ac at y dioddefaint a achoswyd am fod llawer o'r ŷd yn cael ei allforio neu ei anfon 'i'r dŵr':

> Gobeithio y gwnaiff y gwŷr ardderchog draw dra gwrol droi'n drugarog
> A rhwystro'n siŵr ŷd i'r dŵr trwy gynnwr' trigiannol
> I gael mewn rhydid angenrheidiol fodd i'r gweinied fyw'n ddigonol.[36]

Lleisir cwyn dosbarth arall, sef y porthmon mewn baled arall. Dywed pa mor ddrud yw cludo anifeiliaid o'r naill le i'r llall oblegid 'Y *turnpike* a'r tolle yn fagle yno fydd, / A mil o drafferthion i'r porthmon a'r pac'.[37]

'Mae yn y teapot wrth ymdroi ddifyrrwch o'i ddiferion …'
Gallwn uniaethu hyd heddiw â chwynion pan fydd y newydd yn disodli'r hen a'r cyfarwydd, ond daeth un peth newydd ac estron i Gymru yn ail hanner y ddeunawfed ganrif a oedd, fe ymddengys, yn wrthun yng ngolwg y baledwyr, sef yfed te (er na ddylid dehongli'r baledi yn llythrennol bob tro). Yn y baledi sy'n ymwneud â'r pwnc hwn gwelwn fod Huw Jones unwaith eto yn feistr ar greu amrywiaeth trwy ddefnyddio dulliau gwahanol. Personolir y te, a phwysleisir y gwahaniaeth rhyngddo â'r cwrw, ei elyn pennaf. Rhoddir enw parchus iddo, Morgan Rondol, a'i osod yng nghanol ymladdfa ddychmygol rhwng ei ddilynwyr ef a dilynwyr y cwrw, sef Siôn neu John yr Haidd. Er ei fod yn fygythiad i fywyd traddodiadol y werin,

---

[34] BWB 108. [Dydd da fo i Hywel ffel ei ffydd]
[35] BWB 784. [Fy mrawd Hywel, clyw]
[36] Cerdd 6. BWB 165.
[37] Llsgr. LlGC 1010C, 89. [Cydneswch, holl Gymry]

cawn awgrym hefyd o rwyg rhwng y rhywiau oblegid y merched, a barnu wrth dystiolaeth y baledi, a gâi eu denu at y te ond y dynion oedd canlynwyr traddodiadol Siôn yr Haidd. Efallai fod y baledwyr yn tybio fod y te yn fygythiad i'r dynion am ei fod yn cynnig dihangfa i'r gwragedd – fel eu cwrw hwy – a'i fod yn rhoi cyfle iddynt ffurfio cymdeithas fenywaidd glos, ac i glebran am eu gwŷr y tu ôl i'w cefnau:

> Mae hyd wledydd fwy o dylodi, mi allwn regi llu o wragedd
> A'r holl yslytied sy'n dy slotian, i'r rhai fo ag arian hawdd dy gyrredd,
> Ac oni chânt amgenach dysg eu porfa lysg eu perfedd.[38]

Mewn un faled sy'n disgrifio'r frwydr gorfforol rhwng y te a'r cwrw llithra'r naratif o'r byd dychmygol i'r byd real wrth i Huw ei gynnwys ef ei hun (a nifer o'i gyd-faledwyr) yn yr ymladdfa:

> Ond Huw o Langwm, rydw-i 'n dirnad,
> Oedd efo Morgan mewn cymeriad;
> Gorfod iddo addo'n gefnog
> Rhag ofn ei guro'n anhrugarog
> Droi'n swyddog efo Siôn;
> A John a garied yn y gader,
> Mae'n farchog mwya' yng Nghymru a Lloeger
> Medd hyn o dyner dôn.[39]

Cynrychiolid ffasiwn newydd arall gan benwisgoedd eithafol y merched a dillad crand yn gyffredinol. Yn dilyn llwyddiant y diwydiant sidan yn Lloegr, daeth y defnydd hwnnw yn rhatach ac yn fwy hygyrch, a lluniwyd mantelli, gynau a chrysau sidanaidd lliwgar. Ac nid y boneddigion yn unig a'u gwisgai. Dirmygu hyn a wnâi Huw fodd bynnag, gan draethu mai arwydd o falchder oedd yr ymddiddori hwn mewn gwisgoedd a phenwisgoedd ffasiynol. Sonnir am y rhubanau 'yn weifr ac yn lasie' a wisgid ar benwisgoedd, a chyffelybir y merched i 'Liwsiffer mewn ffeirie' gyda 'chryn werth punt o eiddo siop wedi pwnio ar dop eu penne'. Nid y boneddigion yn unig a gâi eu denu gan y ffasiynau diweddaraf. Canodd Huw Jones un faled ar ffurf ymddiddan rhwng Merch y Tenant a Merch Fonheddig sy'n darlunio safbwyntiau'r ddau ddosbarth. Fel yr hwsmon, gresyna Merch y Tenant ei bod hi a'i chymheiriaid yn llafurio yn galed er mwyn i'r meistr tir, wedi iddo dderbyn y rhent bob pen tymor, gael moddion i hamddena ac i segura. Yn ôl Merch y Tenant:

> Y chwi yn eich parlwr glân a'ch tine yn rhostio yn tân
> A ninne yn carthu, teilo a llyfnu, ac weithie yn ymgleddu gwlân;
> Y chwi sy'n mynd â'r brig yn fara a chwrw a chig
> A ninne â'n dynion, crynu ein dannedd dan oeredd waeledd wig;

---

[38] BWB 240. [Pa beth yw'r ddeilen sydd dan dy ddwylo]
[39] Cerdd 23. BWB 77A.

>   Rhaid i ni dalu am dir rhag beili, siri'r sir,
>   A chwi fel piogod yn lledu'r pige am ryw gymwynase yn wir.[40]

Awydd merched y tenantiaid i efelychu'r merched bonheddig uwch eu stad trwy fynnu yr un math ar wisgoedd sy'n cythruddo'r Ferch Fonheddig, ac ni all ddeall ei bod yn fain ar aelodau'r dosbarth os gallant wario mor ffri ar wisgoedd ac ar de.

>   Dan wisgo eich cnotyn coch – yn ulw boeth y boch! –
>   Cadd llawer tenant ei lygad-dynnu; na buase yn magu moch!
>   Ymlid yma a thraw a hancets yn eich llaw
>   A hel trybedde dan yr esgidie i godi'r bone o'r baw;
>   A het a gwalc yn ôl i borthi ffansi ffôl,
>   Cysgu'r bore ar ôl dwad adre', hen hafne dene, yn d'ôl.

Yr argraff a geir yw bod y dosbarthiadau yn cyd-fyw yn weddol hapus a chlos, a bod y werin yn ymuno â gweithgareddau'r boneddigion a'u teuluoedd. Lluniwyd sawl baled i fawrygu gwŷr megis Robert Watgyn Wynne, Garthmeilo, a Henry Corbed Owen, Ynysymaengwyn, ac ymddengys mai'r Cymry cyffredin a'u prynai. Baled anarferol ar lawer ystyr yw'r un i gaseg Hywel Lloyd, Hafodunnos (plasty yn Llangernyw), sy'n sôn am ras geffylau. Disgrifir y gaseg yn ennill y blaen ac yn curo ei gwrthwynebydd, sef caseg o sir Fôn:

>   Er bod brolio a betio heb atal a dechre dadal dynn
>   Y hi oedd flaena' a'r llall a flinodd, rhai safodd yno yn syn;
>   Aeth Dinbych sadwych sir tan rod â'r glod yn glir,
>   Mwyn ei gallu, a Môn a gollodd, rhai dalodd yno ar dir;
>   Aur melynion i'w moliannu tros afon Gonwy a gaed
>   A'r gaseg wine o'u cyrre a'u cariodd, a threiodd yno ei thraed.[41]

Yn y pennill olaf canmolir y rhai a sicrhaodd lwyddiant y gaseg yn y ras, a John Jones, y 'gof cariadus', a Cadwalad Hughes, y gwas stabal, yn eu plith – enghraifft berffaith o'r werin a'r bonedd yn cydweithio.

'Marwolaeth sy'n arswydus ...'

Y mae un o bob pedair baled yn gerdd grefyddol, ond y mae'r ystadegau yn gamarweiniol gan fod ystyriaethau crefyddol yn ganolog yn y rhan fwyaf o'r baledi y buwyd yn eu trafod eisoes. Cred yr oes oedd mai Rhagluniaeth a lywiai bopeth. O'r herwydd gellid esbonio pob digwyddiad anghyffredin, boed ryfel neu ddamwain neu lofruddiaeth, trwy gyfeirio at gynllun ac ewyllys Duw. Credid hefyd mai dull Duw o rybuddio neu o gosbi ydoedd y digwyddiadau hyn. Pechod neu anwiredd y trigolion a achosodd ddaeargryn Lisbon, yn ôl Huw Jones:

---

[40] Cerdd 26. BWB 218.
[41] Cerdd 46. Llsgr. LlGC 12449E, 3.

Nid oedd yr amser hwnnw efo'i gilydd wiw mo'r galw ar ddelw ddiles
A'u hanwiredd oedd yn ormod i heddychu â Duw oddi uchod,
   hynod hanes.[42]

Ceisiai Huw Jones a'i gyd-faledwyr argyhoeddi eu cynulleidfa y gellid osgoi profedigaethau o'r fath trwy weddïo ar Dduw am ras a thrwy ymddwyn yn fucheddol.

  Y ni sydd bechaduried ac arnon ddyled ddwys,
  Gweddïwn ar yr Arglwydd, a hyn trwy ffydd a phwys,
  Na chaffo ange caled (deisyfed) mo'r nesáu
  Rhag syrthio i'r mawr drueni a diodde' cledi clau.[43]

Un o'r dyletswyddau pwysicaf oedd mynychu'r eglwys. Yn y faled 'Ymddiddan rhwng Credadun ac Anghredadun' lleisir o blaid ac yn erbyn mynd i'r eglwys. Ni fyn yr Anghredadun ddilyn 'rhyw grefydd wan beunydd o bell', a gwell ganddo dreulio'r amser yn llafurio ac yn ymelwa. Cred hefyd fod yr offeiriaid yn rhagrithwyr:

  Gwrando ar y person yn rhwyddion bydd rhai
  Yn dwedyd yn yr eglwys yn bwyllus eu bai;
  Ar ôl iddo agor ei gyngor yn gaeth
  Ei ddull pan ddaw allan sydd gyfan ddau gwaeth.[44]

Ond cais y Credadun ei berswadio i gredu 'rhag myned yn erwin i fyddin y fall'. Mae'r 'byd yn dy galon annhirion yn hyll', medd wrth yr Anghredadun, a gwelir mai gwerthoedd yr hwsmon-gybydd a gynrychiolir gan yr olaf. Mewn cyfres arall o faledi dengys Huw Jones nad oedd mynychu'r eglwys yn ddigon, a bod lle i feirniadu aelodau'r gynulleidfa ar gyfrif eu hymddygiad. 'Rhai gyrchant i'r eglwysydd fel dynion gryfion grefydd / I dremio ar ddillad newydd, ffydd ry ffôl'. Ac am eraill, 'Rhai'n treulio'r dydd o'i ddechre ar fir a chwrw a chware / A'r lleill yn diogi gartre', moethe mawr'.[45]

  Os oedd gweddi a buchedd ddilychwin yn arwain at faddeuant a lle ymhlith y llu nefol yr oedd Satan a'i ganlynwyr wrth law i rwydo'r rhai a gyfeiliornai. Pwysleisir mai ef yw awdur pob anfadwaith, a chosb sy'n aros y sawl sy'n ei ddilyn ef ac yn cefnu ar orchmynion Crist. Y mae'n dilyn fod pob llofruddiaeth neu dwyll yn arwain at gosb. Mewn un faled ceir hanes gŵr o'r enw Daniel Phillips a lofruddiodd wraig dlawd a'i phlentyn, ond daw eu hysbrydion i'w boeni a'i yrru'n wallgof nes ei fod yn y diwedd yn gwneud amdano ei hun. Ar nodyn ysgafnach rhagwelir y daw niwed corfforol i'r sawl sydd hyd yn oed yn euog o ailadrodd chwedlau anwireddus. Disgrifir y gosb a ddaw i ran y sawl a honnodd, ar gam, fod

---

[42] Cerdd 2. BWB 95.
[43] Cerdd 5. BWB 76.
[44] Cerdd 38. BWB 108.
[45] Llsgr. CM 209, 17. [Myfyriwch, holl Gristnogion]

gwraig a fu'n gwerthu ymenyn yn y farchnad yn Rhuthun wedi rhoi clamp o garreg yn lle ymenyn mewn un llestr:

> Diwyno yn y gwrthban, codi a mynd allan
> Tan duchan wna ei hunan yn honos;
> Gwneud dŵr yn gyndyn bob yn dropyn, ei ddal i floeddio
>   tros y flwyddyn,
> Gweiddi'n ebrwydd fel ceilagwydd, "Gwae fy nghalon!
>   Wfft i 'nghelwydd!"
> Rhodio'r nos fel ysbryd yn groenllwm ac yn grynllyd
> Gan y pas a dolur annwyd, dyna ei benyd am ei boen;
> Bydd mewn anhunedd ddeugen mlynedd yma yn aros am ei anwiredd,
> Pawb i'w erlid am ei aflendid, ei fol a'i gefen fydd mewn gofid,
> A'i gnawd fydd gwedi hagru gan frechod yn ei frychu
> A chornwyd rydd o'i chwyrnu, bydd yn nadu am grafu ei groen.[46]

Apêl at anwybodaeth ac ofergoeliaeth yr oes sydd yma, wrth gwrs, a chan y byddai'r gynulleidfa yn dra chyfarwydd â heintiau marwol y mae eu crybwyll fel cosb yn ychwanegu at ei phryder a'i braw.

Agorir llawer o'r cerddi crefyddol 'pur' trwy gyfarch y 'pechadur cnawdol annuwiol', 'y pechadur bydol' neu'r 'pechadur amhur', a'i rybuddio i feddwl am ei ddiwedd. Anogir pob un i fyw yn fucheddol ac i edifarhau, ac ni chaniateir i'r gynulleidfa anghofio fod cosb yn aros y sawl na lwydda i wneud hynny:

> Mae mil yn cael plesere 'nawr ar fin y geulan oerwan wawr
> Ond pan falurio hon i lawr cân' ffwrnas fawr uffernol.[47]

Gwerthid llawer o'r baledi hyn gan Evan Ellis o Fryncaled ym mhlwyf Llangwm, cyfaill a chymydog Huw Jones. Yr oedd yn werthwr dyfal, a gwyddys iddo fod yn gyfrifol am ddosbarthu rhyw ddeg ar hugain o faledi a luniwyd gan Huw Jones rhwng 1749 a 1774. Y mae'n amlwg hefyd mai baledi crefyddol eu gogwydd a apeliai ato. Y mae llawer ohonynt yn ddiddyddiad, a golygai hynny y gallai eu gwerthu dros gyfnod hir, ac ni châi'r prynwr le i amau fod y deunydd wedi ei ddyddio.

Mae Angau yn gymeriad yn rhai o'r baledi hyn, a dyna ffordd arall o greu amrywiaeth. Byddai'r sawl a brynai'r baledi yn ymwybodol fod Angau yn gymeriad pwysig yn yr anterliwtiau drachefn, ac yno, fel yn y baledi, gwelir ei fod yn meddu ar bŵer arallfydol a'i fod yn ymhyfrydu yn ei allu i benderfynu tynged pob dyn sydd ar y ddaear. Trwy ei wneud yn gymeriad diriaethol dwyseir yr ofn tuag ato, a dangosodd Cathryn Charnell-White:

---

[46] BWB 277. [Pob gŵr trwy wlad Gwynedd]
[47] Cerdd 34. BWB 106.

Y mae Angau'r baledi yn frawychus, nid oherwydd ei ymddangosiad echryslon, ond oherwydd miniogrwydd ei feddwl ar dafod wrth ddadlau gyda'i wrthwynebwyr.[48]

Ar wastad cyffredinol y cyflwynir y neges yn y rhan fwyaf o'r baledi hyn. Pan gâi gyfle, fodd bynnag, cysylltai Huw Jones ei rybuddion ag amgylchiadau y gallai ei gynulleidfa uniaethu â hwy. Byddai daeargryn neu ymddangosiad seren gynffonnog neu haint ar anifeiliaid yn fodd i bwysleisio dirgelwch a rhyfeddod yr arfaeth a grym anfesuradwy Duw. Cyfeiria Huw Jones hefyd at fodau dynol annuwiol neu anedifeiriol, ac at gymeriadau chwedlonol a Beiblaidd yn ogystal. Bu marwolaeth ddisyfyd Syr Watkin Williams Wynne yn 1749, pan syrthiodd oddi ar ei geffyl wrth iddo hela, yn destun syndod i drigolion holl siroedd y gogledd. Daliodd Huw Jones ar y cyfle i rybuddio pob un fod angau yn dod i ran y cyfoethog a'r tlawd, a hynny yn ddisymwyth:

> Fel roedd y marchog ynte heb feddwl am awr ange
> Yn rhodio'r bore yn fawr ei barch
> Ymhen ychydig amser, er cymin oedd ei bower,
> Ni fedde fo yn dyner ddim ond arch.[49]

Beirniedir Syr Watkin Williams Wynne a Syr John Miltwn oherwydd eu bod wedi gwario eu holl arian ar bleserau bydol:

> Gwariason' mewn oferedd eu mawredd hyd eu meirw
> A llawer un i'w calyn a fydde yn geryn garw.

'*Y leni trwy fawr flinder ni gawson lawer loes …*'

Yn rhai o'r baledi clywir pwyslais, a llais gwahanol. Nid cyfarch y pechadur a wna Huw Jones a'i annog i fyw yn foesol, ond cyfleu yn ddiffuant ei brofiad ef ei hun. Treuliodd ysbaid yn y carchar yn Rhuthun, a hynny yn ystod 1755 yn ôl pob tebyg, ac y mae ei hiraeth am ei deulu, ac am ei wraig yn arbennig, yn hynod o ddirdynnol:

> Mor union rwy'n gyrru annerch i'm gwraig a'm plant drwy gŵynion gant,
> Wrth feddwl am fy nghartre' mae 'nagre fel y nant;
> Yr ydw-i mewn caethiwed bob nos a dydd a'm bron yn brudd,
> Mae 'nghalon i yn ochneidio heb allu rhodio'n rhydd.[50]

Enwa ei blant, Lowri, Beti, Sara, a Phegi, a gorffen drwy ddweud ei fod yn meddwl am eu mam yn ystod ei gaethiwed:

> Ond rŵan drwy fawr drwbwl rwyf fi yn meddwl am eu mam,
> Duw Un a Thri fo'n madde i mi os gwnes ag hyhi gam;

---

[48] Cathryn Charnell-White, 'Y pedwar peth diwethaf – Marwolaeth, Nefoedd, Uffern a'r Farn – yn llenyddiaeth Gymraeg y ddeunawfed ganrif' (PhD Cymru [Aberystwyth], 2000), 234.
[49] BWB 116. [Dydi, bechadur bydol, un haeddol)
[50] Cerdd 49. Llsgr. LlGC 653B, 147.

Ei thynnu a wnes i flinder a thrafferth lawer yn y wlad,
Duw, helpia hon sy'n brudd ei bron, a'm ffyddlon dirion Dad.

Nid anniffuant yr hiraeth hwn, ac mewn baled arall ar ffurf marwnad i un o'i ferched a fu farw yn ifanc, lleisia ei artaith a'i golled yn ddwys ac yn gryno:

Ow! na chlywn hi yn y wlad, gole ei thôn, yn galw ei thad.[51]

Noda hefyd mor fyr yw bywyd, a chyffelybir angau i saer mewn llwyn o goed, delwedd a ddefnyddiodd ar achlysur arall, ond ar ei alar a'i golled y mae'r pwyslais:

Darfu mwynder, hoffter hon, darfu amdani, 'r lili lon,
Darfu heb gêl ei hoedel hi, trwm yn awr a mawr i mi.

Yn unol â'r cyngor a roes ef i eraill, mynega ei edifeirwch yn y faled 'Pob dyn diniwed sy yn y byd' a luniodd pan oedd yng ngharchar Rhuthun – cerdd sydd yn llinach y farwysgafn ganoloesol yn gymaint â bod Huw Jones yn rhestru pob math o feiau a diffygion – a geilw ar i Dduw ei ymgeleddu a'i amddiffyn (Cerdd 47). Atebwyd ei weddi ac wedi ei ryddhau lluniodd faled arall i ddiolch am y bendithion a dderbyniodd. Erbyn hynny, fodd bynnag, yr oedd hi yn fain ar y teulu, a Huw ei hun wedi bod dan glo cyhyd, a deisyf am drugaredd pellach:

Rwy' wrth dy ddrws di yn curo, Duw, agor di a gwrando fi,
Trugaredd rwy'n ei geisio, mae honno yn d'eiddo di.[52]

'Darpara le i ni yn y ne', ein beie madde, Amen', yw'r dymuniad sy'n cloi'r gerdd honno. Fe ddaeth angau yn ei dro i'w gyrchu, a hynny ar y nawfed ar hugain o Ragfyr yn y flwyddyn 1782. Claddwyd Huw Jones ym mynwent eglwys Efenechdid yn sir Ddinbych. Canwyd sawl englyn i'w goffáu, ond yr oedd eisoes wedi rhag-weld ei dynged mewn baled o'i eiddo ei hun:

Ffarwél, fy holl gyfeillion, dowch yn y man, yn gryf a gwan,
I roi fy nghorff i orwedd mewn llygredd yn y llan;
Ohona-i cymrwch siampal na rowch mo'ch bryd ar bethe'r byd,
Edrychwch ar fy niwedd pan fyddw-i 'n farwedd fud;
A'r ôl cau'r bedd gwybyddwch nad oes ddedwyddwch i'r un dyn,
Heb ffydd dan go' ar hyn o dro be' dâl yr eiddo i'r un?
Fe gaeodd 'y nau lygad drwy amhariad yn fy mhen,
Duw, dwg fi 'nawr i'r nefol wawr a'r goleuni mawr, Amen.[53]

Teitl y faled hon yw 'Cwynfan neu edifeirwch y cybydd yn awr ange' ac y mae'n bosibl fod hon ymhlith ei gerddi olaf.

---

[51] Cerdd 50. Llsgr. LlGC 346B, 212.
[52] Cerdd 48. BWB 435.
[53] BWB 103. [Yrŵan cymrwch siampal, pob dyn]

*   *   *

Ar sail yr arolwg hwn o bynciau baledi Huw Jones, hawdd ydyw gweld pam yr oeddent mor boblogaidd. Fe'i disgrifia ei hun ar ddiwedd rhagymadrodd *Dewisol Ganiadau* fel hyn: 'eich ffyddlon wasanaethwr hyd yn eitha fy ngallu', ac nid oes amheuaeth na fu iddo wasanaethu ei gyd-Gymru trwy ddarparu deunydd hwyliog a blasus ar eu cyfer. Cynigia'r baledi i ni heddiw ddarlun ffyddlon o fywyd y Cymry cyffredin yn y ddeunawfed ganrif, ac y maent yn dra gwerthfawr o'r herwydd.

Alaw Mai Edwards

Byrfoddau

ALMA	Hugh Owen ed., *Additional Letters of the Morrises of Anglesey (1735–1786)* (two vols., London, 1947–9)
Bangor	Baled yng nghasgliad Llyfrgell Prifysgol Bangor
BL	Baled yng nghasgliad y Llyfrgell Brydeinig, Llundain
BWB	J.H. Davies, *A Bibliography of Welsh Ballads Printed in the Eighteenth Century* (London, 1911)
CGPLlE	'Casgliad o Gerddi Prydyddion Llŷn ac Eifionydd' yn Llyfrgell Genedlaethol Cymru, Aberystwyth
CM	Llawysgrif yng nghasgliad Cwrtmawr yn Llyfrgell Genedlaethol Cymru, Aberystwyth
DC	Baled yng nghasgliad Llyfrgell Dinas Caerdydd
LlGC	Llawysgrif neu faled yng nghasgliad Llyfrgell Genedlaethol Cymru, Aberystwyth
ML	J.H. Davies ed., *The Letters of Lewis, Richard, William and John Morris, of Anglesey (Morrisiaid Mon) 1728–1765* (2 vols., Aberystwyth, 1707–9)
PC	Baled yng nghasgliad Llyfrgell Prifysgol Caerdydd
Ped	J.E. Griffith, *Pedigrees of Anglesey and Carnarvonshire Families* (Bangor, 1914)
SWC	Baled yng nghasgliad Llyfrgell Dinas Abertawe

1

Cerdd newydd neu hanes fel y cafodd un Siân Ysmith ei barnu i farwolaeth ar gam ac fel y gwaredodd Duw hi, yr hon a genir ar Fryniau'r Werddon.

1 Pob Cristion sydd dan grefydd a bedydd ar ei ben,
 Gwrandewch ar hyn o draethod am drallod, syndod sen;
 Yn Sussex sir yn Lloeger bu creulon fater croes
 Waith llyfon mawr ysgeler, cadd dynes lawer loes;
 Un Richards oedd yn siopwr a'i wraig mewn cyflwr cu,
 Hir flinder ac anffortun i'w forwyn yno a fu.

2 Siân Ysmith ydoedd henw y forwyn loyw lân
 Oedd yn gwneud ei gore i'w plesio a thendio dŵr a thân;
 Un barod hwyr a bore i wneud swydde a 'mendio'r siop
 Oedd yn felfed a sidane yn un tyrre hyd y top;
 Hyd lawr rhoen' aur yn ddarne i dreio ei annwyde noeth,
 Hi rodde'r rhain i'w meister drwy burder dyfnder doeth.

3 Yn dre' roedd Wiliam Baker fydde yn arfer, syber sain,
 Ddwad weithie i'r siop fwyneiddglwys a 'mgomio â'r fenws fain,
 A'r meister oedd yn greulon ddigyfion wrth y gŵr,
 I'r siop drachefn os deue fe ddwede y'i saethe yn siŵr;
 A cholli wnâi fo yn fuan ddau bis o sidan drud
 A lasie aur ac arian, am hyn bu'n cwynfan cyd.

4 Fe daere i'r forwyn weddedd eu dwyn yn drymwedd draw,
 Efe atalie ei chyflog mor lidiog yn ei law
 Gan ddweud câi dalu amdanyn' drwy ddychryn, sydyn swydd,
 Neu fynd i'r *gaol* i ddiodde' heb gael dim gole o'u gŵydd;
 Hithe atebe yn drymllyd mewn penyd, gwyddoch pam,
 "Gobeithio i'r Arglwydd Iesu na wnewch mo'm gyrru ar gam".

5 Ar hyn danfone ei meistres am ryw gymdoges dynn,
 Anne Thomson oedd ei henw, sef un chwerw chwyrn;
 Mynegi wnâi hi wrth honno fod yn colli eu heiddo o hyd
 Ac yn ofni i'r forwyn fwyngu fod yn ei 'mgleddu'n glyd;
 Fe ddwedodd hon mor llawen, "Mi waetia-i 'r ffraethwen ffri,
 Mi a'ch gwna' chwi yn bur gydnabyddus beth ydy ei hwyllys hi".

6 A'i meistres ar ben bore hi alwe yn syre o'r siop
 Am ddŵr i olchi ei dwylo cyn pinio a thendio ei thop;

Hi dynnodd fodrwy ddrudfawr oedd boenfawr am ei bys,
Hi 'rhoddodd ar y cownter, roedd llawnder yn ei llys;
Gadawodd hon yn ango' fel un yn hurtio o'i hôl
Ond toc i'r siop hi rede (mae'r gwir in adde') i'w nôl.

7 A hi ni chadd er chwilio a chwyno'n fawr ei chwys,
   Hi ofynne i'r forwyn fwyngu a welse'r fodrwy fys,
   A hon atebe yn dyner mai ar y cownter cu
   Y gwelse hi yn rhoi'r fodrwy, heb gelu felly fu;
   Anne Thomson ddwede o fales, "Ewch, hen ladrones, draw,
   Mi a'ch gweles i'w chymeryd mewn llonfyd yn eich llaw".

8 I'w holi o flaen yr ustus yr aed â'r weddus wawr,
   Anne Thomson ddarfu dyngu iddi ddwyn y fodrwy fawr;
   Yn *gaol* fe'i rhoed dan gloee na thwynne haul na thes
   Drwy lwon gwraig gelwyddog fu'n llidiog ar ei lles;
   I'r sesiwn pan ddôi'r hanes fe dynge'r feistres fwyn
   A Thomson 'r unrhyw lyfe mai hi gytune i'w dwyn.

9 A'r cwest a'i bwrie yn euog o ladrad moddog mawr,
   Hi gafodd farn marwoleth drwy elynieth yno ar lawr,
   Ac ordro dydd diweddiad, oer brofiad, ar ryw bren
   A'r twyll yr unrhyw ddiwrnod a ddaeth i barod ben;
   Yn siop roedd cigfran ddofedd, bu ryfedd iawn gan rai,
   O achos hon i gychwyn rhoed ar y forwyn fai.

10 Y bore yn rhodio allan roedd un Jonathan Puw
    Ac uwch ei ben fe ganfu y gigfran loywddu liw
    Yn cario pis o ruban hoff anian yn ei phig,
    Fe'i gwaetiodd hi yn ofalus, a hyn drwy ddawnus ddig;
    I dwll yng ngwal rhyw *abbey* hi a'i carie yn ddifyr ddwys,
    I'r siop hi hede ar fyrder, a hyn mewn dyfnder dwys.

11 A'r gŵr i'r siop a rede ac fe fynege yn iawn,
    "Fe ddarfu imi, 'r gŵr hawddgar, ffeindio'r lleidar llawn";
    Mynege'r siopwr mwyngu, "A ych chwi yn pennu pam?
    A ddarfu i Anne Thomson ole dyngu o'i gene ar gam?"
    "Do, hi dyngodd weithan yn llydan iawn o'i lle
    A'ch morwyn a gamfarned; Duw ro iddi nodded ne'.

12 Dyma'r lleidar buan, y gigfran rwyddlan roch,
    O'r siop aeth gynne allan â ruban cyfan coch;

Mewn twll yng ngwal yr *abbey* mae gwedi ei ddodi'n ddwys
A'ch morwyn ar gamwedde sy'n diodde' poene pwys";
A'r siopwr a Jonathan aen' allan, ddiddan ddau,
Ac eraill am eu calyn oedd yn sydyn iawn nesáu.

13 I dopie'r gwalie oedd gulion âi'r dynion gore eu dawn
    At gefn rhyw ddelw ddilys oedd le peryglus iawn;
    Caen' yno ogo' eigion, a hyn mewn moddion mawr,
    Un dyn mewn rhaff drwy arswyd a ledwyd yno i lawr;
    Fe estynne ei fraich i rywfan, cadd ruban cyfan coch
    A'r fodrwy nesa' i hynny dechreuodd grafu'n groch.

14 Lasie aur pureiddlan a dwy lwy arian oedd
    Gan y gigfran wedi eu cuddio, bu yno heb flino floedd;
    Gwerth deg punt a thrigen a brisien' yn eu braw
    A'r munud toc i'r forwyn fynd i ddiodde' drostyn' draw;
    Dechreuwyd canu clyche ac amryw droee yn dre',
    Pob gŵr, pob gwraig, pob hogen oedd yn llawen yn eu lle.

15 Ac yno'r debid siri a'i wŷr yn ddifri' a ddaeth
    I roddi i'r ferch farwoleth yn ôl y gyfreth gaeth;
    Fe glywodd ganu clyche a phob rhyw glyme glân,
    Gofynnodd hwn mewn cyffro, "Pwy sy'n ceisio cân"?
    Atebwyd iddo heb gynnwr', "Holl eiddo'r siopwr sydd;
    Gan gigfran gynt fe'i cariwyd ac a gafwyd yn ddi-gudd".

16 A'r siri dynne'r warant oedd yn ei feddiant fo
    Gan ordro ei chario hi allan – on'd truan oedd y tro?
    Mewn hen gar trol fe'i caried (mi 'profed) at y pren
    A chortyn am ei gwddw' mewn garw salw sen,
    A'i llyfr gweddïe o'i gwirfodd darllenodd yn ei llais,
    Ple gwelodd un dyn dostach neu drymach bruddach drais?

17 Tri deg a chwech o ddynion a ganen' fwynion fawl
    Cyn mynd â hi i'w dibendod, bu'n syndod i bob sawl;
    Ar ysgol bu'n gweddïo, mae digon eto o dyst,
    A'r hangmon cortyn rhodde a chlyme dan ei chlust;
    Gofynnodd iddi yn weddedd, air pruddedd, ar y pren
    Ai euog oedd hi o'r pechod, erchylltod syndod sen.

18 Hi atebodd, "Rwy' mor wirion am hyn o greulon graith
    Â'r plentyn newydd eni yn mynd i'm difri' daith";

Ac yno ordeinie'r siri' dynnu'r lili i lawr,
Cadd wasgfa o wir lawenydd am y newydd hwnnw yn awr;
Ymhen yr wyth niwrnod union gwnâi ein brenin graslon gred
Ddanfon pardwn iddi o'i mawr dylodi ar led.

19 Ac ordro wnaed i'r meister o'i bower, rwyddber ryw,
Roi deg punt yn y flwyddyn i'r forwyn tra bo byw;
Duw sy'n cadw'r gwirion a'r cyfion rhag bob cam
A'r tyngwyr celwydd aflan a lithran' i ddrwg lam;
Anne Thomson a fu farw mewn cyflwr chwerw chwith;
Na arfered neb un amser ond plaender yn ein plith.

Ffynonellau
Bangor 4 (33) = BWB 220ii: Argraffwyd yng Nghaer gan Thomas Huxley (*fl*. 1765–1788). Ysgrifennwyd y dyddiad 1787 mewn llaw ar wyneb-ddalen y faled. Mydryddwyd y dyddiad 1773 yn y gerdd gyntaf yn y llyfryn.
Bangor 4 (28) = BWB 242ii: Argraffwyd yng Nghaer gan Thomas Huxley (*fl*. 1765–1788). Ysgrifennwyd y dyddiad 1780 mewn llaw ar wyneb-ddalen y faled. 'Hugh Jones o Langwm, ai cant'.
Bangor 18 (9) = BWB 728ii: Argraffiad gwahanol o Bangor 4 (33).

2

Cerdd yn rhoddi byr hanes am City Lisbon, yr hon a faluriodd i'r môr o fewn yr ychydig amser, gyda rhybudd i ninnau, onid edifarhawn, y difethir ni oll yr un modd.

1 Pob dynion haelion hylwydd sy'n perchen cred a bedydd trwy lawn wybodeth,
  Deffrowch o drymgwsg pechod rhag bod yr awr yn dyfod i'n difa ar unweth;
  Mewn pryd gwelwn bawb i gyd nad ydym yma ond hafota,
  Y gŵr cadarna' sydd benna', hyfa' o hyd
  Rhaid 'mado â'r lle daearol a mynd i anfarwol fyd;
  Er bod, ŵr clir, yn haeddu clod gan rai haeledd, benieth bonedd,
  Er meddu mawredd, anrhydedd tan y rhod,
  Rhaid myned yn orweiddiog heb geiniog yn y god.

2 Mi glywson yn ddiweddar fod crio ac wylo a galar, bu'n gynnar gwyno,
  Mewn tref a'i henw Lisbon, i'r gwaelod yr âi'r trigolion union yno;
  Roedd cri yn awr, da gwyddon ni, pan oedd y brodyr heb fawr gysur
  Ond gweiddi'n eglur mewn llafur tan y lli';
  Nid ydoedd fawr ddiddanwch pan ddarfu ei harddwch hi;
  I'r llawr, er gwyched oedd ei gwawr, fe ymollynge'r holl sylfaene,
  Dim hwy ni safe ei chaere a'i murie mawr,
  A phawb yn colli eu bywyd mewn munud ennyd awr.

3 Roedd yno flinder echrys, fel Sodom wlad arswydus, gan boenus benyd,
  Y plase mawr o'r ddeutu o'r llawr i'r nen yn enynnu i lawr yn unyd;
  Pob rhai o'r tylwyth yn eu tai trwy boen a blinder aeth i'r dyfnder,
  Yn hynny o amser eu llawnder oedd yn llai,
  Colli a wnaen' mewn munud eu bywyd am eu bai;
  Peth mawr, oer ofid oedd yn awr, nid oedd yn unlle ddim a'u safie:
  Nac aur na pherle, trysore gore eu gwawr;
  Ni adawyd un cywaethog neu oludog heb *ei* roi i lawr.

4 Nid oedd yr amser hwnnw efo'i gilydd wiw mo'r galw ar ddelw ddiles
  A'*u* hanwiredd oedd yn ormod i heddychu â Duw oddi uchod, hynod hanes;
  Fe aeth i lety a gwely gwaeth yr holl wŷr mawrion a'r tylodion
  Yr unrhyw foddion trwy ochneidion cwynion caeth,
  Yn ferched, plant a gwragedd, oer ddiwedd yno a ddaeth;
  Llen y ddinas wiwras wen cyn ei darfod oedd mewn cryndod,
  Barn Duw *oddi* uchod am bechod, syndod sen;
  Daeth yno ddilyw o ddialedd tra phuredd am ei phen.

5 Considrwn ninne yn brysur faint ydoedd brad ein brodyr amhur yma,
  Gweddïwn ar Dduw'r nefoedd rhag ofn mai'n dinasoedd ni fydd nesa';
  Mewn pryd, cyn diwrnod trallod drud, rhaid i bob teulu edifaru
  A galw ar Iesu, fe ddaw i'w helpu o hyd,
  Rhag bod Duw mawr cadarn cry' yn llwyr ddibennu'r byd;
  Bob dydd y galon yn ddi-gudd sy'n chwenychu'r byd o'i ddeutu,
  Mewn trachwant oerddu y hi yn ymserchu sydd,
  Yn olwyn dri chordeddog – on'd bywiog yma y bydd?

6 Mae awydd pawb yn gyfa', fe lyncan' am y cynta' 'r byd yma yn damed,
  Un awr ni feddwl undyn na cheisio raenio ronyn am yr ened;
  Mae cant yn pluo perchen plant, ni waeth gan lawer sydd mewn cryfder
  Os daw llawnder, wych hyder, wrth eu chwant
  Pe gwelen' y tylodion yn oerion yn y nant;
  Trwy ffydd, pob calon galed gudd, gwnawn weddïe rhag dialedde
  A gwelwn weithie pa faint o siample sydd;
  Oni chawn ni drugaredde y ni 'r un fodde a fydd.

Ffynonellau
LlGC / Bangor 1 (10) / Bangor 19a (15) = BWB 95ii: Argraffwyd yn Amwythig tros Evan Ellis. Ysgrifennwyd y dyddiad 1727 mewn llaw ar wynebddalen Bangor 1 (10) [? gwall am 1757]. Y mae copi Bangor 19a (15) yn anghyflawn.
Blodeugerdd Barddas o Ganu Rhydd y Ddeunawfed Ganrif (1991), 66.

Nodiadau
Y daeargryn a drawodd ddinas Lisbon ar 1 Tachwedd 1755 yw pwnc y faled hon a'r faled anghyflawn 'Moddion annwyl, madde, Oen, inni'. Ar yr alaw 'Gwêl yr Adeilad' y patrymwyd y geiriau.

*Cerdd neu hanes rhyfeddol fel y crogwyd tri yn Amwythig y sesiwn ddiwethaf,
sef y tad a'i ddau fab, i'w chanu ar Y Fedle Fawr.*

1 Y mwynion Gymry, gwnewch ostegu,
   Dowch yma ertolwg, bob pen-teulu, i wrando ar ganu gwir,
   Neu hanes hynod mwrdwr parod
   A barodd oerni mawr ryw ddiwrnod a syndod ym mhob sir,
   A hyn oherwydd gweithred faith ansutiol waith y Satan
   Yn hwylio gŵr trwy ddirfawr chwant i ddysgu ei blant ei hunan
   I fwrdrio trwy fawr drais a dilyn dyfais diawl;
   Caen' grogbren i'w diben eu hunen, dyna'u hawl.

2 Yn sir y Mwythig, wlad barchedig,
   Y bu (rwy'n adde') 'r byd anniddig cythreulig, dirmyg dwys;
   Pawb y leni glyw'r ystori
   Yn dragwyddol rhônt eu gweddi gan ofni'n ddifri' ddwys;
   Gŵr a gwraig oedd yno yn byw heb ofn*i* Duw na dynion
   Ond porthi'r cnawd a phob rhyw chwant a dysgu'r plant yn lladron;
   Er hynny Duw Iesu nid oedd i'w ffynnu heb ffael;
   Byw yno wrth hir fwrdr*i*o â stad ac eiddo gwael.

3 Danfonwyd beili ar eiddo'*r* rheini:
   Yr oedd y meister tir i'w torri i gael y rhenti yn rhwydd,
   A'r henwr creulon a'i ddau feibion
   Oll oedd ysig a'i lladdason' pan gawson' yn eu gŵydd;
   Dau fab aeth yno i guro'r gŵr, ac ynte'r henwr hynod
   Oedd yn eu swcro i ladd y dyn pan oedd o ar derfyn darfod;
   Y fam hithe yr un modde clodfore yn ddie'r ddau;
   Fe'i lladdwyd mewn munud, cadd ddiodde' cledfyd clau.

4 Roedd yn echryslon fod gwaed gwirion
   Yno yn llifo fel yr holl afon trwy ddynion creulon croes;
   Yno'r pedwar aeth i garchar,
   Am eu dyfais bu'n edifar, *c*ân' ddiodde'r laddgar loes;
   Y tad a'r fam, fe'u gwelodd cant, oedd gyda'r plant mewn dalfa
   A gawson' dreial yn 'r un awr y Sesiwn Fawr ddiwetha';
   Roedd Satan, was aflan, yn llydan ym mhob lle
   I'w hudo nhw i'w blesio a'u rhwystro'n eiddo i'r ne'.

5 Yno yn bendant barn a gawsant,
  Trwy boen ysig derbyniasant yn ôl eu haeddiant hwy
  Am ddilyn trawster yn eu hamser
  Trwy boen oerfaith heb iawn arfer y plaender yn eu plwy';
  Y wraig a gafodd fynd yn rhydd, Duw roddo ffydd yn honno
  I weddïo ar Grist bob awr, cadd siampal fawr i'w 'mendio;
  Yr henwr trwy gynnwr', er maint ei fwrdwr fe,
  A farnwyd, condemnwyd, ni ollyngwyd mo'no o'r lle.

6 A'i ddau blentyn oedd i'w galyn,
  Caen' farnedigeth, oerni dygyn, i'w ddilyn yno ddaeth;
  Ordeinio eu diben wrth y grogbren,
  Och! hyll ofid oedd eu llefen am ddilyn cynnen caeth;
  Roedd yno helynt hyll gerbron, y tad a'i feibion hefyd
  Yn mynd i'r cortyn yn 'r un awr, bu siampal fawr i'r hollfyd;
  Y tri yno yn oer leisio a dolurio dan y loes,
  Annedwydd iawn beunydd eu crefydd dan bren croes.

7 Y tad yn gynta' aeth i'r ddalfa,
  Mwya' penyd, a'r mab hyna' ac yna'r ienga' a roed;
  Mewn tri chortyn caen' eu terfyn,
  Gwae nhw'r awr honno goelio'r gelyn o flaen yr un erioed;
  Y tad a droes tuag at ei blant, roedd llawer cant yn gweled,
  Ac ato ynte 'nhwythe droes wrth ddiodde'r dduloes ddyled;
  Caen' ddiodde' loes ange am wneuthur troee trist
  A marw'n ddrwg ddelw heb alw'n groyw ar Grist.

8 Yr henwr difri' gadd ei dorri
  Ac ef a fwried yno i'w ferwi a'm drin drygioni gynt,
  A'r meibion 'nhwythe 'r un radde roddwyd
  Wrth sibed giedd, orsedd arswyd, nhw godwyd yn y gwynt;
  Y tad oedd bedwar ugen llawn a'i fab heb ddawn yn ddeunaw,
  A'r llall yn llawn ddau ddeuddeg blwydd mewn helynt rhwydd anhylaw;
  Buon' feirw â loes chwerw, a hyn mewn garw gur;
  Dibenwyd eu bywyd trwy ddiodde' penyd pur.

Ffynhonnell
LlGC = BWB 76Ai: Argraffwyd yn Amwythig gan Stafford Prys (*fl.* 1758–1782) tros Thomas Roberts yn 1759.

4

Cerdd dosturus fel yr oedd gwraig feichiog yn trafaelio tros fynydd yn sir Faesyfed, a hi a gyflychodd ar y ffordd, a Gwyddel dall a llanc yn ei dywyso a ddaeth ati, a hi a roes swllt i'r llanc am fynd i nôl gwragedd ati, a'r Gwyddel a ofynnodd i'r llanc beth a gawsai, a'r llanc ar frys aeth ymaith a'r Gwyddel a dynnodd ei gyllell ac a laddodd y wraig. A gwas gŵr bonheddig a ddaeth i'r fan ac a'i cymerodd ef, ac fe'i danfonwyd i garchar Maesyfed ac y condemniwyd, crogwyd ac y sibedwyd ef yn y flwyddyn 1775, a'i gyfaddefiad mai'r chweched oedd hon iddo i'w lladd. Y gerdd a genir ar Y Fedle Fawr.

1 Holl wŷr a gwragedd Deau a Gwynedd,
   Gwrandewch ystori drosti oedd dristedd am greulon ddiwedd gwraig
   O sir Faesyfed, blin fu'r blaened,
   Am wraig o'r fwyna' lana' a luniedd, cadd synied arw saig;
   Hon oedd feichiog, foddog fun, yn trafaelio ei hun, mae hanes,
   Tros fynydd hynod, syndod sydd, oer goffa, prudd yw'r gyffes;
   Cyflychodd mewn oer fodd, fe fethodd gan y fun
   Drafaelu i'w thŷ llety, a hynny o'i nerth ei hun.

2 Ar lawr gorffwyse yn hallt ei dagre,
   Dôi heibio Wyddel, oer yw adde', a hwn yn ddie oedd ddall,
   A llanc i'w dwyso fo i drafaelio
   Wrth ei feddwl ac i'w foddio, trwm ydyw gwirio'r gwall;
   Fe alwe'r wraig yn oer ei chri ac ati hi dôi'r dynion,
   Rhôi swllt i'r llanc am nôl trwy hedd mewn munud wragedd mwynion;
   A'r Gwyddel, oer chwedel, gofynne yn ddirgel ddwys
   Pa ddarne iddo roese cyn dechre'r poene a'r pwys.

3 A'r llanc atebodd swllt a gafodd
   Mewn gwir adeg, ac a redodd, fe dynnodd at ryw dai;
   Dôi'r Gwyddel aflan at y wreigan
   Oedd yn gweiddi ohoni ei hunan, Ow! druan, heb fawr drai;
   Fe dynne ei gyllell, ddichell ddwys, i'w rhoi dan bwys i basio
   Ac fe ollyngodd ei holl waed o'i dilys draed a'i dwylo;
   Cadd farw o loes arw, diffodde ei chwerw chwyth,
   A'i chowled i'w chalyn cadd derfyn sydyn syth.

4 Gwas i arafedd ŵr bonddigedd
   A ddaeth i'r llannerch mewn modd lluniedd, fe ganfu'r farwedd ferch,
   Ac ynte'r Gwyddel oedd yn ymyl
   Y corffyn marw, garw gweryl, ansuful ddyn di-serch;

Ei feddwl oedd yn ddigon brac gael mynd â phac o'i phoced,
Cyn iddo hanner gwneud mo'i bwn yn ddilys hwn a ddalied;
Dôi gwragedd arafedd, rhai cuniedd, toc i'r lle,
At ustus cyhoeddus yn gymwys aed ag e.

5 I'r siêl fe'i gyrred i Faesyfed
 I ddiodde' cwlwm haearn caled. Ple gwnaethe weithred waeth
 Na lladd y wreigan a'i dyn bychan
 Lle roedd hi heb hanes ond ei hunan mewn cyflwr cyfan caeth?
 Wrth farn y siwri y leni ar lawr yn Sesiwn Fawr fe fwried,
 Fe gafodd cyn ymado â'r byd (hawdd coelio) funud caled;
 Mewn cortyn bu ei derfyn mor ddrwg ei lun am ladd
 Gwraig feichiog mor lidiog, oedd enwog rywiog radd.

6 A phan ddiweddwyd fe sibedwyd,
 Mewn haearn wisgoedd mae fo yn ysgwyd, dychrynllyd oerllyd yw;
 Fe fydd yn drymder dros hir amser
 Wrth drafaelio dano yn dyner gan lawer weld ei liw;
 Ac yno bydd mewn gwynt a glaw er rhoddi braw 'mhob calon
 Neu siampal rhag i Satan ddu amharchu a denu dynion;
 Bydd yno nes braeno a'i wisg amdano yn dynn,
 A'i esgyrn a wisgant, ymollyngant oll yn llyn.

7 Cyn iddo ddiodde' trymloes ange
 Mewn cu foddion y cyf*add*efe, mae'r geirie yn ddigon gwir,
 Mai hon oedd y chweched un a ladded
 Rhwng ei ddwylo, trom yw'r ddyled, fe glywed hynny'n glir;
 Yr oedd hynny o gyrff yn llawer byd i'r Gwyddel gwaedlyd goelio
 Neu o Gristnogion rwyddion radd i ddiles ladd â'i ddwylo;
 Am ormod erchylltod cadd ddiodde' trallod trist,
 Annedwydd fu ei dramglwydd eisiau dilyn cre*f*ydd Crist.

8 Cymerwch siampal, bawb, o'i dreial
 A gwnewch weddïe modde meddal i safio dadal dwys;
 Peth dychrynllyd bod ar fywyd
 Y farn gan ddynion gwiwlon, gwelwyd, i'w r*h*oi tan benyd bwys;
 A mwy oedd barn yr Arglwydd Dduw, gwae'r dyn a glyw'r fath eirie,
 Yn dwedyd, "Ewch oddi wrtha-i 'n lân i'r tân", anniddan adde';
 Gweddïwch Dduw'r heddwch, na leddwch neb trwy lid,
 Rhag marw o'r dull hwnnw gwell ichwi ymgadw i gyd.

Ffynonellau
Bangor 18 (5) / LlGC / BL = BWB 283ii: Argraffwyd yn Wrecsam gan Richard Marsh (*fl.* 1772–1792).
Bangor 19 (5) = BWB 810iii: Argraffwyd tros Richard Roberts. Ceir y dyddiad 1795 yn nheitl y gerdd gyntaf yn y llyfryn. Priodolir y gerdd i H.J.

5

Cerdd neu hanes rhyfeddol fel y darfu i fachgen pedair oed syrthio i grochenaid o ddŵr berwedig a cholli ei fywyd, yr hyn a fu ym Mryn-y-llin ym mhlwyf Trawsfynydd, Medi 28, 1759, i'w chanu ar Fryniau'r Werddon.

1 Gwrandewch alarus gŵynion, ochneidion trymion trist,
   A chofio bro drigiannol dragwyddol grasol Grist;
   Mae newydd mawr i'w glywed, digwyddol flaened flin
   I fachgen lliwus llawen mwyn llon o Fryn-y-llin.

2 Hwn oedd yn beder oedran a diddan iawn bob dydd
   Cyn cael ei drwm ddibendod – on'd mawr yw'r syndod sydd?
   Llawen iawn gan chware bob hwyr a bore bu
   *H*wn yma yn nechre ei amser oedd bleser llawer llu.

3 Bu ddiwrnod mawr o'i herwydd, mae'n rhybudd i bob rhai
   Alw ar Grist oddi uchod a pheidio â bod mewn bai;
   Sydyn a dychrynllyd y darfu ei fywyd fo,
   I bawb o'i deulu tyner bydd trymder lawer tro.

4 Llond crochan oedd ferwedig trwy ddirmyg yno o ddŵr,
   Ar ymyl hwn fe eistedde ac iddo syrthie yn siŵr;
   Tosturus fod *y* bachgen yn llefen yn y llyn
   A'r dŵr trwy ddirfawr ddychryn yn llosgi ei gorffyn gwyn.

5 Roedd yno alar caled ymgleddu'r gowled gu
   A rhoddi ei gorffyn hawddgar i fynd i'r ddae*a*r ddu,
   A meddwl ei lawened a mwyned ym mhob man;
   Pla*e*ned flin ei diwedd oedd ryfedd yn ei ran.

6 Ei dad oedd wrth ei arfer yn Lloeger deg ei lle
   A'i fam, mae'n wir y chwedel, ar drafel aethe i'r dre',
   Ac adre' roedd yn dyfod cyn darfod cwrs y dydd;
   Roedd yno alar gole a phawb a'u bronne yn brudd.

7 Newydd mawr dychrynllyd, oer funud, oedd i'r fam,
   I'w chalon aeth dychryndod, mae'n hawdd inni wybod pam:
   On'd clywed gwaedd echryslon ei phle*n*tyn gwirion gwael?
   Hwn oedd yn iach y bore trwy ddonie, modde a mael.

8   Fe fu mewn dirfawr boene tra bu fe, heb ame, byw,
    I bawb fe barodd alar oedd glaear yn ei glyw;
    Ond Duw oedd yn drugarog alluog uwch y llawr,
    Fe'i cymre i'w nefol orsedd trwy bur amynedd mawr.

9   A'i dad pan ddaeth o'i siwrne y fo ryfedde yn fwy:
    Ei fachgen bach oedd ddidranc neu'n ifanc yn ei nwy'
    Oedd gwedi marw a'i gladdu, a hynny i'w synnu sydd;
    I'w galon ef mae syndod yn dyfod nos a dydd.

10 Mae'r Arglwydd yn rhoi rhybudd er deunydd i bob dyn,
    Yr hen a'r ifanc 'nhwythe, na safia'r ange 'r un;
    Yn nechre'r dyddie diddan dwg allan *r*wyddlan rai
    A'r lleill yn hen a gleddir gan ado eu tir a'u tai.

11 Er diodde' o'r corffyn bychan, un diddan, yn y dŵr
    Yr Arglwydd oedd drugarog, alluog enwog Ŵr,
    A ddaeth i esmwytho ei flinder, mor dyner ydyw Duw,
    Cymere'r enaid hyfryd i wlad y bywyd byw.

12 Cadd llawer o ferthyron a dynion doethion Duw
    Yn Lloeger ac yng Nghymru eu llosgi i fyny yn fyw,
    Ond dŵr na thân nid alle mo'r llosgi eneidie 'nawr,
    Caen' fynd i wlad gogoniant i ganu moliant mawr.

13 I bawb mae pur wybodeth nad barned*i*geth Duw
    Am bechod y dyn bychan na chawse *yn* fwynlan fyw
    Ond rhybudd i rai erill ymgynnull bod ac un
    I addoli'r Arglwydd nefol, dragwyddol Dri ac Un.

14 Y ni sydd bechaduried ac arno*n* ddyled ddwys,
    Gweddïwn ar yr Arglwydd, a hyn trwy ffydd a phwys,
    Na chaffo ange caled (deisyfed) mo'r nesáu
    Rhag syrthio i'r mawr drueni a diodde' cledi clau.

15 Na roed un dyn un amser mo'i hyder arno ei hun
    Na'i ymddiried ar gorff gwisgi er bod yn lysti *ei* lun;
    Os byddwn heddiw 'ng*h*artre' a'n campe yn ole 'nawr
    Yfory byddwn farwedd anlluniedd yn y llawr.

16 Dod gysur, Argl*w*ydd Iesu, i'r hawddgar deulu da
    Sydd heddiw yn byw'n alarus, hiraethus glwyfus gla';

Dod iddynt synnwyr Dafydd, ŵr ufudd, a'i fawr ras,
Hwn oedd i'r Arglwydd nefol ddewisol weddol was.

17 Gweddïwn hwyr a bore â gwir galonne glân
   Na ddêl mo'r fath helyntie un fodde i fawr na mân;
   Pan fon mewn nerth ac iechyd, *ac* nid mewn clefyd cla',
   Mae erfyn am drugaredd, cyn bedd, a diwedd da.

Ffynhonnell
LlGC / Bangor 15 (34) / CGPLlE 60 = BWB 76i: Argraffwyd yn Amwythig gan Stafford Prys (*fl.* 1758–1782) tros Thomas Roberts yn 1759.

Nodiadau
synnwyr Dafydd (pennill 16): Gw. 2 Samuel 12.15–25 lle y disgrifir ymateb y brenin Dafydd wedi i Dduw ei gosbi trwy ladd y mab a aned iddo ef a Bathseba.

6

Dechrau cerdd ar ddull ymddiddan rhwng y prydydd a'r gog ynghylch yr amser presennol, i'w chanu ar King's Farewell.

1 *Y Prydydd*
   Dydd da fo i'r gog luosog leisie, tydi sydd bencerdd dwys dy byncie,
   Yn ôl d'addewidion yn ddioedi (mi dystia' yn lân) y doist ti leni;
   Ple buost ti ar oerni'r flwyddyn, funud arael, fwyn aderyn?
   Deelli o hyd gwrs y byd mewn munud bob manne,
   Da yw d'amynedd, dod i minne yn fwyn a gwiwlan fynag ole;
   Rwyt ti yn trafaelio Europia dirion, Affrica ac Asia yn gyson,
   Ti wyddost ti mewn modd ffri, os dwedi, modd dedwydd,
   Pa un ai drycin, erwin arwydd, ai sein o degwch sy yn digwydd.

2 *Y Gog*
   Rwyt ti yn ail i Saul y brenin yn byw tan ymchwydd, awydd iwin,
   Yn gyrru i Endor at ddewines, egwyl hynod, i gael hanes;
   Gwych yw gennyt fod yn gwybod mewn rhyw foddion bob rhyfeddod,
   Cwrs y byd yn dy fryd mewn ennyd yn union,
   Mynnit wybod mewn atebion trwy ddealltwrieth ei ddull tirion;
   Cais di'r byd a bydd yn barod, swydde difyr sydd yn dyfod,
   Ymbaratô, cwbwl dro, deffro, ddyn diffrwyth,
   Mae pob munudyn yma yn adwyth a phawb am erlid tan eu mawrlwyth.

3 *Y Prydydd*
   Cyd-ddwg â myfi, er imi ymofyn, am funud arael, fwyn aderyn,
   Efo'th lwydwen aden odieth rwyt ti yn bererin mwynber areth;
   Wrth drafaelio'r coed a'r perthi, di-wad amod, dywed imi
   Pa fyd fydd nos a dydd, nod ufudd, yn dyfod;
   Mewn cwyn wiwber pe cawn wybod gennyt gynnes hanes hynod!
   Rwy'n anhyddysg mewn dysgeidieth ond byw tan badell anwybodeth,
   Eglurha, aderyn da, mwyneiddia' min addas,
   Beth yw'r dynion fu ym mhob dinas, o hyd i'w dirnad heda'r dyrnas.

4 *Y Gog*
   Clyw di, 'r bardd dianardd dawnus, mewn call eirie mwyn cellweirus,
   Gan fod yn bleser mawr i'r galon, cla' yw dy nodded, clyw di newyddion;
   Mae mawr sôn trwy'r dyrnas yma gan amryw filoedd am ryfela
   A hyn o hyd am dda'r byd, oer ennyd, ar unweth,
   Nid rhoi eu bwriad, hwyliad heleth, ar iacha' dirion iechydwrieth;
   Mae rhai yn lladd ei gilydd weithie â gelynieth o galonne

A'r lleill yn ffri, coelia di, yn meddwi'r un moddion,
Erchyll edrych, a rhai'n lladron garw anwyde, geirie anudon.

5   *Y Prydydd*
Ai hyn o ddadal imi ddwedi, iawn dosturiol, yn dy stori?
Mae trwy Gymru a Lloeger heleth rai di-gas yno da eu gwasaneth;
On'd garw i hil yr adar gwylltion siarad craster am bob Cristion,
Y rhain yn fyw ordeiniodd Duw heddiw mewn haeddiant
Trwy bob undeb, bawb, yn bendant i fyny i ganu ei fwyn ogoniant?
Ple trwy Gymru a Lloeger hefyd, ymadrodd ddidwyll, medri ddwedyd
Fod rhai yn lladd mewn drwg radd neu'n ymladd yn amla'?
Trwy lid amal o'r wlad yma rhag dweud ebrwydd gelwydd, gwylia.

6   *Y Gog*
Gwybydd fod dy holl gymdogion, fawl gu luniedd, fel gelynion,
Ym Môn ac Arfon y bu *eu* gyrfa, asw eu bwriad, eisie bara;
Fel Esau yn gwerthu ei dreftadeth dim ond llenwi ei fol â llunieth,
Mentro o hyd yn y byd eu bywyd, modd buan,
Am eu digoni mewn dig anian, lle doen' iddo llid anniddan;
Lladd ei gilydd trwy elynieth, crogi'r lleill am anllywodreth,
Byw'n ddi-rôl, ffiedd ffôl, anfuddiol iawn fodde,
Am fywyd marfol, hudol had, gwarth anudon, gwerthu eu eneidie.

7   *Y Prydydd*
Och! dyna newyddion geirwon neu gyrredd unrhyw agoriad anhrugaredd;
On'd garw fod y Cymry perffeth fel llu o efryddion yn llofruddieth?
Gobeithio yr ydw-i fod y gwledydd yn wylo dagre o garedigrwydd,
Garw oedd fod tan y rhod fath gafod yn gyfa',
Oera' dadal amal yma, eirie gwrthun, ar eu gwartha';
Gobeithio y gwnaiff y gwŷr ardderchog draw dra gwrol droi'n drugarog
A rhwystro'n siŵr ŷd i'r dŵr trwy gynnwr' trigiannol
I gael mewn rhydid angenrheidiol fodd i'r gweinied fyw'n ddigonol.

8   *Y Gog*
Er bod yng Ngwynedd ladd a mwrdrio, mewn dwys alar nid oes wylo,
I'r deheudir draw pan hedes mae'n dallu miloedd dwyll a males;
Yn nhre' Gaerfyrddin mor echryslon pump un fwriad oedd yn feirwon;
Pa fodd y bydd nos a dydd ddedwydd ffydd ddidwyll?
Ynfyd gynnwr' mwrdwr mawrdwyll a geir yma, garw amwyll;
Y bobol fawr sy'n deilio'n dostion, araith lidiog, â thylodion,
Mae helynt fwy am gadw'r plwy', *o* dra uchel mwy edrychan',
Na chadw eu henaid bach eu hunan rhag mynd i rwydi, seti Satan.

9 *Y Prydydd*
Yn rhodd, dyro imi dy gyngor, eden fwyngu, *yn* anrheg yn rhagor,
Pa fodd y cawn ni heddiw heddwch, mwyn dw' diddan, mewn
    dedwyddwch?
Neu beth a ddaw o ran llyfodreth, oer goel anian, a'r gelynieth?
Mae'r byd yn flin draw i'w drin a goflin ei gyflwr,
Os aiff trwy Fryden bawb yn fradwr fe ddigia'r Tad, wiw rad Waredwr;
Mae hyn yn fawr i hepil Adda, fyd annethol, fod yn waetha'
Nad allen' fod tan y rhod mewn amod mwyn yma
Yn moli'r Arglwydd dedwydd, dweda', o flaen y diafol sy am eu difa.

10 *Y Gog*
Clyw fy nghyngor ar foreddydd; yn daer i eraill dyro arwydd;
Pawb sy'n rhyfela tros y corffyn i gael y porthiant sy iddo yn perthyn,
Ceisian' gadw'r enaid unol sydd yn nesu i uffern ysol
Gan gofio'n bur faint y cur a'r merthyr sy am wrthod
Gras da heddychol Crist oddi uchod, a throi'n deulu'r llyn diwaelod;
Fe ddwedodd Crist, "Na ofelwch ormod am y corff sy'n llawn o bechod";
Trwy ddirfawr gri dylech chwi heb oedi, rai bydol,
Geisio i'r enaid gysur unol gyda theulu'r Iesu rasol.

Ffynhonnell
Bangor 5 (4) / Bangor 19a (2) = BWB 165i: Argraffwyd yn Amwythig gan Stafford Prys (*fl.* 1758–1782) tros Thomas Roberts yn 1758.

Nodiadau
Cyfeirir yn y gerdd at yr helyntion a fu yn y gogledd, yn siroedd Môn ac Arfon, ac yn y de, yn sir Gaerfyrddin, yn y blynyddoedd 1757–8. Bu cryn wrthdystio am fod ŷd yn brin ac yn ddrud yn dilyn cyfres o gynaeafau gwael, ac yr oedd gweld yr ŷd yn cael ei allforio (pennill 7) yn codi gwrychyn y bobl ac yn dwysáu'r anniddigrwydd. Canmolir Syr Nicolas Beili yn y gerdd 'Holl drigolion gwiwlon, gwelwch' am ei fod yn sicrhau na fyddai'r ŷd yn cael ei allforio. Lladdwyd pump gan y lluoedd arfog yn sir Gaerfyrddin yn 1757 (pennill 8). Trafodir yr helyntion a'u cefndir gan David W. Howell, *The Rural Poor in Eighteenth-Century Wales* (Cardiff, 2000), 178–88. Cyfeiriodd baledwyr eraill at galedi'r amserau, gw. er enghraifft Bangor 15 (34) 'Cerdd yn adrodd fel yr oedd y Bobl fawr yn ymlid y Tylodion bawb yw Blwy ar y drudanieth diweddaf' Ellis Roberts a ganwyd yn 1759.

Saul ... Endor (pennill 2): Pan ddechreuodd y Philistiaid ymosod arno, ceisiodd y brenin Saul gyngor gan y ddewines yn Endor, er ei fod cyn hynny wedi alltudio pob swynwr a dewin o'i deyrnas, gw. 1 Samuel 28.

7

Cerdd newydd neu gwynfan teyrnas Loegr ar drigolion America am eu bod yn gwrthryfela i'w herbyn ar ddull anfoniad mam at ei phlant, yr hon a genir ar Let Mary Live Long.

1 Ow! f'annwyl blant i, fy nghri sydd dosturus
    Neu lwyredd alarus, awch moddus, mae eich mam
    Yn cael cam ym mhob cell;
    Mae 'mharch i yn y wlad yn rhad, caf anrhydedd
    Cyffredin a bonedd, rai llariedd, o'u llys,
    Ond amharchus wy' ymhell;
    Magu a wnes blant, rhois fronne yn eu mant er ys mwy na thri chant
    O flwydde trwbliaethus, anhunedd fu i'n hynys a chwmbrus o'u chwant,
    A chwi mor ddi-foes a droesoch yn groes, mae blinder i'm hoes,
    A'r tâl a geir gynta' gan blant neu gyfnesa' yw dialeddfa a du loes.

2 Gwargaled erioed ym mhob oed, ym mhob adeg,
    Mae achwynion ychwaneg, maith redeg a throi
    Ac ymgloi oddi wrth ein gwlad;
    Gwrthod yn daer y *Common Prayer* dawnus,
    Prif lwybyr yr eglwys, awch moddus, i'ch mysg,
    Sef dysg ein gwir Dad;
    Mynd o bob sir i America dir lle cawsoch yn hir
    Arloesi'r anialwch, *di*haeddol diheddwch, mawr gledwch oedd glir;
    Heb addysg i'ch plant ond pawb wrth eu chwant, rhai i'r bryn, rhai i'r pant,
    Rhai'n Bresbyterian, rhai'n Gwacers a droesan', anfwy*n*lan iawn fant.

3 Mi rois wŷr o ddysg i'ch mysg i bregethu
    A ddygasid i fyny i dannu gair Duw
    I'*r* rhai a glyw ei air glân;
    Heuason' i'ch gwlad had crefydd a heddwch
    A llysie brawdgarwch trwy degwch bob dydd,
    Mawr gynnydd fu'r gân;
    Mi sefes fel sant yn ymgeledd i'ch plant, mi rois lawer cant
    O wŷr yn eu harfe i'ch cadw â'u cleddydde rhag poene ym mhob pant;
    Mi sefes o flaen gwŷr Ffrainc ac Ysbaen heb arnoch chwi ystaen
    Na meddwl trwy gyffro y codech i'm blino na gruddio mo'm graen.

4 Danfones i chwi ŷd, a'm bryd ar eich maethu,
    O Loeger a Chymru, bu dynnu'n dra dwys

Amal gŵys cyn ei gael;
Dôi ymenyn a chaws ar draws yn ddidrosedd,
Bu gledi ar wŷr gwladedd; on'd rhyfedd i'm rhan
Mor fechan yw'r fael?
Haearn a phlwm i'w drin oedd yn drwm, gresynus yw'r swm
A gariwyd tros ddyfnder, o achos eich ffalster tir Lloeger sy'n llwm;
Mi ofynnes i'ch gwlad ychydig wellhad, trwy dwyll a thrwy frad
Dangos eich dannedd a'ch llid a'ch cynddaredd yn bruddedd mewn brad.

5 Dinistro fy ngwŷr oedd bur i chwi hyd ange
Efo'r gwn ac efo'r cledde y bore yn ddi-bwyll,
Mawr dwyll a fu'r daith;
Lladd gwragedd a phlant, llawer cant yr ydw-i 'n ofni
Â'n gelanedd y leni, drygioni drwy gred
Yr ydw-i 'n gweled y gwaith;
Ow! lladd fy holl wŷr trwy nerth plwm a dur, y rhain oedd ichwi yn bur,
Ow! f'offisers mwynion sy a'u gwaed fel lli'r afon, nid cyfion mo'm cur;
Ow! Lloeger dda ei llun, mi a'm llygres fy hun, peth dieithr yw dyn,
Fy ngwir blant anwyla' sydd yn gwrthryfela fydde tana-i 'n gytûn.

6 Ow! 'mhlant sy yn fy ngwlad, trwy rad y gwir Iesu
Cydgodwch i fyny i drefnu rhag y drwg
Sydd yn amlwg i ni;
Amddiffyn ein braint rhag haint a blinderoedd
America a'i moroedd, du luoedd di-les,
Eu gwres gwnawn yn gri;
Balch oedd i'n gwawr ymostwng i lawr, gweddïwn bob awr,
Gall Crist roi inni esmwythder yr un fath â llong Peder, mae ei fwynder o yn
    fawr;
Yn Nuw rhown ein ffydd, yn llawen, yn brudd, trwy ei garu'n ddi-gudd,
Dilynwn lywodreth yr eglwys lân berffeth, gwasaneth mwyn sydd.

7 Os yn rhyfel y daw, mae llaw'r Hollalluog
Yn gre' ac yn drugarog Eneiniog i ni
Rhag cledi yn rhoi clo;
Er sôn am gan mil o'm hepil anufudd,
I'n herbyn drwy wradwydd naws cynnydd nis cân',
Bydd truan y tro;
Yn Nuw ymgryfhawn bob bore a phrydnawn, fel Josiwa cawn
Ei nerth inni yn swcwr, efe ydyw'r rhyfelwr, mwyn deimlwr pob dawn;
Fy mhlant, byddwch bur i'r brenin a'i wŷr, nid all arfe dur
America a'i theulu, hen dwyllwyr, mo'n dallu na'n cefnu mewn cur.

Ffynhonnell
LlGC = BWB 683i: Nid oes dyddiad ar yr wynebddalen. Gwelir y dyddiad 1775 ar ddiwedd yr ail gerdd yn y llyfryn.

Nodiadau
Cynnwys y llyfryn ddwy faled sy'n ymwneud â Rhyfel Annibyniaeth America, ond cyflwynir safbwynt gwrthgyferbyniol yn y ddwy. Llais Lloegr a glywir yn y gyntaf ond llais y tair talaith ar ddeg yng Ngogledd America a oedd yn brwydro am eu hannibyniaeth a glywir yn yr ail ('Ow! hen dyrnas Loeger sy a'i nifer yn wan'). Y mae'n sicr mai Huw Jones a luniodd y ddwy er mai i 'a young Man who lives in America' y priodolir yr ail. Lluniwyd yr ail faled yn 1775 ac ymddengys mai ym mlwyddyn gyntaf y Rhyfel yr argraffwyd y faled.

8

Cerdd o atebiad y plant i'w mam neu anfoniad Americans i Loegr, i'w chanu ar Hunting the Hare.

1   Ow! hen dyrnas Loeger sy a'i nifer yn wan,
    Anfwynlan, nid diddan, Ow! tewch;
    Eich ateb yn fwynedd, gwir duedd gair da,
    Gan blant America 'nawr y cewch;
    Os buoch chwi yn fam mi gawson lwyr gam,
    Fe'n tawled ni o'r neilltu, rwy'n pennu i chwi pam,
    A'r dinam oer dyniad fu ein lediad ni o'r wlad,
    Anwastad fu ein llithriad bob llam;
    Na buasen ni yn ffri efo'ch *Common Prayer* chwi
    O Loeger fe'n gyrred, gollynged ni i'r lli'
    I boeni bob ennyd yn rhynllyd ein rhan
    A'n trigfan, fawl cyfan, fel ci.

2   Dinistro'r anialwch a'r dryswch a'i drin,
    Mi gawson fyd blin ac oer bla,
    A gwaetio'r gelynion gwawr lymion ar led,
    Yr Indied, nod diried nid da;
    Pan oedden ni yn wan on'd bechan fu'r rhan
    O Loeger a'i threfydd a'u llefydd pob llan?
    Llawer gwan heb ei ginio yn ceibio yn nhin cae,
    Bu ein gwae o ran modde yn yr un man;
    Pan gawson beth tir dwad aton ni yn wir
    Am ardreth i'r goron, mi glywson yn glir;
    Bu'n hir arnon gledi yn arloesi yn y wlad
    Cyn dirnad am setliad un sir.

3   Ac wedi cytuno i dendio bob dydd
    A thalu mor hylwydd a rhad
    Filoedd bob blwyddyn o aur melyn yr un modd
    Tros y bobloedd eglurodd ein gwlad,
    Danfon ryw haid, a ninne heb ddweud "Paid",
    O ladron, llofruddion yn bruddion heb raid,
    A dibaid roi dobor, a'n cyngor mwyn ou
    A'n teulu oedd yn plethu yn ein plaid;
    Eich transports chwi oedd yn abal i ni
    Gwedi eu diffrwytho a'u llwytho ar y lli';
    Cwmpeini mewn penyd dwl ynfyd di-les
    A llawer lladrones llwyd ri'.

4 Eich ŷd a'ch ymenyn, awch cyndyn, a'ch caws
   A yrasoch, wŷr traws, o bob tre';
   Fe gawsoch dâl cryno amdano ar y dŵr
   Rhwng siwgwr, dail dwndwr neu de;
   Rym, brandi a gwin i'ch gwneuthur yn flin
   A ninne i hel rheini oedd yn poeni bob hin;
   On'd gerwin digariad oedd dwad i dai?
   *By*ddwch siŵr pan ddêl trai gael eich trin;
   Rhoi treth ar bob sir o America dir
   Nid all eich cyfreithie a'r cledde main clir;
   Fe ymleddir am lwyddiant, wych haeddiant, â chwi,
   Cewch y leni eich llwyr boeni yn lle'r bir.

5 Pob lleidar ceffyle a phocede a phob cêr
   O Loeger dros ddyfnder a ddaeth;
   Cyn talon ni drethi y rheini wna eu rhan,
   Fe guran' pan gofian' ddau gwaeth;
   Dowch, byddwch yn bur i drin arfe dur,
   Caiff Lloeger ar ddyrnod gryn gafod o gur;
   Ei gwŷr chwerw a garcharwn neu a laddwn trwy lid
   A'u herlid, traws ofid, tro sur;
   Rhown iddyn' safn goch, mi 'lladdwn fel moch,
   Mewn gwaed y cânt orwedd, bydd rhyfedd eu rhoch;
   Ow! 'r loywgoch hen Loeger, caiff llawer o'ch llu
   Eu bradychu a'u trybaeddu tra boch.

6 Y plwm a brynasoch pan ddelon i'r ddôl
   Fe'i cewch eto yn ôl ganddon ni;
   Ni ddaw mo ŷd Cymru (rwy'n tyngu) i'r wlad hon,
   Gwŷr mawrion bydd creulon eu cri;
   Mae'n bod yn bur wir, bydd gollwng ar dir,
   Trwy Loeger a Chymru cân' hynny cyn hir;
   Pan leddir heb lwyddo wrth eu treinglo bob tre'
   Aiff bwlede trwy eu hasenne ym mhob sir;
   Mi dalwn heb wad i'n mam am ei brad
   Pan sonie am roi trethi drwy gledi yn ein gwlad;
   Bydd lladdiad, hyll weiddi, all ofni pob llu,
   Pob Cymry, pob teulu, pob tad.

Ffynhonnell
LlGC = BWB 683ii: Nid oes dyddiad ar yr wynebddalen. Ar ddiwedd y gerdd olaf yn y llyfryn ceir 'Y Bardd Sychedig o Langwm a'i cant oll'.

Nodiadau
Gw. y nodiadau ar y faled 'Ow! f'annwyl blant i'.

Dechrau cerdd o goffadwriaeth am orfoleddus lwyddiant brenin Prwsia ar ei holl elynion gyda chywir hanes am gymaint a laddodd a chymaint oedd i'w erbyn, i'w chanu ar Gwymp y Dail.

1 Cydneswch yma, bawb, yn glir i ystyried gwir ystori,
   Ond i chwi wrando ar hon trwy glod mae mawr ryfeddod ynddi;
   Am William Ffredrig, milwr maith, brenin Prwsia, teca' taith,
   Ar dir a moroedd, lluoedd llaith, cadd filen waith rhyfela;
   Yr oedd ei elynion ym mhob gwlad yn neidio fry i wneud ei frad,
   Er hyn trwy wyrthie'r nefol Dad fe gafodd roddiad rwydda'.

2 Can mil oedd o'r Awstried sur yn hepil bur anhapus,
   Can mil o Ffrancod yn 'r un fan *a* fynnen' ran o'r ynys;
   Can mil o Rysians o bob lle na ddofen' fyth i'w ddifa fe,
   A'r rhain yn erbyn Crist o'r ne' yn gwisgo eu harfe hirfaith;
   Deng mil a deugain oedd ar led o Sacsonia, croesa' cred,
   Ac o *Germany* gryn ysbred, cân' fyned heb damed ymaith.

3 Fe ddaeth y twysog enwog iawn i'w gwylio'n llawn o galon
   Ac ef a wnaeth ar dir a môr gelanedd o'r gelynion;
   Er bod rhifedi, cyni caeth, fel y tyfod ar y traeth,
   Eto er hyn ni bu fo gwaeth, drwyddyn' yr aeth i'r eitha'
   Gan fentro lladd yr haid ddi-ras, trwy'r Arglwydd Iesu cefnu ei *g*as,
   A'r lleill âi adre' â'r egni glas heb ddim byd bras o Brwsia.

4 Mis Medi, 'r twysog cadarn ffydd, pedwerydd dydd ar hugen
   Tri deng mil gyda deucant rhwydd trwy ddirfawr lwydd a ladden';
   Ar ddiwedd hynny o fatel flin y brenin enwog, rywiog rin,
   A roes chwe chant mewn carchar blin i ddiodde' goflin gyflwr;
   Drachefn ymhen y pedwar dydd deng mil ar hugen lladde heb gudd
   Ac aeth pum cant i'r carchar prudd, hyfrydol fydd i fradwr.

5 Mis Tachwedd lladdodd ef chwe chant o annuwiol blant â newyn,
   Pum cant drachefn a ladde a mwy, bu dechre clwy' a dychryn;
   Dal pum cant a thrigen clir o'r lladron taerion hyd y tir
   A'u rhoi mewn cadarn haearn hir *i* ddiodde' annifyr ddyddie;
   Mis Mawrth fe laddwyd tros dri chant o'r Awstried croesion, blinion blant,
   A hel eu cyrff a'u taflu i bant, a llethant yno yn llwythe.

6 Un mil a thrigen pedwar cant trwy lwyddiant yno *a* ladded,
   Dwy fil union cant a naw mewn chwerw fraw a garchared;
   Yr Arglwydd nefol deddfol da gynt oedd gyda Josiwa
   Yn lladd gelynion, blinion bla, fe dorre eu gyrfa o'u gwirfodd;
   Yr Arglwydd oedd mewn tre' a llan yn cadw'r twysog rywiog ran,
   Yr hwn sy'n helpu cry' a gwan o'u rhwyde y man y rhodiodd.

7 Pechaduried oedd trwy'r wlad heb ddim gwellhad yn llidiog,
   Ni chawson' fawr, er maint eu bâr, fanteision ar y twysog;
   Yr oedd eu gwaed (a dweud y gwir) fel llanw tost yn llenwi tir
   Hyd at benglinie pawb yn glir yn pur annifyr nofio;
   Llusgo'r cyrff oddi ar y llawr heb neb a'u care i guddio eu gwawr
   Ond lluchio'r rhain i ffwrdd bob awr i ffosydd mawr i orffwyso.

8 Wel gweled Bryden a'i holl blant fod llwyddiant i'w holl eiddo,
   Pan oedd mewn rhyfel trwy fawr gŵyn fod Crist i'w ddwyn oddi yno;
   Rhown ninne ein gweddi nos a dydd a Duw gorucha' *a* ffynna ein ffydd,
   Os daw yn ein amser ryfel prudd fo beunydd fydd yn benna';
   Ni fuase Ffredrig, ddiddig was, yn lladd yn glir mo'r gelyn glas
   Lle roedd i'w erbyn cymin cas petase heb ras i Brwsia.

Ffynhonnell
Bangor 5 (4) / Bangor 19a (2) = BWB 165ii: Argraffwyd yn Amwythig gan Stafford Prys (*fl.* 1758–1782) tros Thomas Roberts yn 1758.

Nodiadau
Blynyddoedd cynnar y Rhyfel Saith Mlynedd (1756–63) yw cefndir y faled hon. Cyfeirir yn benodol at lwyddiant Ffredrig Fawr, brenin Prwsia, ym mrwydr Rosbach a ymladdwyd ar 5 Tachwedd 1757, yn erbyn lluoedd Ffrainc ac Awstria. Un arall a ddathlodd ei lwyddiant oedd Ieuan Fardd. Lluniodd ef awdl fer yng nghywair awdlau'r Gogynfeirdd i foli Ffredrig Fawr, gw. cerdd XXVI yn D. Silvan Evans gol., *Gwaith y Parchedig Evan Evans* (Caernarfon, 1876). Nid yw hi'n eglur pa frwydrau a ddisgrifir yn y pedwerydd pennill (ar 24 a 28 Medi 1757), ac yn y pumed pennill (mis Mawrth 1758), gw. y rhestr o brif ddigwyddiadau'r rhyfel yn F.A.J. Szabo, *The Seven Years War in Europe 1756–1763* (Malaysia, 2008), 435–42.

10

Cwynfan gwŷr Ffrainc am ychwaneg o luniaeth o Loegr, i'w chanu ar Hitin Dincer.

1 Ow! beth a wnawn gan gyflawn drymder
  Wrth rythu ein llyged am wŷr Lloeger?
  I ble gollynged chwi a'ch llonge?
  Nid ym ni yn clywed fawr ers dyddie
  O'ch arogle yn ffroene Ffrainc;
  Er pan ddarfu i'r môr ystopio
  Nid oes dim sôn am ganu a dawnsio
  Na neb yn cofio cainc.

2 Mae newyn mawr i'n mysg ni'r Ffrancod,
  Ni wiw mo'r codi lawer diwrnod;
  Mae gan brinned ar y brenin:
  Ni fedd o gaws na blawd nac eisin
  Un difyn yn ei dŷ;
  Ac oni ddowch i'r dyrnas yma
  Â llwythi o buryd i wneud bara
  Mi wrantwn y llewyga llu.

3 Petaech yn gweled mor anghynnes
  Hyd y gegin yr aeth ei goges;
  Roedd cyn dewed ei thor felen
  Â Siôn y cigydd o Langollen,
  Ond hi aeth yn howden hyll;
  Mae'r bwtler ynte ar lawr yn drymgla'
  Yn drws y seler, dyna'r *sala*',
  Ow! cofia, dyna eu dull.

4 Mae'r holl wŷr mawrion ymron meirw
  Pan roed y sache a'r cyde i'w cadw;
  O eisie gweled llonge yn dyfod
  Fe lesmeiriodd rhyw ryfeddod
  O'r llygod hyd y llawr;
  Ow, Lloeger goch, gwna ryw gondisiwn,
  Tyrd yma ag yde i dreio a godwn,
  Onide ni fyddwn fawr.

5 Fe wnaethoch chware cas â nyni,
  O fawr i fân, yn lân y leni;
  Dwyn ein canans a'n holl ynne,
  Rai clau ddiddan, a'n cleddydde
  A'r beldie gore i gyd;
  Nid oes trwy Ffrainc un gwn yrŵan
  Na dim ond ambell bustol bychan
  O achos rhyw lydan lid.

6 Y ni nid allwn mo'r rhyfela
  Oni ddaw tros foroedd inni fara
  A phlwm ac arian, a phart o geriach,
  A gwŷr i'r dyrnas a fo'n gadarnach,
  Y ni aeth yn sothach sâl;
  Nid oes trwy'r wlad un wraig y leni
  Na llancesig ag fawr o'r cosi
  A glyw arni godi o'i gwâl.

7 Fe doddodd Lewis yr holl blatie
  Oedd gynt yn ddisglair a'r hen ddysgle;
  Toddi'r fflagen a'i hailgweirio
  I dalu'r ddyled os deil ei ddwylo
  Cyn darffo amdano yn deg;
  Ni bu mo'i goese erioed cyn feined,
  Fe gollodd ffrwyth ei beder poced,
  Mae'n galed ar ei geg.

8 Ow! byddwch yn gytûn â nyni
  Nes cael yn segur ailwresogi;
  Holl filwyr Lloeger, rhowch eich arfe,
  Rai calonnog, oddi ar eich clunie,
  Ewch adre' i'ch caere cu;
  Oni chawn ni fwyd o rywle
  Ni recyfriwn ni byth mo'r siwrne
  Pan aethoch â'n llonge yn llu.

9 Ow! dowch â haidd o Fôn i fyny,
  Gwenithe gwynion deutu Gonwy;
  Mi brynwn ninne, 'r Ffrancod druen,
  Os dowch â'ch llwythi i ffwrdd yn llawen
  Tra byddon yn perchen punt;
  Mae ganddoch ddigon tua Llanddoged
  A chlampie o sache mawr disyched,
  Fe'u stwffiech yn galed gynt.

10 On'd ydy cywilydd i Mr. Coli
    (Pa un ai digio a wnaeth ai diogi?)
    Na cherdde fo *i* Ruddlan, lydan lodor,
    A thrwy'r esgobeth i bob ysgubor
    Sydd yn y fordor faith,
    A phrynu'r gwenith oll tan ganu
    A'i yrru fo drosodd heb ddim dyrysu,
    Fe feder ei deulu o 'r daith.

11 Doed pawb heb gellwair gynta' gallon'
    Cyn marw Lewis a'i holl weision;
    Dowch â chig a chaws o Loeger,
    Cewch ddail melynion pan gynhafer
    Gryn lawer yn ei le;
    Gwna'*r* rheini les yng Nghymru dirion,
    A maint sydd gennych o wragedd gwynion
    Yn yfed yn dirion de.

12 Gwŷr sir Fflint, gwnewch chwithe ein cyngor,
    Ceisiwch drosodd gario eich trysor;
    Fe gewch y plwm yn ôl i chwi adre'
    Ond ei wneuthur yn fwlede
    Yn dyrre ar odre'r allt;
    Am bob peth a ddeloch inni
    Cewch win ac ambell gasg o frandi
    Os ydych, wŷr difri', yn dallt.

13 Ow! 'styriwch, holl drigolion Cymru,
    Yr ym ni a'n llygod ymron llewygu;
    Gwŷr Dolgelle a sir Feirionnydd,
    Dowch â 'menyn godre'r mynydd
    A'ch ffrwythydd eto i Ffrainc;
    Fe ddaw Lewis dul i dalu
    Ond cael gwŷr sythion *a* gâr saethu
    I'w godi fo i fyny i'w fainc.

Ffynhonnell
LlGC = BWB 77Bii: Argraffwyd yn Amwythig gan Stafford Prys (*fl.* 1758–1782) yn 1760.

Nodiadau
Argraffwyd y faled yn 1760 a pherthyn felly i gyfnod y Rhyfel Saith Mlynedd (1756–63). Dioddefodd Ffrainc golledion yn dilyn dwy frwydr ar y

môr yn 1759, y naill oddi ar arfordir Sbaen ym mis Awst a'r llall oddi ar arfordir Llydaw ym mis Tachwedd.

Lewis (penillion 7, 11): Louis XV (1715–74), brenin Ffrainc.

Mr. Coli (pennill 10): Fe'i henwir mewn mwy nag un faled a chyfeirir ato hefyd yn yr anterliwt *Hanes y Capten Ffactor*, gw. *Anterliwtiau Huw Jones o Langwm*, 87. Yr oedd George Colley yn rhan o chwedloniaeth Dyffryn Clwyd a'r cyffiniau, ac er ei fod yn arwr yng ngolwg y cybyddion barn wahanol a fyddai gan y bobl gyffredin amdano. Bu terfysgoedd yn Abergele, Henllan a Dinbych, ac mewn sawl lle arall, yn 1740 am fod pris ŷd mor uchel yn dilyn cynhaeaf gwael. Aeth tyrfa i Ruddlan ar 21 Mai pan glywyd am y bwriad i allforio ŷd a meddiannwyd yr ŷd a oedd yn barod i'w lwytho ar long yn y Foryd. Yr oedd George Colley, asiant ystad Bodrhyddan, yng nghanol yr helynt am ei fod yn fasnachwr ŷd. Ymosodwyd ar ei gartref ac awgrymir y byddai'r protestwyr wedi ei ladd pe baent wedi cael eu dwylo arno, gw. K. Lloyd Gruffydd, 'The Vale of Clwyd corn riots of 1740', *Cylchgrawn Cymdeithas Hanes Sir y Fflint* 27 (1975–6), 36–42. Fe'i henwir yn y baledi hyn: 'Wel dyma fyd helbulus ddigon', 'Fy mrawd Hywel, clyw f'anghaffel', 'Dydd da fo i Hywel ffel ei ffydd'.

11

Cerdd i'r merched, i'w chanu ar fesur a elwir Cwymp i'r Nant.

1 Pob cangen led anllad wir lygad, wawr lon,
   Sydd eto'n yswagro heb brifio gerbron,
   Os torrwch chwi'r nwy' y canol â'n fwy,
   Chwi gewch yr hen glwy' sy *yn* ein gwlad;
   Rhai'n edrych yn ddig pan welant ei big
   Gan ddwedyd, "Mae'n debyg i'w dad",
   A chwithe cyn hynny yn celu bob cam
   Heb allu mo'r dwedyd, wir funud, i'r fam.

2 Hawddfyd fu'r dechre, rhyw droee rhai drwg,
   A hawddfyd roes Efa yn gyfa' mewn gwg;
   Pan oedd hi efo'i gŵr troes hawddfyd yn siŵr
   Yn fwstwr a chynnwr' a chwant;
   Blysio ffrwyth pren a wnaeth y wraig wen,
   Bu'n wenwyn tra milen i'w mant;
   Y hi am yr afal, oer dreial, ar dro
   A chwithe am yr eirin a yrrwyd o'ch co'.

3 Ail Efa yn ddiame pan rodie hi yn yr ardd
   Ych chwithe, ganghenni mwyn heini, mae'n hardd;
   Hon wrth ei chwant, ei gŵr a'i holl blant
   Brofasant ffrwyth methiant i'w min;
   A chwithe, os daw blys, pwy gaiff godi'r crys?
   On'd taclus ŵr trefnus fo'n trin?
   Ewch dano yn bur ddiddig, mawr lithrig, i lawr
   Ac yno bydd chware, rhyw feie rhy fawr.

4 Ar ôl codi efo'r glanddyn, yn sydyn os ewch,
   Tan farn merched nwyfus mor warthus yr ewch;
   Gan wisgo'n bur driw os hitia gael cyw,
   Y llygad a'r lliw aiff yn llwyd
   Gan ddweud, "Be' sy'*n* bod? Rwy'n *ff*aelio dan rod
   Ddygymod yn barod â'm bwyd";
   Llawer o flinder, naws oerder, os ewch,
   Y cyflwr tri chwarter ar gyfer a gewch.

5 Chwi fyddwch mewn nychdod a syndod a sen
   Fel Efa yn cyfogi ar ôl profi ffrwyth pren;

Pob lodes a ddaw â'i threm yma *a* thraw
Gan ddangos â'i llaw fel bo'r llun,
A chwithe yn rhoi cri a'ch llyged yn lli'
A'r galon ar dorri am y dyn;
Bydd ynte yn yswagro ac yn ffromio'n bur ffri,
Gwell ganddo fo arall, awch angall, na chwi.

6 Chwi fyddwch yn diodde' yr un liwie â'r iâr lwyd,
Aiff ynte efo'r gywen neu'r glomen i'r glwyd;
Y chwi hyd y wlad yn gwneud yr oer nâd
Gan ddangos i'ch cariad y cyw,
Ac ynte yn bur iach heb un gronyn o grach
Nac edrych fawr lwytach ei liw;
Ffarwél o hyn allan i'r cyfan wrid coch
A'r rhosys yn rhese a fuase i'r ddwy foch.

7 Rhai dripiant ar ddoldir am ddifyr ymddwyn,
Rhai safant ar lechwedd mor r*h*yfedd â'r ŵyn;
Y cnawd sydd yn wan, n*i*d ymladd mo'i ran,
Mae ffwdan mwy cyfan mewn cant;
Rhai ddeil yn hwy yn eu natur a'u nwy'
A'r lleill ar y plwy' efo'u plant;
Ni wiw mo'ch cynghori rhag dofi efo dyn,
I chwi bydd y tristwch oni choeliwch eich hun.

Ffynhonnell

Bangor 4 (30) / LlGC = BWB 223ii: Argraffwyd yng Nghaer gan Thomas Huxley (*fl.* 1765–1788). Ysgrifennwyd y dyddiad 1782 mewn llaw ar wynebddalen Bangor 4 (30).

Ar Ddiniweidrwydd.

1 Y feinir ifanc fwyn arafedd sydd rywiogedd waredd wych
 Fel seren ole yn codi'r bore, neu megis blode iawn droee yn drych,
 Cyffelyba-i feingan yma ar f'amcan i ardd neu berllan hoywlan ha'
 Lle ty' beunydd amryw ffrwythydd, rhai drwg bob dydd, rhai deunydd da;
 Mae ynddoch chwithe, meinir ole, amryw ffrwythe a blode heb les,
 Mae yn eich calyn chwi, lliw'r ewyn, un planhigyn, gwreiddyn gwres.

2 Mae yn eich corffyn un llysewyn a fag anffortun, dygyn daith,
 Sef gwraidd godineb gwedi *ei* dannu, mae eisie ei chwynnu i fyny yn faith;
 Mae dail ffolineb yn eich wyneb yn lle ffyddlondeb, undeb iawn,
 Mae brig*e* natur yn eich synnwyr i'ch rhwystro'n bur i'r llwybyr llawn;
 Mae cainc o falchder ar eich cyfer, a mawr ei huchder ydy hon,
 Llysie hudol, meinir weddol, sydd yn eich deddfol freiniol fron.

3 Mae blode anlladrwydd, hylwydd hwyliad, yn eich llygad, ceimiad cu,
 A gwlith serchogrwydd hyd eich dwyrudd i'ch gwneud yn llonydd ym mhob llu;
 Had meddaldra a digwilydd-dra, y rhain sy er Adda yn benna', bun,
 Ceincie amherffeth llygredigeth sy'n diwyno'r eneth lyweth lun;
 Tan fonyn diffeth anystyrieth mae'r holl rywogeth heleth hyn
 Yn gwreiddio'n gafod ddigydwybod i'ch rhoi, lliw'r ôd, mewn syndod syn.

4 Tra bo felly ddail yn tyfu neu'n cynyddu chwant y cnawd
 Yr ardd pan welant pawb a'i adwaenant, man dilwyddiant mae'n dylawd;
 Fy nghyngor ichwi, meinir wisgi, ydy dofi a chodi'r chwyn
 A hau pereiddiach lysie purach yn lle rhyw afiach sothach syn;
 Ceisiwch yn gynta' had gweddeidd-dra a blode gwyldra, teca' taith,
 A chwelwch waelod gwreiddyn pechod on'd ych yn canfod gormod gwaith.

5 Gwreiddyn sobrwydd, dail gonestrwydd, dyna ffrwythydd newydd nod,
 Llysie amynedd, meinir weddedd, cewch yn y diwedd glirwedd glod;
 Rhowch gainc o synnwyr mewn lle eglur i orchfygu eich natur, amhur yw,
 Plennwch goedydd gostyngeiddrwydd a gwrych o grefydd, lonydd liw;
 Heuwch hi drosti â ffydd a gweddi, os gwreiddia ynddi y rheini yn rhe*s*,
 Fe dy', gwybyddwch, flode harddwch, ac yno twynnwch fel y tes.

6 Ac oni arloeswch y diffeithwch daw diystyrwch yn dost iawn,
 Fel hyn, meinir, bydd rhai'n myned yn fawr eu lled â llyged llawn;

Daw dyn ystrywgar chwedle siomgar i grefu am foddgar gynnar gael
Mynd i'r parlwr, f'enaid, fwynwr, gwag ragrithiwr, hudwr hael;
A chwithe wrth natur eisie synnwyr ewch tros y llwybyr ym mhob lle,
Gan ufudded y gwna fo addo rhaid gorfedd dano i'w foddio fe.

7 Daw rhyw ymddadlu gwedi hynny i rwystro'r caru, anafu'r nwy',
Mae i chwi siampal, feddal foddion, gan rai fu gleifion o'r un glwy';
Fe ddywed gwragedd (nid oedd ryfedd) nad âi'n afluniedd saledd swm,
Dan eich cystudd dyna'ch castie, gwarchad gartre', troee trwm,
Ac ynte'r mwynwr aiff yn broliwr, dau mwy ffwndwr, dwndwr dul,
I ffwrdd mewn munud fe gais ddihengyd, nid cwyno eich clefyd, canu eich clùl.

8 A dyna'r amser y bydd trymder ar ôl y pleser, mwynder maith,
Y mêl, lliw'r manod, aiff yn wermod, ni chewch na chlod na chymod 'chwaith;
Ar ôl byw'n drwstan rhaid troi allan i fagu'r baban mwynlan mud
A mynych gofio'r byd aeth heibio wrth suo a siglo ei gryno grud;
Oni wnewch chwi eich gore, meinir ole, ar blannu'r llysie gynne heb gudd
Cewch edifaru gwedi'r caru, mi alla' dyngu, felly fydd.

Ffynhonnell
PC WG 35.1.686 = BWB 686ii: Nid oes dyddiad nac enw argraffwr ar yr wynebddalen.

13

Cwynfan merch gwedi ufuddhau i'w chariad ac yntau ei gadael hi, i'w ganu ar Elusenni Meistres.

1 Dowch, ferched a morynion, i ystyrio 'nghlwy'
 A'r modd yr wy' oddi yma yn mynd i gychwyn a'm plentyn hyd y plwy';
 Pan ddelwyf hyd y gwledydd caf gardod glau gan un neu ddau
 A'r lleill trwy lid a gwradwydd a'u cerydd i'm nacáu;
 Fy 'stwrdio am hel bastardied a rhythu llyged ym mhob lle,
 Rwy', Duw yn fy rhan, mewn cyflwr gwan anniddan dan y ne';
 Rhaid dal fy mhen yn isel, a phawb heb gêl â chwedel chwith
 Yn dweud fel sant, "Mae'n ore o gant am gario plant i'n plith".

2 Yn awr cymerwch gyngor, pob cangen ffri,
 Gwrandewch fy nghri, gochelwch fyned, gwenfron, un foddion ag wyf fi;
 Rhaid cerdded hyd y gwledydd a'm geneth lon yn sugno 'mron,
 Nid caru ac yfed cwrw, rhaid suo heddiw i hon;
 Mi fûm yn llon y llynedd, fawl wych hafedd, fal y chwi,
 Ond gwnewch eich rhan mewn tre' a llan na ddowch 'r un fan â m'fi;
 Dymunaf, ferched mwynion a wêl fy moddion, rwyddion rai,
 A'm dyddie yn gla' – pa beth a wna'? – na fwriwch arna-i fai.

3 Ffarwél, ifeinctid mwynion, fe ddarfu i mi, rwy'n oer fy nghri,
 Fy nghymryd i'ch rhybuddio, a chofio ddylech chwi;
 Ffarwél i'r hen gariade oedd gynt ar dwyn â modde mwyn,
 Ni wela-i 'r un y leni o'r rheini yn troi mo'm trwyn;
 Yn lle mynd hyd y ffeirie, rhodio heb ame yn ole a wnawn,
 Bodlona' i'm byd yn siglo'r crud, fe ddarfu'r llonfyd llawn;
 Am wneuthur wrth ei feddwl rwyf fi dan gwmwl, drwbwl draw,
 Y fo bob dydd yn holliach sydd a minne yn brudd mewn braw.

Ffynonellau
Diddanwch Teuluaidd (1763), xxxiv.
LlGC = BWB 77ii: Argraffwyd yn Amwythig gan Stafford Prys (*fl.* 1758–1782) yn 1761.
Llsgr. CM 41, i, 102: Copïwyd y llsgr. gan Rees Lloyd, Nant Irwen, yn ystod ail hanner 18g.

14

Cerdd ar ddull ymddiddan rhwng gŵr ifanc a'i gariad yr hon oedd feichiog ohono ef, yntau yn ei gwrthod hi, yr hon a genir ar Ffilena bob yn ail bennill. Y ferch yn dechrau.

1 *Y Ferch*
   Ow! f'annwyl gariad i, gwrandewch fy ngwaedd a'm cri,
   Rwy'n fawr fy lled ym marn holl gred a'm llyged yma yn lli';
   Fy nghyflwr i sydd gaeth, chwi ydy'r gŵr a wnaeth
   I'm dwyrudd i fynd mor ddi-fri a'm bronne lenwi o laeth;
   Ces eirie teg, do, naw neu ddeg neu 'chwaneg ganddoch chwi,
   A'm gado 'nawr yn llwyd fy ngwawr, mae'n ddigon mawr i mi;
   Rhaid trin y byd a siglo'r crud bob munud ennyd iach,
   Fy nghaniad i fydd "Hai-lw-li" wrth drin y babi bach.

2 *Y Mab*
   Mi af finne i ffordd o'm gwlad rhag gwrando anniddan nâd,
   Gwell gen-i am dro ymado â'm bro, pwy âi i fedyddio'n dad?
   Pwy goelie 'chwaith yr un o'r merched teg eu llun?
   Maen nhw dan sêr fel pwysi pêr yn denu llawer dyn;
   Bu Tamar wen yn gwisgo ei phen, yn buten irwen aeth,
   I'r dre' mewn gwŷn yn deg ei llun er denu dyn y daeth;
   A merched Lot caed arnyn' flot, rhoen' iddo bot yn bur,
   Beichiogi o'u tad ac ennill had o eisie yn wastad wŷr.

3 *Y Ferch*
   Och! Och! pa beth a wna'? Wel dyma'r gŵyn a ga',
   Y chwi a'ch bryd ar rodio'r byd a m'fi mewn glud yn gla';
   Mi wela' 'mod yn ffôl, ymrois, mi ddois i'r ddôl,
   Ow! byddwch glau dan ben yr iau – on'd felly parai Paul?
   Ceiliagwydd gwyn fydd ar y bryn heb arno un briwsyn braw
   A'r ŵydd mewn pant neu lawr y nant a'i llwyddiant yn ôl llaw;
   O! llwyd yw 'ngwawr a'm dagre mawr sydd hyd y llawr yn lli'
   A'm bron yn brudd bob nos a dydd, a hyn o'ch herwydd chwi.

4 *Y Mab*
   Y llinos deg ei llun, rinweddol foddol fun,
   Y gwir a sai', Ow! bernwch lai, roedd peth o'r bai ar bob un;
   Mae natur llwybyr llawn yn drech na dysg na dawn
   A llawer llanc yn firi ar fanc neu'n ifanc – beth a wnawn?

Pan ddeloch chwi at landdyn ffri yn aneiri' toddi wnewch
A dweud bob tro pan ofyn o, os da rwy'n cofio, "Cewch";
On'd gwell nacáu nag edifarhau, a gwasgu'n glau bob glin?
Troi doe yn ôl rhyw reswm ffôl, bun weddol foddol fin.

5 *Y Ferch*
Pob cangen ffraethwen ffri, gwrandewch fy nghyngor i
A gwnewch eich rhan mewn tre' a llan na ddowch i'r un fan â m'fi;
Rwyf fi mewn niwl a glaw a'm cariad yn troi draw
Neu'n rhodio'n rhydd bob nos a dydd a minne yn brudd mewn braw;
Mae'n deg eich lle mewn llan a thre' i ochel rhwyde'r rhain,
Na wnewch ymroi cyn cael eich cloi rhag ofn ymdroi mewn drain;
Y fi sy yn rhwyd a'm bol a gŵyd, rwy'n ddigon llwyd fy lliw,
Ar fyr o dro o'i achos o mi a' i ffaelio rhodio yn rhiw.

6 *Y Mab*
Gwrandewch fy nghyngor maith, holl feibion dirion daith,
Rhydd llawer un y bai ar y dyn mai fo ydy gwŷn y gwaith;
Mae llawer teg ei llun yn fwyn ohoni ei hun,
Gall felly fod yn rhwydd dan y rhod yn bechod ar bob un;
I deimlo bron y lili lon naws union os nesewch
Ni chlywch mo'i llais er codi ei phais ond dweud bob cais y cewch;
Os deil ei hun heb altro ei llun ni hidia bun mo'r baw,
Dyle fod plant gan lawer cant sy a llwyddiant ar eu llaw.

7 *Y Ferch*
Ffarwél i ifeinctid glân yn awr o fawr i fân,
Rwy'n llwyd fy ngwawr a'm bol yn fawr, ar fynd i lawr yn lân;
Ow! can ffarwél drwy gri ar dwyn i'm cariad i,
Petaswn nes ar law na thes ni cheres ond y chwi;
Mi fethes-i, ymgedwch chwi, yr holl lodesi ar dwyn,
Rwy gwedi ymroi a phawb yn ffoi heb neb yn troi mo'm trwyn;
Am fod yn bur rwy'n diodde' cur, ca-i ferthyr eto fwy,
Rhaid mynd yn syn, fe wyddoch hyn, â'm plentyn hyd y plwy'.

8 *Y Mab*
Rhof finne 'y nghwbwl fryd ar fynd i rodio'r byd,
Rwyf eto yn rhydd er bod trwy'r dydd yn canu'r cywydd cyd;
A'm cyngor i bob dyn yw ceisio ei gadw ei hun,
Nid eill o 'nawr rhwng lloer a llawr ymddiried fawr i'w fun;
Am hyn o 'staen ni hidia-i ddraen, fy lliw a'm graen sydd gry',
Mi 'mendia' 'ngwawr, mi rodia'r llawr, ni chofia-i fawr a fu;
Cwmpeini a ga' cyn diwedd ha' 'r lodesi glana' yn glir,
Cewch chwi wich-wach y babi bach, mi af finne yn iach, yn wir.

Ffynonellau

LlGC = BWB 91ii: Argraffwyd yn Amwythig gan William Williams (*fl.* 1765–1768) tros John Jones yn 1768.

Llsgr. LlGC 4698A, 133: Copïwyd y llsgr. gan Robert Evans, Syrior, Llandrillo, rhwng 1758 ac 1765.

Nodiadau

Tamar (pennill 2): Pan geisiodd Judah, ei thad yng nghyfraith, ffafrau rhywiol ganddi, nid adwaenai hi am ei bod wedi ei gwisgo mewn dillad dieithr, gw. Genesis 38.1–23.

merched Lot (pennill 2): Wedi i Lot a'i ferched ffoi o Sodom ceisiodd y merched feddwi eu tad fel y gallent feichiogi, gw. Genesis 19.30–8.

15

Cerdd ar ddull ymddiddan rhwng hen ddynes heb briodi a dynes ifanc yn gweiddi am ŵr, i'w chanu bob yn ail bennill ar Doriad y Dydd. Yr ifanc yn dechrau.

1 *Dynes Ifanc*
   Fy hen gyfnither Mari oedd gynt yn firi ar fanc,
   Ti est yn ddwndi swbach siabi o eisie llochi llanc;
   A mwyned ydyw'r meibion rhwng dwyfron moddion merch,
   Am y dynion mae'r ymdynnu, rwy' gwedi synnu o'u serch;
   Pe cawsit tithe ddyn ti fuasit gwell dy lun,
   Di-barch yn unlle yw dynes dene fo'n byw'n hafne ei hun;
   Mewn caban bach yn cobio a gwynio y bydd ei gwaed
   Gan wynt mor astrus gwedi *ei* rwystro'n ymdreinglo a thrigo o'i thraed;
   Ti elli farw'n syth fel neidar ar ei nyth,
   Yn drom a lleuog heb gymydog a dry dy benglog byth;
   Petase gŵr yn gariad da ei ymddygiad, wastad wedd,
   Fe fuase hwnnw ar ôl dy farw yn un o'th fwrw i'th fedd.

2 *Hen Ddynes*
   Ow! Begi, mi debygwn mai dyna gwestiwn gwan,
   Gwell iti ganwaith heb dy ginio na chalyn llelo i'r llan;
   Am un darn diwrnod llawen cei cyn dy ddiben ddau
   A dagre gloywon o'th olygon pur heilltion yn parhau;
   Gwell gen-i fyw fy hun na hyderu ar fwynder dyn,
   Ni wna-i 'r un diwrnod rhag cael anghlod mo'r amod 'chwaith â'r un;
   I dendio ar drwyne surion y dynion fi nid a',
   Cymera-i 'nghaban bach fy hunan i fwrw'n rhwyddlan yr ha';
   Ca-i fynd i'm gwely yn iach heb ddim o'r sŵn wich-wach
   Na chryd na rhwymym yn fy nghalyn, na phlentyn burwyn bach;
   Aeth llawer merch anraslon un foddion â'i hen fam,
   Fe gawson' dduon leision lasie ar draws eu cefne cam.

3 *Dynes Ifanc*
   Mae mab yn beth rhinweddol a moddol gyda merch,
   Cael cydymwasgu'r nos mewn gwely a chusanu'n llawn o serch;
   Cymysgu ein peder coese a thwymno ein bronne yn braf,
   Pe cawn-i fachgen yn fy mherchen mi fyddwn heulen haf;
   Oni bydde hwn yn fwyn wrth orwedd drwyn-yn-nhrwyn?
   Serennu'n wastad yn ei lygad trwy gariad a thrwy gŵyn;

A'i ddwylo yn dynn amdana' y mwyndra mwya' i mi,
Pe cawn-i 'n sydyn faetsio 'nghorffyn â llencyn ffraethwyn ffri!
On'd hyfryd fydde trin plant bychen ar fy nglin?
Ca-i fwyd ddigonedd wrth eu geni, ca-i frandi ond gweiddi a gwin;
Caf eistedd yn y cornel efo'r cetel â'r big gam,
Daw ata-i 'n ddeddfol wragedd addfwyn, a hynny er mwyn eu mam.

4 *Hen Ddynes*
Y plant sydd wariach gwla pan ddelo llymdra llaw,
Y gŵr yn ofer â geirie anafus neu'n ddigus weithie a ddaw;
Nid gorwedd yn dy wely a byw dan garu a gei,
Y mêl ar dafod aiff yn wermod i'r syndod hwnnw os ei;
Pan ddelo'r bol yn fawr, ei'n dene, wine wawr,
A'th foche i lwydo aiff ynte at ladis yn llegys hyd y llawr;
Yn dafarn wrth gydyfed eu llyged nhw fydd llon
A thithe yn llusgo lawer llesgach dan glafach bruddach bron;
Yn lle cael geirie mwyn bydd pawb yn crynu eu crwyn,
Daw adre' yn benglog feddw anfoddog fel draenog sur ei drwyn;
A thithe yn lludw yn llwydedd, os byddi'n gomedd gair,
Cei ar draws naddiad dresi nwyddion ar gyfion hanner gair.

5 *Dynes Ifanc*
Dyna gelwydd gole, peth digon dehe yw dyn,
Beth sydd lanach wedi *ei* lunio pan glywo fi wrth ei glun?
Ymwasgu nos a bore o benne ein trwyne i'n traed,
Llawer mwyndro gydag efo wrth gydymgomio a gaed;
Trwy'r nos rwyt ti yn ymdroi fel dynes wedi amdoi,
Fel rhyw lumanes lom anghynnes, hoff hanes, wedi ffoi;
Y traed yn oer aneiri' gant i'r hen Fari a fydd,
Twmnio bricsiach, pob rhyw brocsi gant i'r hen Fari a fydd;
Pa drefn fydd arnat ti mewn anhyfrydol fri?
Trwy'r nos dy hunan ymystwyrian 'r un gwman â hen gi;
Wrth biso ti gei beswch er tristwch lawer tro,
Mewn anniddanwch yn hen ddynes, oer franes, hyd y fro.

6 *Hen Ddynes*
Mae'r gwely gen-i 'n gynnes a lloches abal llawn,
I mi fy hunan caf y cyfan trwy fwynlan ddiddan ddawn;
Pan eloch chdi yn briodol o'm lledol byddi'n llom
A'th beisie yn gagal dan ymgegu a'r galon drwyddi yn drom;
A'r plantas bach drachefn a'u mant ar dro yn ddi-drefn,
Ac yno gweli mai go waeledd yw gorwedd ar dy gefn;

Dan ochen byddi'n nychu ac weithie yn crynu o'r cryd,
Weithie yn bennoeth, weithie ymbwnio, cei amal draenio drud;
Hel dy fywyd weithie a'r lliwie yn ddigon llwyd
A phlant diddioni a thithe yn gweiddi, "Begi! Cadi! cwyd!";
Bydd eisie cant o bethe, a'r gowne yn dene ar d'ôl,
Nid yw priodi, y lydan ladi, ond direidi a ffansi ffôl.

7 *Dynes Ifanc*
Rwy'n siŵr mai gŵr yw'r gore na chant o bethe'r byd,
Mynna-i rywun toc i'm calyn fo glanddyn i fyw'n glyd;
Mi a' i rodio a fforio ffeirie lle byddo llancie llon
A diymrafel heb 'y mrifo wrth deimlo a 'mrwyfo 'mron;
Mi a' i bob gwylmabsant sydd, mi arhosaf dan y dydd,
Yn y farchnad wrth fy llygad caf gariad yn ddi-gudd;
Af efo'r gwragedd gore hyd y teie i yfed te
Lle bo'r *jenny* a'r long ystori gan bawb sy i'w foli fe;
Cei dithe fara llaeth a gwneuthur gwefle gwaeth
Pan fyddw-i i'w trwsio i'r dyn a'm caffo yn rhostio a ffrio'n ffraeth;
Mi fynna' depot cryno a merch i dendio dŵr,
Rhag i mi yn forwyn grino gronyn gwell gen-i galyn gŵr.

8 *Hen Ddynes*
Mae llawer iawn o'r ddeutu gwedi ymglymu'n gloff,
Llawer dwsin o'r lodesi oedd ganghenni heini hoff
Sy'n llwydion ac yn lludw, a'r lleill yn arw eu noes
Yn llusgo eu berre yn llesg a byrion efo dynion creulon croes;
Mae'n rhyfedd iawn gan-i na cheir dy weled di
Yn llusgo'r cywion hyd y caee, ac nid un fodde â m'fi;
Rhyw leban am dy labio a'th ystwytho heb ddim ystop,
Ar ôl dy gwlwm fe geir gweled *gan* saled fydd dy siop;
Ond rhaid i bob merch wen gael mynd yn wysg ei phen,
Fel Efa ddifri' er dwedyd wrthi fu'n profi ffrwyth y pren;
Ac oni wnei fy nghyngor y fi yn sobor sai',
Dos dithe ar d'amcan, agwedd egwan, yn rhwyddlan fel pob rhai.

Ffynonellau
LlGC = BWB 249Bi: Argraffwyd yng Nghaer gan Thomas Huxley (*fl.* 1765–1788). Nid oes dyddiad ar yr wynebddalen.
Llsgr. CM 39, 259: Llsgr. gyfansawdd. Cynnwys y rhan hon o'r llsgr. gasgliad o gerddi a gopïwyd yn ystod 18g. Y ddalen sy'n cynnwys diwedd y gerdd flaenorol ynghyd â dechrau'r gerdd hon ar goll.

16

Dechrau cerdd neu gwynfan gŵr ieuanc am ei gariad gan ei chyffelybu hi i'r winllan, i'w chanu ar Y Foes.

1 Dowch yn hyddysg, fawrddysg feirddion geirie dethol a gwŷr doethion,
   Hil Parnasus, ddawnus ddynion, i wrando ar gyson gân;
   Mae gen-i gyffes, hanes heini, yma yn agos i'w mynegi:
   Braw a dolur, briw dieli, sydd i'm poeni y leni yn lân;
   Wrth rodio'r byd trwy fryd hyfrydol, hwn sydd rinweddol waith,
   Yng ngwres yr hafddydd, hirddydd hardda', hawddgara', teca' taith,
   O'm blaen y cawn trwy ddoniol ddawn bob perllenni a llwyni yn llawn
   O bob hyfrydol reiol rawn yn gyflawn ffraethlawn ffri;
   Yr oedd pob brig, caeadfrig coedfron, yn wyrddion dan y ne'
   A ffrwythe yn tyfu, eurgu irgoed, meilliongoed ym mhob lle;
   Yn braf i'w thrin ar hafddydd hin, mor ffraeth i gyd o ffrwyth a gwin,
   Yn benna' ei gras heb un yn grin o'r grawnwin purwin pêr.

2 Wrth rodio'n brudd trwy'r dolydd deiliog gweled blode, orie eurog,
   Ar goed neu lysie yn gydluosog, mor frigog ar y fron;
   Gwelwn winllan wiwlan ole o goed yn gampus, gwiwdeg impie,
   Gardd wen lesol, gwyrddion lysie, blode a lliwie llon;
   Pan weles-i 'r Aurora oreurog, luosog serchog sail,
   Aeth yr holl berllennydd llawnion fel crinion dduon ddail;
   Pan weles hon aeth briw i'm bron, pob eurlliw o gred yn berllan gron
   A'u ffrwythydd cynnar lliwgar llon, rhos gwynion gwiwlon gardd,
   A'i choed yn wyrddion leision lesol, hyfrydol freiniol fryd,
   Fel hen Ardd Eden lawen lyweth oedd benieth yn y byd;
   Trafaelio os gwna' y fi ni cha' mo ail i hon am eiliw ha'
   Trwy'r Môr Coch a'r America, Europia ac Asia i gyd.

3 Mae'r winllan yma, ufudda' fodde, yn dynn i'w gweled dan ei gwalie;
   Na cheir mo'i rhodio er maint ei rhade na phrofi ffrwythe ei phryd;
   Lle ty' gwinwydd, llu teg anian, llwyn o ddilie llawn oddi allan,
   Am gael meddiannu hon ei hunan y fi sy'n cwynfan cyd;
   Er rhodio o'i chwmpas, addas eiddo, tan gwyno ac wylo'n gaeth
   Caead aruthr yw'r coed irion, planhigion ffrwythlon ffraeth;
   Mae gŵr dan go', oer fryd, o'r fro, un athro fyth, maith rwyd yw fo,
   Yn eilio drain, annuwiol dro, i'm dal oddi yno yn ddwys;
   Y wiwbur winllan sydd mewn bronlle, a'i blode yn berle'r byd,
   Y gain winwydden ogoneddus, hoff raenus, deg ei phryd,
   Os dal a wna' mawr gur a ga', mewn llwyni yn hir meillionen ha',
   Rhaid diodde' yn glir a'm dyddie yn gla' mewn gwasgfa gurfa gaeth.

4 Y mae'r winwydden irwen ara', dawnus dwyn, fel dinas Dina,
　Ole drwyad', ail i Droea, hawddgara' a hardda' yw hon;
　Llwyn wiw lesol llawn o lysie, gardd oludog, gwyrdd eiliade,
　Pur air eglur pêr arogle a 'mendie friwie'r fron;
　Pe dôi'r dewisol naw duwiese i foli ffrwythe ei phryd,
　A dwysgu degwch dysgedigion neu feirddion yr holl fyd,
　Ni wnaen' gerbron mo'r llunio'n llon y mawl yn ole haedde hon,
　Meillionllwyn deg o'r un lliw â'r don neu feillion hoywon hardd;
　Holl berle Sbaen a'u graen yn gryno pe cawn er rhodio'n rhwydd,
　A'r meini gwerthfawr tramawr tryma' o'r India, sowndia' swydd,
　Neu gael yn ffri yr aur yn lli', mwyn oese braf, sy yn Asia heb ri'
　A'u plase mawr, pa les i mi a cholli'r lili lon?

5 Fe fu Jonas gynt yn morio dridie a theirnos yn gaeth arno;
　Cadd hwnnw yn fwyn ei ddwyn oddi yno a'i safio'n ddigon siŵr;
　Bu fab Sant Crusto fawr ei gariad yn llongwrieth, hyll angoriad;
　Pwy na ystyr poen yn wastad (rwy'n dirnad) ar y dŵr?
　Fe gadd ei wared mewn gwedd wrol, hyfrydol reiol radd;
　Cwyn anobaith, caf finne 'y niben, meillionen wen a'm lladd;
　Fe 'mendie yn llon y galon gron, anwyla' hedd, un eli o hon,
　Sef cariad gwreiddiol freiniol fron o'i thirion ffraethlon ffrwyth;
　Pe rhôi feddygon oelion eilwaith ni fydde ond swynwaith sâl
　I galon oeredd gwla aneiri' ar dorri. Beth a dâl?
　Rwyf fi mor bur yn cario cur tan fagle Ciwpid sychlyd sur;
　Un syth ei dôn a'i saethe dur a'm rhoes mewn dolur dwys.

6 Fe ŵyr yr holl ddarllenwyr llonna' am dŷ mawl Isaac, temel Asia;
　Wrth dramwy'n amal i hon yma fe gadd Rebecca bur;
　Felly ers ennyd f'ewyllys inne, sain ryfeddol, sy 'r un fodde;
　Os ca-i 'nymuniad ym mhob manne dof finne o'm caethle a'm cur;
　'Y mhoene dyweda' a 'mhenyd ydy o ran hoffi a moli merch,
　Ail i Esther ole wastad, hardd leuad, seiniad serch;
　Fun heini hedd, na fwrw i fedd un gŵr di-wael a gâr dy wedd;
　Yn llawn o glod fel llunio gwledd tro'n llwyredd i'm gwellhau;
　Lle bo gariad o'r dechreuad ar dyfiad rhwng pob dau
　Nid all tafode, eirie oerion, annhirion mo'i wanhau;
　Oni ddoi di yn ffri, bun rasol ri', â geirie mwyn bydd garw i mi,
　Duwiola' taith, dy weled di, y wisgi lili lon.

7 R ac E o fodde ufuddol, B naws euraid, beunes wrol,
　Mewn swydde y leni sydd olynol am henw'r foddol fun;
　E yn sydyn atyn' eto, C, C ac A, rai haela', i'w hwylio,
　Am un lân eneth mae'r line yno i gofio bod ac un;

Yn rhwydd un natur rhoddwn eto J ac O ac N,
E ac S am lodes liwdeg daw'n burdeg oll i ben;
Hon a'm rhoes tan lawer loes, i'm safio'n iawn un dawn nid oes
Ond meindw' fwyn a 'mendia f'oes neu darfu am f'einioes fach;
Di elli di, y lili oleulan, 'y ngwneud yn wiwlan wedd,
Y fun rinweddol haeddol heddiw neu fy mwrw i 'medd;
Ac oni throi a dweud y doi, f'anwylyd gwyn, cei'n dynn f'amdoi;
Yn eitha' 'mrad ni waeth ymroi, mewn bedd fy rhoi fydd rhaid.

Ffynhonnell
Dewisol Ganiadau yr Oes Hon (1759), 144.

Nodiadau
Diau fod rhyw gymaint o ddylanwad cerdd Elis Cadwaladr 'Holl brydyddion Meirion mawredd' a ganwyd ar yr un alaw ar y faled hon. Cyhoeddwyd y gerdd honno yn *Blodeu-gerdd Cymry* (1759) a thrachefn yn *Llu o Ganiadau* (1798).

17

Byr hanes o ryw ffregedd a fu rhwng mab a merch wrth ddyfod o'r gwyl-mabsant, i'w chanu ar Neithiwr ac Echnos.

1 Dowch yn nes, y llancie swagar,
   A chwithe, ferched llyged lliwgar;
   Clywch hanes dau, rwy'n dweud yn bendant,
   A gydgychwynnodd o'r gwylmabsant
   Ar draws rhyw diroedd drwy fawr dwrw
   Dan garu beunydd, gwrw a banw,
   A hwylio'r llaw asw i'r lle isel;
   Weithie gwasgu'r fwyngu feingan,
   Weithie gosod ambell gusan
   A thrin yr hen degan diogel.

2 Weithie cerdded yn rhy arw,
   Weithie caru ar ôl eu cwrw;
   Roedd gan y dyn ryw geryn gwrol,
   Fe gode ochenaid yn ei chanol;
   Bu yno yn gwingo gyda'i gangen,
   Weithie yn iachus, weithie yn ochen
   A phopen i'r burwen yn berwi;
   Nid megis dŵr ar dân naturiol
   Ond berwi o chwante cnyde cnawdol,
   A berwi drwy ganol drygioni.

3 Mynd at farchnad blode'r lili
   A hithe yn gado iddo godi;
   Gweled dyffryn y trythyllwch
   Lle mae hen grefydd y digrifwch;
   Dweud wnâi fo i'r feinir dawel
   Ei fod o 'n ysu i'w rhoi hi yn isel;
   Ni ddwedodd hi air uchel o'i achos,
   Toddi wnaeth yn un llymeidyn
   Fel morwyn plas yn toddi 'menyn
   Cyn myned o'r ddeuddyn i ddiddos.

4 Wrth gefn rhyw stabal bu'r cytundeb,
   Un yn holi a'r llall yn ateb;
   I wneud y gwely yn ffeind i gychwyn
   Hi dynne ei gown a'i mantell frethyn

A hi 'gosododd ar y ddaear,
Rhôi ynte ei het dan ben y feinwar,
Roedd pawb yn bur glaear i'w glywed;
A'r ddeuddyn oedd a'u cnawd mor gynnes
Ac yn naturiol at y busnes,
Ag ychydig o fantes mi fowntied.

5 Heibio i'r ddau ar eu pleser nwyfus
Dôi wreigan feichiog led afiachus;
Hon a safodd yn ddychrynllyd
Pan welodd lian gwyn yn ysgwyd;
Meddyliodd hon ddwad llong o rywle
A bod eisio rhowlio'r hwylie
Rhag torri yno yn ddarne ryw ddiwrnod,
Ond pan aeth hi yn nes atyn'
Hi wybu'n well fel roedd y ddeuddyn
Yn chware efo'r dernyn bob dyrnod.

6 Hi gerddodd ymaith ar ei gore
Gan ddweud mai brwnt oedd torri'r chware,
A'r dyn wrth weithio, heb ru*s*o'n brysur,
A golle'r siswrn a'r gwinadur;
Fe alle'r ddynes fynd i'w boced
Tra bu fo'n trin ei gwe*i*rglodd felfed,
Mae merched yn galed ddigwilydd;
A'r ddynes sydd yn iachus eto;
Os gelliff ddianc byth heb brifio
Nid rhaid iddi wrido gan wradwydd.

Ffynhonnell
Bangor 4 (28) = BWB 242iii: Argraffwyd yng Nghaer gan Thomas Huxley (*fl.* 1765–1788). Ysgrifennwyd y dyddiad 1780 mewn llaw ar wyneb-ddalen y faled.

18

Cerdd newydd, neu hanes gŵr ifanc a aeth i garu, ac i aros i'r bobl fynd i gysgu aeth i'r berllan, ac i frig pren afalau, ac oddi yno gwelodd un arall yn myned ar uchaf ei gariad dan y pren, yr hon a genir ar Green Windsor.

1 Pob carwr mwyn ddynes, clywch hanes achwynion,
　Gwna weithie drwstneiddwch ddiddanwch i ddynion;
　Rhyw lanc aeth i garu o deulu diwaeledd
　Lle'r oedd ganddo yn sicir bêr feinir bur fwynedd;
　Dyma'n union fel *a* fu,
　Aeth yn rhy gynnar at y tŷ,
　Y teulu oedd ar eu gore, at eu gorchwyl pawb a gyrche,
　A'r forwyn, geimiad ferre, yn mynd wrth ei riwl i rywle
　Fel y bydde ar droee draw heb flot o chwys na brys na braw;
　A'r llanc ac annwyd beth i'w draed,
　Ac ofni colli riwl ei waed,
　I'r berllan aeth dan rodio rhag ofn i neb ei sbïo;
　Yr oedd yno afale i'w tastio, a'i bleser oedd eu blysio,
　Dechreuodd blycio a rhwygo'r rhain wrth waetio'r lodes fynwes fain.

2 Digwyddodd dan rodio iddo daro wrth bren dyrys
　Lle'r oedd hyd ei frige afale pur felys;
　Fe ddringodd i hwnnw i ymgadw yn y goeden
　Rhag dyfod rhai i'r golwg a'i ladd yno yn gelen;
　Fe wele ei gangen ffraethwen ffri
　A chlamp o garwr gyda hi
　Yn rhodio'r ardd o'r mwyna', yn ail i Adda ac Efa;
　Mae Satan byth os hitia weithan ar ei waetha',
　Fe dwylla'r cryfa' ddewra' ddyn, mae'n gwaetio arno ohono ei hun;
　Ond y ferch a lediodd at y pren
　Dan ymgomio a phincio ei phen;
　Hi ddwedodd yn ddiddadal, "Mae yma afale merfal,
　Melynion moddion meddal, ni chawn ni byth mo'u cystal,
　Mi fyddwn diofal yma ein dau gan gydio yn nhopie'r brige brau".

3 Y carwr digwilydd ymaele yn o galed
　Dan edrych o'i gwmpas a'r feinir a gwympied;
　Bu yno ecserseisio, llwyd rwyfo lled ryfedd,
　"Of all in", medde'r capten efo rhoden ei anrhydedd,
　Ac yn*a*, "Ground your fire! Lock!"
　Ac wrth gomandio tanio toc;

Y fun â'i thor i fyny, a'r mwsged wrth ymwasgu
Yn hwylus wrth ei anelu a ollyngodd ergyd oergu,
A 'nhwythe yn crynu yn eu crwyn, roedd yno awr ddiofal feddal fwyn;
Ar ôl taeru codi toc,
Cadw'r pistol, gwrol goc,
Dechreue'r ferch ymbilio â'r dynan *y* buase dano,
"Gobeithio y gwnewch chwi gofio am a wnaethoch heb wen*h*ieithio
Na dim rhagrithio a bragio brol, ymgadw i mi pan godo 'y mol".

4 A'r dyn yn lled oeredd yr un fath â llwyd eira
   Yn troi ati ei gefen, ac yn dwedyd, "Mi gofia'",
   A hithe yn gwynfannus ag ofn iddo fyned
   Yn begio ac yn calyn, "Ow! cofiwch eich cowled",
   Gan ddweud, "Fe dâl y gŵr sy uwchben";
   Ond ebr y llanc o frig y pren,
   "Mae dau uwchben yrŵan, mi dala' i ti fy hunan";
   Duw a dalo i'r eflo aflan, fe aeth hwnnw i'r drws ac allan,
   I ffwrdd o'r burlan lydan wlad a'r ferch bob dydd yn brudd mewn brad;
   Mae hi yn y rhwyd mor llwyd â lli',
   Ni fyn yr hen gariad mo'ni hi,
   Gwnâi'r carwr ifanc newydd ei gadw nerth ei egwydydd,
   Ni sai' mo'r glaw ar geiliagwydd, mae hi am eu cast mewn cystudd,
   Oer iawn awydd ar ei nyth, ac yn siampal i chwithe un modde am *b*yth.

Ffynonellau
LlGC = BWB 222i: Argraffwyd yng Nghaer gan Thomas Huxley (*fl.* 1765–1788). Nid oes dyddiad ar yr wynebddalen.

Llsgr. CM 619 [ni rifwyd y tudalennau]: Copïwyd tua diwedd 18g. / dechrau 19g. Priodolir y gerdd i Dwm o'r Nant a chynhwyswyd y gerdd gan G.M. Ashton ymhlith gweithiau Twm yn 'Bywyd a Gwaith Twm o'r Nant' (MA Cymru [Caerdydd], 1944), cerdd VI.

Llsgr. CM 117, 387: Copïwyd gan David Evans, Dolgellau, tua chanol 19g. Gwelir y gerdd yn yr adran sy'n cynnwys gwaith Twm o'r Nant.

19

Cerdd neu gynghorion yn erbyn medd-dod, i'w chanu ar King's Farewell neu Ymadawiad y Brenin.

1 Deffro, 'r Cymro, heb ruso'n brysur, gwrando ychydig ar bechadur,
  Myfi addewes dy gynghori, ŵr diwe*i*nieth, er daioni;
  Dod weddi am ras gan Grist ei hunan i orchfygu medd-dod aflan,
  Mae'r ffordd i'r nef ganddo ef, dod lef yn wylofus,
  Gochel dario'n bechadurus, swydd un ofer sy'n anafus;
  Gweddi ac ympryd, gwybydd heddiw, sy'n gorchfygu natur feddw,
  Tro di yn d'ôl fel Sant Paul drwy frawdol hyfrydwch,
  Cwyd o furie'r annifyrrwch i gyrhaeddyd y gwir heddwch.

2 Ystyr ffordd y mab afradlon oedd gwedi maeddu gyda'r meddwon,
  Pan warie ei arian bod y ddime dioddefodd arw asw eisie;
  Ni chadd mo lenwi ei fol mewn diddos, o soeg y moch mawr och fu'r achos,
  Ond at ei dad doeth i'r wlad, yn rhad cadd anrhydedd
  A'i ddilladu er bod yn llwydedd, man gwir felus, mewn gorfoledd;
  Deffro dithe ag ysbryd bywiol, galw'r Tad o'r wlad dragwyddol,
  Cei ganddo wledd, gwin a medd nefoledd pur felus,
  Ond gado'r cwrw, berw barus, sydd oer fagal, swydd ryfygus.

3 Ni ddaw'r un march o'r ffos pan lyno nes dêl chwech neu saith i'w lusgo,
  Ni ddaw un dyn o lwybre Satan nes iddo alw ar Grist ei hunan;
  Pan oedd llong Pedr gynt ar suddo fe alwe ar Grist, gwnâi ynte ei wrando,
  Gostege yn siŵr donne'r dŵr a'r cynnwr' drycinog,
  Galw dithe yn d'eisie ar Dwysog, sef Mab ein Llywydd hollalluog;
  Gochel gwmni'r oferddynion, ni cheir fawr ddysg ymysg y meddwon,
  Deffro a chwyd, gochel rwyd lle daliwyd rhai dylion,
  Rhwyd y gwamal feddal foddion, rhuade anghynnes, rhwyd anghenion.

4 O bob yslaf arferir heddiw gwaetha' slaf yw slaf y cwrw,
  Fe ollwng meddwyn Dduw yn ango', tai a thir i fyned heibio;
  Yn siŵr ni fedr undyn meddw mo'i reoli ei hun mewn cwrw
  Na gado i'r llall a fytho gall; on'd gwall a mawr golled
  Na fedre ddynion wneud adduned a bod ag ofon beidio ag yfed?
  Einioes fer a chalon afiach, llety llwm a drwg gyfeilliach,
  Cael barn y wlad, digio'r Tad lle mae gwellhad uchel,
  Gwrthod Crist fel brenin Babel, dyna un yfwr âi'n anifel.

5 Duw pob meddw yw'r cwrw costus a'r tŷ tafarn ydyw'r eglwys
A'r wraig yw'r person, drwg eu pyrse, a'r chwart a'r peint yw'r ceraint gore;
Fe ad y meddwyn lawer diwrnod ei dir a'i dai a'i blant a'i briod
I fynd *i*'r llan, cael mwy na'i ran, dyna'i foddion pan feddwo,
Y call yn ffôl a'r ffôl yn ffaelio mewn diddanwch fynd oddiyno;
Gwae'r neb a yfo fwy na'i gyfraid, lladd ei gorff a drygu'r enaid,
Rhoi yn ei fol, cadw lol anfuddiol pan feddwo,
Hyn yw'r rheswm, pawb a arhoso mewn dallineb mae eu dull yno.

6 Ond cyfod di trwy ffydd a gobaith, dod heibio oferedd, oeredd araith,
Mab o'r Aifft a'r brenin Pharo, fe holldiff Duw'r Môr Coch iti eto;
Dilyn lwybre'r hen Israelied, câi'*r* rheini fanna pur wrth fyned
I Ganaan wlad, rhwydda' rhad, yn enw'r Tad nefol,
Tro dy lwybre dithe a dethol ffordd o'r drygfyd mawrfyd marfol;
Edifarha fel Dafydd Frenin, gochel yfed byth mo'r cymin,
Gwna d'ore glas, ymro am ras, bydd was i'r Gogoned,
Cwyd, y dynan, cadw dy ened, mae drws trugaredd yn agored.

Ffynonellau
Llsgr. LlGC 12869B, 23: Copïwyd y llsgr. tua 1787.
Llsgr. CM 41, i, 161: Copïwyd y llsgr. gan Rees Lloyd, Nant Irwen, yn ail hanner 18g. 'Rees Lloyd ai sgrifenodd Medi 17 1778'. Gwelir y dyddiad 27 Gorffennaf 1774 ar ddiwedd y gerdd.

Nodiadau
brenin Babel ... anifel (pennill 4): Cosbodd Duw Nebuchodonosor, brenin Babilon, trwy ei droi yn anifail, a bu yn y cyflwr hwnnw am saith mlynedd, gw. Daniel 4.25, 5.21.

Duw pob meddw yw'r cwrw costus (pennill 5): Delweddir y cwrw fel y gwneir yn y gyfres o benillion 'Cyngor i'r Meddwyn' a luniwyd gan y Ficer Prichard, gw. Nesta Lloyd gol., *Cerddi'r Ficer* (Llandybïe, 1994), 32.169–72: *Gwir dduw'r meddw ydyw Bachws, / Tafarn 'hwdlyd yw ei eglw's; / Gwraig y tafarn yw ei 'ffeiriad, / Y pot a'r bib yw ei gyfnesiad.*

20
Cyffes yr oferddyn drannoeth ar ôl gwario'r cwbl, ar Belle Isle March.

1 Fy hen gyfeillion, oferddynion, gwrandewch ar gŵynion gwir,
   Rwyf fi mewn trallod diddibendod a syndod ym mhob sir;
   Clywch fy hanes, deulu diles, mae gen-i gyffes gam,
   Rwy' heddiw yn llegach braidd â llwgu, am hyn rwy'n pennu pam;
   Mynd i'r dafarn dŷ, cael croeso cryno cry'
   Ac arian ddyrned yn 'y mhoced neu eu lloned at y llu;
   Galw am gwrw, meddwi'n arw a dechre eu bwrw'n bost,
   Talu'r cyfan oll fy hunan, mae'n fechan iawn y fost,
   A *g*wraig y tŷ mor fwyn yn dweud fod ganddi im gŵyn,
   Pwy fuase yn coelio y troes*e* honno i'w thraenio'n sur ei thrwyn?
   Fy rhoi yn fy ngwely, neidio i fyny, yr oedd swllt i'w dalu dul,
   Mi rois i'r faeden felen foliog, was bywiog, gryn ysbul.

2 A'r wraig a'i chynffon yn ddyblygion â'i geirie tirion teg
   I'm canmol inne wrth bawb a'm adwaen*e*, ni chaee hi mo'i cheg;
   Ond yfed atyn' *p*awb o'm deutu a'm galwe heb gelu i gyd,
   "Meister, meister!" ar fy nghyfer medde lawer yn ddi-lid;
   O'm cwmpas doen' yn ffloc a minne yn talu toc,
   Rhoi benthyg *f*arian i fy hunan, dda fwynlan, yn ddi-foc;
   Pan ddarfu'r cwbwl, dyma'r drwbwl, troi sawdwl a ges-i,
   Er crefu'n ddygyn ni chawn-i ddefnyn ond 'y ngalw i gorun ci;
   Cloi'r seler, drymder drip, a'm ysgowlio'n hen ysgip
   A dweud mor sosi, "Paid â meddwi. Ti fyddi'n torri tip";
   Crefu a cheisio chwart a 'nghoelio, fy mhwnio ar draws fy mhen,
   Gwneuthur duryn, dweud, "Cerdd d'ore, neu braena-i *di* â rhyw bren".

3 Mynd mewn amwyll nosweth dywyll o'r gannwyll bod ag un,
   Yn gyde gwirion gwedi'*u* gwario, rhoi yno-i honno ei hun;
   Mynd fy hunan rhyngdda-i a'm caban yn druan ac yn drwm
   Heb ddime i'w chlywed yn fy mhoced, O! saled oedd fy swm;
   Ond cyn dwad heibio i'r post dyma'r wraig yn diawlio'n dost,
   "Llyncu'ch catel, diawl a'ch coto, gwna' i honno gowntio'r gost;
   Gwario chweigen, rhoi yn eich rhumen, plag ar y fulen faw,
   Ni chewch ond hynny un cwr o'm gwely tros imi drengi draw";
   Ac felly rwyf fy hun yn llwyd a drwg fy llun,
   Gan dafarn fawrglod ni cha-i gymod na'm hynod wraig fy hun;
   Pawb i'm galw oferddyn *m*eddw ac arna-i 'n bwrw bai,
   Ni cha-i mo'm caru byth ond hynny o eisio llyncu llai.

Ffynhonnell
Bangor 6 (22) = BWB 329ii: Argraffwyd yn Nhrefriw tros Harri Owen yn 1781.

Nodiadau
Priodolir y gerdd i'r 'Bardd Sychedig' ond y mae'n weddol sicr mai Huw Jones oedd hwnnw, a cf. y gerdd 'Pob gwrêng a bonheddig, rwy'n cynnig rhoi cân' a briodolir i'r 'Bardd Sychedig o Langwm'. Gwelir cerdd arall o waith Huw Jones yn Bangor 6 (22), sef 'Pob cadarn ryfelwr, pob sawdwr da ei swydd'.

21

Cerdd ar ddull ymddiddan rhwng meddwyn a'i wraig, y hi yn ei geisio ef adref ac yntau yn nacáu, i'w chanu bob yn ail bennill ar Gonsêt Gwŷr Dyfi.

1 *Y Wraig*
   Dydd da fo i'm gŵr priod hoff hynod ei ffydd
   Sy'n gwario mor gadarn yn dafarn bob dydd;
   Mi a'ch gwela' chwi beunydd yn ddedwydd o ddyn.
   A ddewch chwi trwy amynedd i'ch annedd eich hun?

2 *Y Gŵr*
   Mae yma bob pleser ar gyfer i'w gael
   A mwynion gwmpeini pêr heini pur hael;
   Pan ddelw-i tuag adre', gwiw fodde, gwae fi,
   Mi wranta' mai rhincian, nad diddan wyt ti.

3 *Y Wraig*
   On'd rhincian debygwn a ddylwn-i yn ddwys?
   Arna-i bob munud mae'r penyd a'r pwys;
   Eich gwaetio chwi yn yfed a'm llyged yn lli'
   A'r plant yn bur lymion, gŵyn union, gen-i.

4 *Y Gŵr*
   Gwrando ar gwmpeini, rhyw ffansi rhy ffôl,
   Dos adre' 'r un foddion, fun dirion, yn d'ôl;
   Mae yma gymdeithion yn burion am bot,
   Ni syfla-i (rwy'n tybed) nes yfed y siot.

5 *Y Wraig*
   Mynd adre' trwy brudd-der yn nyfnder y nos,
   Pendwmpian a syrthio a phwnio pob ffos;
   On'd mawr na ddoech chwithe yr un fodde efo m'fi?
   Trowch unwaith i ystyried anghroywed 'y nghri.

6 *Y Gŵr*
   Gwrando trwy amynedd, dôn oeredd, dy nâd,
   Os gwaeth gen-i damaid fynd ymaith o'r wlad;
   Dos allan yn union, iaith greulon, â'th gri,
   Os clywaf â'm clustie mo'r tanne gen ti.

7 *Y Wraig*
　　Calyn y tanne, da byncie di-ball,
　　A dilyn y ddiod, mawr fedd-dod mor fall;
　　Tôn arall fydd gartre' i minne yn y man,
　　Mae yno le salach, dau llymach na'r llan.

8 *Y Gŵr*
　　Mae yma le hyfryd bob munud i mi,
　　Nid pobol afrywiog go donnog fel di;
　　Y cwmni llawena' bawb yma bob oed,
　　Ni weles ymrafel, air uchel, erioed.

9 *Y Wraig*
　　Fe fyddan' yn ufudd mwyn doniol mewn dawn
　　Tra byddo yn y boced ei lloned yn llawn;
　　Os derfydd yr arian, naws anian, bydd sôn,
　　I edrych yn fryntach neu dduach fe ddôn'.

10 *Y Gŵr*
　　Y bobol ddiniweitia' neu fwyna' ar a fu
　　Sy'n cadw cwrs purion, rai tirion, yn tŷ;
　　Y dafarn lân loyw (rwy'n bwrw) i bob oed
　　Yw cartref llawenydd, air ufudd, erioed.

11 *Y Wraig*
　　Llety'r ddrwg araith, le diffaith, rwy'n dallt,
　　Mae'r meddwon a'u llyfon annhirion yn hallt;
　　Tyngu celwydde o'u penne heb ddim pall
　　Ac offrwm eu eneidie 'r un fodde i'r hen fall.

12 *Y Gŵr*
　　Pob cwmni diniwed yn yfed yn wir
　　Fe haedden' gael mawrglod, rwy'n gwybod y gwir;
　　Da gen-i 'n ddiame eu modde ym mhob man,
　　Mae part o ddoethineb a rhwydeb i'w rhan.

13 *Y Wraig*
　　Doethineb rwy'n gwybod mewn diod nad oes
　　Ond amryw gwerylon mewn creulon fodd croes;
　　Cynhwystra pob pechod yw medd-dod i'n mysg,
　　Nid hardd i neb felly ymdaeru mewn dysg.

14 *Y Gŵr*
    Mae rhinwedd mewn diod, rwy'n gwybod y gwir,
    Gwnaiff bawb yn llawenach a doethach ar dir;
    Mae'n tynnu maleisie o galonne pob gwlad,
    Y cwrw (rwy'n coelio) sy'n llunio gwellhad.

15 *Y Wraig*
    Mae'n llunio pob dynion yn feddwon pan fôn'
    Yn noeth ac yn eger, nid tyner mo'u tôn;
    Ac yno pan sobro i rodio efo'i wraig
    Fe fydd yn saith surach neu ddrengach na'r ddraig.

16 *Y Gŵr*
    Tuag adre' pan ddelw' a galw'n ddi-gur
    Ti fyddi'n un howden neu'n sopen go sur
    Yn rhincian neu 'sgowlio, mawr floeddio mor flin.
    Os gwn-i pwy fedre ar droee dy drin?

17 *Y Wraig*
    Canmol eich meddiant a'ch llwyddiant yn llan,
    Pa beth a wnaf finne 'r un modde yn y man?
    Mae chwech o blant gartre' â rhyw liwie rhy lwyd
    Na feddan' i'w fwyta na bara na bwyd.

18 *Y Gŵr*
    Gweithiwch, ystreifiwch, estynnwch ystai,
    Mae diogi yn eich perfedd, modd rhyfedd mewn rhai,
    A balchder i'ch rhwydo; rwy'n cwyno o flaen cant
    Nad ydych yn gallu mo'r plygu efo'r plant.

19 *Y Wraig*
    Ai hynny yn o brysur o gysur a ga'?
    Yrŵan fe roesoch im reswm pur dda;
    Ni waeth i mi ymado na chwyno efo â chwi,
    Mae'r plantas yn crio gan wylo gen-i.

20 *Y Gŵr*
    Tuag adre' cychwynnwch, Ow! treiwch roi tro,
    Gadewch y drws hawddgar yn glaear heb glo;
    Dof finne tua'r bore, rhyw fodde rhy faith,
    Cyn i chwi osio gogwyddo at y gwaith.

21 *Y Wraig*
   Ffarwél i'r oferwr, mae'n siwgwr eich saig,
   A phawb yn well beunydd, iach grefydd, na'ch gwraig;
   Pan ddeloch yn henedd, dyn oeredd, dan allt
   Fe geir eich cwmpeini, ddyn difri', rwy'n dallt.

   Ffynhonnell
   Bangor 15 (46) = BWB 784ii: Argraffwyd yn Amwythig yn 1758.

22

Cerdd o ymddiddan rhwng yr oferddyn a'r dafarnwraig, i'w chanu ar Doriad y Dydd.

1 *Oferddyn*: Gwraig y dafarn hoyw, oes yma gwrw i'w gael?
 Moes i'r golwg hanner galwyn i oferddyn hoywddyn hael;
 Rwyf allan o fy natur a'r llwybyr ces i'r llan,
 Â'm gwraig fy hunan syrthies allan wrth wrando ei gwichian gwan;
 Wfft fyth i'r ffasiwn wraig 'r un drwyn a gwefle â draig,
 Mae ganddi rincyn fel cŵn yr ancar, anfoddgar siomgar saig;
 Mae geirie ei cheg agored yn galed bod ac un,
 Ei bath na byddo'n cysgu a deffro rhwng breichie a dwylo dyn;
 Ni bydd hi ddiddig awr, mae hynny yn helynt fawr,
 Oni bydd ar waelod yr hen wely yn cysgu'n wiwgu wawr;
 Mae ei thafod fel dail yr aethnen yn siglo, dyna ei swydd,
 Ei holl egwyddor ydyw gweiddi, tyngu a rhegi'n rhwydd.

2 *Tafarnwraig*: Ŵr purlan, tyrd i'r parlwr, na hidia ei ffwndwr ffôl,
 I ddwys drydar na ddos dridie at dy wreigan dene yn d'ôl;
 Mae gen-i 'r ddiod ffeindia', tyrd a bwyta beth,
 Tros y tymor hidia damed drymed fydd y dreth;
 Ti gei gymdeithion glân, cwrw a thwrw a thân,
 Ni a fynnwn ffidler ar ôl swper i diwnio ar gyfer gân;
 Cei'r gwely gore i gysgu a'th ymgeleddu'n glyd,
 Craf dy boced, cei dobaco a chroeso heno o hyd;
 Y dafarn sy onide ar sail yn ail i ne',
 Mae pleser hynod diddibendod efo'r ddiod groywnod gre';
 Mae amryw fath o newyddion a'r dynion gore eu dallt,
 Llety diddan holl had Adda, y rhai dua' a gwynna' eu gwallt.

3 *Oferddyn*: Rhaid imi gael fy nghoelio os arhosaf heno o hyd,
 Trwy ddirfawr rorio fe ddarfu'r arian, am hyn rwy'n cwynfan cyd.
 Tafarnwraig: Dy goelio! Gwae dy galon, hen lipryn gwirion gwael,
 Tâl dy sgorsiach sydd ers cyrsie, i mi fe fydde yn fael.
 Oferddyn: Mi deles wyth neu naw o bunnoedd ar dy law
 A thithe yn sisial dy hen sesiwn ac yn cadw byrdwn baw;
 Y daerddwys afr gedorddu sy'n tynnu ar hynny i'w rhwyd
 I wirion hwrio, i wario ein harian efo'th sucan lledwan llwyd.
 Tafarnwraig: Wel dyma ddiawl o ddyn! Taw, lelo drwg ei lun,
 O! fy ngelyn, gwna fy ngalw ar fy henw i fy hun,
 A thâl yr holl ysgorie sy hyd y trawstie i'w trin,
 Mae yno bentwr mawr o beintiau a chwartiau yn blaau blin.

4 *Oferddyn*: Mi deles fwy na'm dyled, fe gluded iti yn glau,
   Lle bydde un peintyn, dyma'r pwyntie, rhoit ti yn o ddehe ddau.
   Tafarnwraig: Mae swllt er ffair y Bala, myfi a dynga' yn dost,
   A deg o chwartie er ffair Ddolgelle, dyma'u penne nhw ar y post.
   Oferddyn: Ti dwyllest lawer dyn i ymado â'i eiddo ei hun
   Ac eisie ei ginio ar ôl sucanach yn afiach legach lun;
   Gwarllwm a begerllyd a dybryd ydyw'r dyn
   A drotho'n fochyn dan dy fache, bydd tene ei liw a'i lun.
   Tafarnwraig: O! tennyn ffraethwyn ffri fo heddiw am d'wddw di,
   Lolio a malu, lelo melyn, taw, oferddyn, conyn ci;
   Rwy'n cwyno am lawer ceiniog na chaf, hen benglog, byth;
   Caf finne bregeth gan y bragwr, hwn oedd fy swcwr syth.

5 *Oferddyn*: Ti haeddit ti bregethe am bluo mame plant,
   Denu dynion yn afradlon, mae cwynion llawer cant.
   Tafarnwraig: Ai fi sy'n denu dynion? Taw, lelo gwirion gwael
   Sy'n dulio o'th gelwydd dâl i'th goelio heb un mwyndro 'chwaith na mael.
   Oferddyn: Dy weinieth doreth di yn siŵr a goelies-i
   Nes mynd o'm power hyd dy dreser yn bewter ffraethber ffri;
   Slafio rwyf ers talm a'r wraig yn llwm ei lle
   I'ch cadw i eiste yn eich parlyre ar eich tine i drin eich te.
   Tafarnwraig: I'ch tendio gefn y nos ces lawer surllyd sos,
   Ffaelio cysgu rhag ofn it rynnu neu fferru ym mherfedd ffos;
   Cael tafod drwg am hynny a llyncu'n waeth na llo,
   Cario 'nghwrw i lolyn meddw ac ynte ei fwrw fo.

6 *Oferddyn*: A ga-i yr un peint o gwrw? Rwy-i gwedi galw, gwn,
   Am ffrwyth dy seler ar y Sulie mi deles bunne bwn.
   Tafarnwraig: Tâl yr hen ysgorion, hen lipryn gwirion gwag,
   Ac wedi hynny gallaf ganu a mynd i brynu brag.
   Oferddyn: 'Sgorion ffraethlon ffri, wel dyma nhw oll i ti,
   Mae arian eto a'u pwyse i'w pasio yn nofio beth gen-i;
   I ŵr o berchen arian mae sucan yn dy siop
   Ond i'r rhai sy'n calyn eisio eu coelio duo bydd dy dop.
   Tafarnwraig: Tydi sydd dalwr da, ond cefes lawer cna',
   Cei gennyf eto gwrw a chroeso a rhuo dan yr ha'.
   Oferddyn: Ni thwylla-i mwy mo'th ddryse, mae gennyt sura' saig,
   I'm disgwyl adre', gwn er gynne, mae dagre ar ruddie'r wraig.

Ffynonellau

Bangor (10) 57 / Baledi a Cherddi 15 (5): Argraffwyd yng Nghaernarfon gan Peter Evans. Nid oes dyddiad ar yr wynebddalen. Ysgrifennwyd y dyddiad 1820 mewn llaw ar wynebddalen Bangor 10 (57).

Baledi a Cherddi 39 (131): Argraffwyd yng Nghaernarfon gan Peter Evans. Nid oes dyddiad ar yr wynebddalen. Y mae hwn yn argraffiad gwahanol.

23

Cerdd newydd neu hanes fel y tyfodd ymrafael mawr yng Nghymru rhwng dau wr bonheddig, un anrhydeddus Gymro genedigol o'n gwlad ni a elwir yn gyffredin Syr John yr Haidd neu Gwrw a'r llall gwag ymdeithydd o wledydd pellennig tros y môr a elwir Morgan Randol yn Gymraeg ac yn Saesoneg 'Tea', yr hwn a geisiodd drawsfyned yn farchog yn lle Sir John, i'w chanu ar Hitin Dincer.

1 Y chwi, foneddigion haelion hylwydd,
   Chwithe, ladis yr holl wledydd,
   Pob meinir addfain gegfain goegfall
   A phob eurych a phawb arall,
   Mewn moddion diball, dowch;
   Holl faledwyr a phrydyddion
   Penne agored, poene gwirion,
   Holl ddynion cleifion, clywch.

2 Yrŵan aeth yn fyd echryslon,
   Mae dau baun ethol yn ben noethion;
   Erioed ni weles-i drwy Gymru
   Ddau gymhelled gwedi ymhyllu,
   Maen nhw yn ymdaeru'n dost;
   Syr John yr Heidden, gŵr o'r rhwydda',
   A Morgan Randol, gwalch o'r India,
   Bydd ar*n*yn' gyfa' gost.

3 Morgan oedd *yn* ddrwg ei ddechre,
   Taflu Syr o'i hen feddianne
   A dweud yn yr unfan, "O! mor enfog,
   Mwyfwy f'orchest af yn farchog
   Neu swyddog ar y sir;
   Mae gen-i lawer o gwmpeini,
   Cei dithe, Sionyn, fyw'n was i*m*i
   Y leni a dofi ar dir".

4 Ond ebe'r Syr yn bur gythreulig,
   "*T*ydi, hen leidar anweledig,
   Sydd yn 'y mlino ers ugen mlynedd;
   Dos i'th grogi, potes gwragedd,
   Mae'n ffiedd dy goffáu;
   Cyn mynd yn farchog fyth yng Nghymru,

Hen gwd eger, cei dy dagu
　　　Os awn i ymdynnu ein dau".

5　Fe ddwedodd Morgan gyn ffyrnicied,
　　"*T*ydi ydy'r lleidar penna' ar aned,
　　Ti ddygi arian o bocede,
　　Ti leddi'r cyrff a gwerthi eneidie
　　　Yn ddigon dehe i'r diawl;
　　Dygi fara plant o'u penne
　　A'u dillad tanyn' sy am eu tine,
　　　A phwy na phwnie â phawl"?

6　*Syr John yr Haidd*
　　O! tra*e*tur wyt yn hudo'n ddistaw
　　Rai gwŷr ym Môn i gyrre Manaw,
　　Y rhain a'th gariodd gynta' i Gymru
　　Yn eu cychod braidd yn cachu
　　　Rhag colli eu teulu a'u tai;
　　Nid elli rodio byth un diwrnod,
　　Mewn hen eithin mae dy nythod,
　　　Lle'r llygod aeth yn llai.

7　*Morgan Randol*
　　Rwyf fi 'nghwmpeini'r ducied gore
　　A llawer dwsin o'r duwiese
　　A thithe yn trymllyd fyglyd fwyglo,
　　　Dim ond begers yn dy bigo
　　　A'th gario yn biso i'r baw;
　　Ni chymrwn-i mo'r byd ac sy ynddo
　　Er neidi*o* 'nghorun pawb a 'ngharo
　　　A'u llywio dan fy llaw.

8　*Syr John yr Haidd*
　　*T*ydi ydy'r cna', dihira' hwriwr,
　　Gwenwyn sugyn, difrad siwgwr;
　　Rhoist lawer gwraig i golli ei hamser,
　　Mae'n arw hynny, awr a hanner,
　　　A llymder dan ei llaw;
　　Wrth gadw bugad i dy bige
　　Âi gowne leni amdani yn dene
　　　Efo dy botie baw.

9 *Morgan Randol*
   Ni feddi di 'r un pot i'th gario
   Ond peintyn bychan, aflan eflo;
   Mae yn Ystaffort wŷr ystiffiach
   Yn gwneud cwpane â gene gwynnach,
   Rwyf fi mewn brafiach bri;
   Os gwnei di 'mddadle 'chydig eto
   Efo dy geriach fydd yn gwario
   Mi wna' dy daro di.

10 *Syr John yr Haidd*
   Tydi sy'n gwneuthur dryge creulon,
   Twyllo'r brenin a'i swyddogion,
   Difrodi 'menyn beth aneiri',
   Dysgu digon i eiste a diogi
   Wrth drin dy desni di;
   Heb feddu difyn rhai sy'n d'yfed
   A'r plant yn bwyta eu bara heb ired
   A'u llyged oll yn lli'.

11 *Morgan Randol*
   Tydi yw'r dihira' ym mhob cwmpeini,
   Neidio i'w 'mennydd fel y mynni,
   Eu lluchio a'u taflu hyd y pylle,
   Eu llusgo a'u rholio, pwnio eu penne,
   Mae yn d'ene bart o dwyll;
   A'r gwragedd oll i'w disgwyl adre'
   Efo'u cywion hyd y caee
   Y bore mor ddi-bwyll.

12 *Syr John yr Haidd*
   Rwyf fi'n cael parch gan wŷr y Goron,
   Nid fel di, 'r begerwr gwirion,
   Sydd ar hyd y nos yn crwydro
   A phob rhyw geriach wrth dy gario
   A fydd yn dy dwyso di;
   O chwant i'r geiniog, bach o fargen,
   Ti roddest lawer, mab y buten,
   Yn lleden dan y lli'.

13 *Morgan Randol*
   Tydi sy'n gyrru pawb ddiweddnos
   I feddwi a thuchan neu foddi o'th achos;

Rhai yn dy chwydu mewn cornele
A ffroth dy bechod hyd eu boche,
A'r lleill fel lloee yn llawr;
Un yn bloeddio *i* guro ei gorun
A'r lleill yn tŷ yn difyrru'r forwyn,
Hen Sionyn felyn fawr.

14 Ond ebr John yn lled ddychrynllyd,
 "Fe gaiff ein milwyr fynd i 'melyd;
 On'd ei di *i* Fanaw nerth dy fone
 Mi wna' fwy penyd i'th gwpane,
 Mi dorra-*i* 'r llwye â'm llaw;
 Ni chei di rodio byth mo Bryden
 Â'th gatel dwylaw a'th getel dolen,
 Hen ddeilen felen faw".

15 Ar frys daeth yno gryn gwmpeini,
 Ysgwier Rym a Mr. Brandi,
 Yr hen Syr Coffi a'r llanc â'r ceffyl
 Oedd yn eistedd yn eu hymyl
 Mor fingul ar *y* fainc;
 A gwŷr o Fanaw garre feinion
 A phob siabas, porthmyn sebon,
 Holl ladron ffrwythlon Ffrainc.

16 Dechre dondio John o ddifri'
 A'r holl wragedd yn ei regi,
 "Denu ein gwŷr i dai tafarne
 A'u dal i drydar yno dridie
 A dwyn eu modde a'u mael",
 Ac oni bai iddo weiddi "Hiwchw!"
 Fe laddasen' John yn farw,
 Ni buase fyth gwrw i'w gael.

17 Roedd Neli a Chadi a Doli yn dulio,
 Barbra, Martha yn o lym wrtho,
 Alis a Siani yn dawnsio eu hunen,
 Rai blin symudliw, Blaens a Modlen,
 Fe'*i* lladden' o yn y lle;
 I gadw bugad dôi Gwen a Begi,
 Yn groes i 'morol Gras a Mari,
 Roedd Nansi a Dowsi am de.

18 Erbyn hyn yr oedd John yn gwyro,
   Oer lais marwedd, ar lesmeirio;
   Ond erbyn agor cwr ei lyged
   Gwele ei deulu yn galw "Diawled!"
   Neu yn cerdded yno o'u co';
   Ni bu gan empriwr na chan frenin
   Ryw fael garw yn rhyfel gerwin
   Mo fath ei fyddin fo.

19 Daeth yno gwmni hawddgar ddigon
   Rhwng baledwyr a phrydyddion;
   Nid oedd na gardiwr nac un gwrda
   Yn hidio byth mewn clawdd na chamdda,
   Daeth yno dyrfa deg;
   Gweiddi "Hiwchw!", cadw eu cyde
   Ac addo pwnio'r holl gwpane
   A'u gwneud yn ddarne ddeg.

20 Dechre gweiddi "John ffor efar!
   Y Cymro glana' sy ar y ddaear;
   Ewch chwi i ffwrdd a'ch ieithoedd chwydlyd
   I Ffrainc neu Boland, ladron bawlyd
   A llymllyd ym mhob lle";
   A Morgan ynte yn wyneblwydo
   A Doli o Gaerwys yn dal i guro,
   Hi fynne ei fopio fe.

21 Roedd pob melinydd am ei leinio
   A'r holl dinceried oedd yn curo,
   A dihangodd Morgan a'r holl weision
   I ffordd yn llesol tra gallason'
   I'r afon tu isa' i Ro;
   Ni weles-i undyn cyn fileinied
   Ag oedd y Cowper o Landdoged
   Am wneud i'r ffured ffo'.

22 Ond Huw o Langwm, rydw-i 'n dirnad,
   Oedd efo Morgan mewn cymeriad;
   Gorfod iddo addo'n gefnog
   Rhag ofn ei guro'n anhrugarog
   Droi'n swyddog efo Siôn;
   A John a garied yn y gader,
   Mae'n farchog mwya' yng Nghymru a Lloeger
   Medd hyn o dyner dôn.

Ffynonellau
LlGC = BWB 77Ai: Argraffwyd yn Amwythig gan Stafford Prys (*fl.* 1758–1782) tros Thomas Mark yn 1761. Ar ddiwedd y faled hysbysir bod y *Diddanwch Teuluaidd* (1763) yn cael ei baratoi i'w argraffu.

Bangor 3 (10) / LlGC = BWB 480i: Argraffwyd yn y Bala gan John Rowland (*fl.* 1761–1762) yn 1761. Nid oes enw bardd ar ddiwedd y faled.

24

Cerdd newydd neu ymffrost Balchder o'i anrhydedd a'i lywodraeth a'r amryw orchestion a wnaeth yn y byd, i'w chanu ar Barnad Bwnc.

1 Y fi ydyw'r emprwr mwya' o'r byd, rwy'n byw'n o glyd heb gledi,
  Balchder sicir difyr dw' ydyw fy henw heini;
  Rwyf fi'n ymlywio mynd ymlaen trwy dyrnas Loeger ac Ysbaen,
  Nid oes trwy Sgotland ddim ystaen, mi wnes eu graen yn gryno;
  Rwyf fi trwy Rufen sadwen syth mewn parch a chariad tra bo chwyth,
  Yn Ffrainc y gwneuthum-i fy nyth lle bydda-i byth, gobeithio.

2 Y fi ydyw'r swcwr i bob dyn, mi 'mendia' ei lun o leni
  Ond cyn y gallo ymwisgo'n wych rhaid ceisio drych ac ymdrochi;
  Balchies blant yn chwech neu saith trwy wisgo'r rhain â siaced fraith,
  Rwy'n cael fy mharch am wneud fy ngwaith ym mhob rhyw daith lle deuthum;
  Mi ddysges ladis hyd y dre' i hedeg braidd yn uwch na'r ne',
  Cewch weled llawer ym mhob lle yn taclu eu gwefle yn gyflym.

3 Mae'r merched yn eu lasie a'u cêr fel Liwsiffer mewn ffeirie
  A chryn werth punt o eiddo siop wedi pwnio ar dop eu penne;
  Ni thâl un ddynes hanner draen heb fantell dew a blew tu blaen,
  Rhaid cael hancesi o Ffrainc a Sbaen i 'mendio ar raen yr eneth;
  Ffedog sidan ffraethlan ffri, cryse meinion ddau neu dri,
  Cap y dosia (mi wyddoch chwi) a macyroni ar unweth.

4 Yr wythnos nesa' o flaen y Pasg bydd arna-i dasg eu dysgu,
  Bydd llawer hwch bur ddrwg ei llun a mochyn yn ymwychu;
  Bydd un am wasgod neu glos bwff a'r llall am own ystamp neu stwff
  A rhwng dau lencyn aiff yn gwff am honno hwff ei hunan;
  Cewch weled Dduwsul fyddin gre' a'u cefne yn union at y ne',
  Y mwya' ei barch yn hyn o le o fydd a'i ddillad ore oddi allan.

5 Dydd Llun aiff rhai mor syth â'r pin i gocin yma ac acw
  A'r lleill yn dawnsio a'u traed ar led, rhai'n caru ac yfed cwrw;
  Y fi a ddysgodd (dweda-i 'r gwir) i'r gwŷr boneddigion godi ar dir,
  Mi ddysges wneuthur pwyns a bir, dyna ffyrmach gwir i'r ffarmwr;
  Os gwelsoch gladdu gŵr go gry' pa faint o falchder yno a fu?
  Mae balchder beunydd, cynnydd cu, gwedi chwalu yn nhŷ'r uchelwr.

6 Y fi a ddysgodd yfed te a gwneud cwpane poenus
  Lle daw pob gwreigan ato fo sy roden go siaradus;

Trwy America rwyf fi'n ddi-feth, mae'*r* rhain mewn cyffro yn pwnio peth,
Balchder sydd yn rhwystro treth o'u moddion beth, rwy'n meddwl;
A balchder Lloeger hynny a wnaeth y rhyfel rhyngddyn', sydyn saeth,
Balchder ym mhob dynion ffraeth, myn cebyst, a wnaeth y cwbwl.

Ffynhonnell
Bangor 4 (32) = BWB 241i: Argraffwyd yng Nghaer gan Thomas Huxley (*fl.* 1765–1788). Ysgrifennwyd y dyddiad 1783 mewn llaw ar wynebddalen y faled.

Nodiadau
gwerth punt o eiddo siop (pennill 3): Anodd peidio â dwyn i gof y disgrifiad o'r 'goegen gorniog fel llong ar lawn hwyl, yn rhodio megis mewn ffrâm, a chryn siop pedler o'i chwmpas, ac wrth ei chlustiau werth tyddyn da o berlau' sy'n un o drigolion Stryd Balchder yng ngweledigaeth 'Cwrs y Byd' Ellis Wynne, gw. Patrick J. Donovan a Gwyn Thomas gol., *Gweledigaethau y Bardd Cwsg* (Llandysul, 1998), 13.

America (pennill 6): Lluniwyd y faled, fe ymddengys, yn ystod Rhyfel Annibyniaeth America, 1775–82.

25

Cerdd newydd neu gwynfan tosturus y cybyddion am fod y farchnad mor isel a'r byd cystal ar bobl dylodion, i'w chanu ar Hitin Dincer.

1 Wel dyma fyd helbulus ddigon,
    Duw a'n help*i*o ni, 'r cybyddion,
    Lle mae'n gadarn flawd ac yde
    Gan lawer costog yn eu cistie;
    Ple mae'r hen brisie braf?
    Pe dôi eto'r byd a welson
    Aen i daeru a gyrru am goron
    Yn rhwyddion amser haf.

2 Nid oes mo'r byd ddim felly rŵan,
    Ni wiw i gybydd fynd o'i gaban;
    Ni cheir mewn tre' neu lan y leni
    Am flawd ac ŷd bo wiw mo'i godi
    A'i roddi fo yn firi ar farch;
    Gwae ni erioed i'r Ffrancod golli,
    Bu ddydd y rhoesen' aur yn rhesi,
    Rheini oedd yn peri parch.

3 Yrŵan gallwn sefyll tridie
    A thagu o syched efo'n sache
    Wrth wrando ar ambell wraig gynffonfrith
    Yn cynnig seithswllt, dyna felltith,
    I ni am y gwenith gwyn
    Yn lle'r gini ac arian parod
    Fu yn ein dyrne lawer diwrnod,
    Hyn aeth yn syndod syn.

4 Gwaeth yw edrych ar fegeried
    Oedd gynt yn llwgu o flaen ein llyged;
    Pwy sy rŵan foneddicach
    Na Thwm y Cariwr a phob ceriach?
    A ninne sydd legach lun;
    Mae hynny yn dost, petaen' ond eiste
    Fe gân' ryw baeled yn eu bolie,
    Ni welwch yn dene un dyn.

5 Mae gwragedd gwedi mynd gyn ddioced,
　Ni waeth pe tynne frain eu llyged;
　Ewch i gabandy llawer bwndog
　Na thalo ei pheisie a'i gowne geiniog,
　　Fe yfan' yn donnog de;
　　Cwpane gwynion yn ei gynnal
　　A phot a phig a phwt a ffagal
　　　Yw'r treial ym mhob tre'.

6 Petaech chwi yn gweled mor ysmala
　Ydy gwragedd y malisia;
　O! mor heini yw llawer honos
　Yn cael ei choron gron bob wythnos
　　A byw mewn diddos da;
　　A'r gwŷr a'n harian ninne yn rorio
　　Ar eu trafel yn contreifio,
　　　Yswagro a rhodio yr ha'.

7 A ninne yn talu trethi trymion
　I'w cadw nhw yn eu cotie cochion,
　A threthi llawnion leni a'r llynedd
　Sydd gwedi ymgrogi at gadw'r gwragedd,
　　Mae'n ffiedd inni'r ffair;
　　Er bod y gwŷr ymhell o'u cartre'
　　Y mae'r cymdogion ar eu gore,
　　　Fe wnân' un dene yn dair.

8 On'd gresyn bod pob howden ddiog
　Yn brathu i'w bolie a britho eu balog
　Heb hidio os methan' byw'n esmwythach
　A ninne o foddion anufuddach
　　Â photes llegach llwyd?
　　Pe gwelen eto'r diwrnod hwnnw
　　Yr âi'r ŷd i'r dŵr o'r cistie derw
　　　Caen 'nhwythe feirw am fwyd.

9 Mae pob tylawd fel gŵr bonheddig,
　Bwyta a chodi, gwneud ychydig;
　Mwya' pleser yr holl lancie
　Tobaco a chwrw a mynd i chware
　　Neu eiste a'u 'lode ar lawr;
　　A phob rhyw hogen fain gynffonnog,
　　Cyn yr enillo bunt o gyflog
　　　Bydd honno yn feichiog fawr.

10 Neu fe redan' i'w priodi
   Cyn y medran' olchi'r llestri;
   Ceir gweled llawer hyll gynhwyfar
   Yn ffaelio ehedeg efo'i hadar
   Yn lliwgar ym mhob lle;
   Fel rhyw anhapus ddyrys ddwyradd
   Y rhain sy'n amla' yn mynd tan ymladd
   [ ] trwyadd ym mhob tre'.

11 Gwae ni erioed o'i mynd yn rhyfel,
   Digon cwta yw pris y catel;
   Ni chaiff na blawd nac ŷd fynd allan,
   Ni welir fyth mo Goli o Ruddlan,
   Gŵr llydan ym mhob lle;
   Âi fo yn llinyn hyd y llanw;
   Ni waeth i lawer dorri ei wddw
   Ar ôl ei farw fe.

12 Nid oes inni ond rhoi ein credinieth
   I dreio dynion y daw drudanieth;
   Mae rhai'n proffwydo hyn ffordd yma
   Bydd prinder mawr y flwyddyn nesa',
   Cawn am ein bara beth;
   Felly byddwn ni yn foneddigion
   A 'nhwythe hyd gymoedd yn gefn geimion
   Ac arnyn nhw drymion dreth.

13 Yr holl gybyddion, cydweddïwch
   Am gael o'r Ffrancod unwaith heddwch;
   Cawn ninne gario blawd ein gore
   Gynta' gallon i Ddolgelle
   A'i lusgo fo i'r llonge yn lli';
   Fe geid gweled y tylodion
   Yn rhodio o'n lledol yn ben llwydion
   A chanddyn nhw greulon gri.

Ffynonellau
LlGC = BWB 77i: Argraffwyd yn Amwythig gan Stafford Prys (*fl.* 1758–1782) yn 1761.
Bangor 15 (38) = BWB 764i: Argraffwyd yn Amwythig gan Stafford Prys (*fl.* 1758–1782) tros William Roberts yn 1760. Hepgorwyd tri o'r penillion yn y testun hwn (6–7 ac 11).

Nodiadau
Coli (pennill 11): Gw. y faled 'Ow! beth a wnawn gan gyflawn drymder'.

26

Cerdd newydd ar ddull ymddiddan rhwng merch fonheddig a merch y tenant o achos eu bod yn rhy falch, yr hon a genir ar Doriad y Dydd. Y ferch fonheddig yn dechrau.

1 *Y Ferch Fonheddig*
   Ai merch rhyw denant bychan, anniddan wyt yn awr,
   Yn dy sidan mor drwsiadus â ladi fedrus fawr?
   On'd ydy'n gwilydd gweled ein holl denantied ni?
   Yn feistres heddiw, hynod henw, y dylwn d'alw di;
   Mae 'nhad yn magu plant ac yn derbyn pymtheg cant
   O rent pob tyddyn yn y flwyddyn, er hyn mae'n dynn ei dant;
   Yn gyfa', dyma'r gair, o fesul dwy neu dair,
   Ceir gweled merched y tenantied gan ffeindied yn y ffair;
   Yn cadw'r fath ystŵr a gwichian o eisie gŵr
   Y bydd 'r un ffunud bob bedlemllyd segurllyd haerllyd hŵr
   Nes dêl rhyw labi o ddyn oer wanc i dorri ei wŷn;
   Fe'i ceir yn tramwy lawer trymach neu glafach ei dwy glun.

2 *Merch y Tenant*
   'Y meistres fwyn rinweddol, y chwi sy hyfrydol frid,
   Ni cheisia-i ymochel, galla-i ymwychu petaech chwi ar lwygu o lid;
   Y ni, denantied druen, sy'n talu i berchen tir
   A chwithe yn chware ar win a chwrw a brandi, berw a bir;
   Y chwi yn eich parlwr glân a'ch tine yn rhostio yn tân
   A ninne yn carthu, teilo a llyfnu, ac weithie yn ymgleddu gwlân;
   Y chwi sy'n mynd â'r brig yn fara a chwrw a chig
   A ninne â'n dynion, crynu ein dannedd dan oeredd waeledd wig;
   Rhaid i ni dalu am dir rhag beili, siri'r sir,
   A chwi fel piogod yn lledu'r pige am ryw gymwynase yn wir;
   Rhaid ceisio anrhegion mawr a gostwng i chwi hyd lawr,
   Dweud a chario chwedle a chodlo i'ch boddio chwi bob awr.

3 *Y Ferch Fonheddig*
   Pacia di, fudrog fedrus, mae'n farus i ti fod
   Yn rhoddi i ni anair, rhwydd iawn enw sy'n haeddu gloyw glod;
   On'd ydy'n ffitiach inni gael ein perchi y leni ar lawr
   Na gweled coegion blant tylodion yn foneddigion moddion mawr?
   Rwy'n deall cyn pen hir mai eich tad fydd siri'r sir,
   Cewch chwithe beunydd wrth eich sioncrwydd ryw arglwydd hylwydd hir;

Dan wisgo eich cnotyn coch – yn ulw boeth y boch! –
Cadd llawer tenant ei lygad-dynnu; na buase yn magu moch!
Ymlid yma a thraw a hancets yn eich llaw
A hel trybedde dan yr esgidie i godi'r bone o'r baw;
A het a gwalc yn ôl i borthi ffansi ffôl,
Cysgu'r bore ar ôl dwad adre', hen hafne dene, yn d'ôl.

4 *Merch y Tenant*
Rych chwi brydnawn a bore heb wneud mo'r pethe pur,
Rhuo neu ymlid y rhan amla' yn gyfa' i ymofyn gwŷr;
O blas i blas drwy bleser, dyna'ch arfer chwi,
Rhai i Lunden yn rhuo'n landeg eich Saesneg ffraethdeg ffri;
Pan warioch eiddo eich tad rhaid iddo lwytho'r wlad,
Codi'r tiroedd, cadw twrw, bydd hwnnw yn arw ei nâd;
A phwy ond y tenant gwan sy i'ch cynnal ym mhob man
Fynd efo a choetsus – pwy na'ch witsie mewn tre' a lle a llan?
Oni chewch chwi le fo mwy rhaid rhodio plase'r plwy'
I ymofyn rhoden yr anrhydedd – on'd clafedd ydy'r clwy'?
A ninne yn gweithio'n dost a'n penne ni wrth y post,
Ni dalwn drethi i'ch dal yn drythyll er cynnull mwyfwy cost.

5 *Y Ferch Fonheddig*
Nid allwn wneud fawr orchest na brecwest o ddŵr brwd
Na bo bob lowtog yn dal ato, yn oed rhai sy'n cario cwd;
Cewch weled llawer rhoden a'u talcen efo'r te,
Caen' eu maentumio tra bo tamed na llymed yn y lle;
Rhaid tynnu top y llaeth a'r 'menyn fydd eu maeth
A bodio'n bowdwr fara a siwgwr a chadw cynnwr' caeth;
Mae llawer gwraig dylawd yn caru'r te fel brawd,
Mae ynte yn pinsio wrth dalu amdano, yn pluo a chneifio ei chnawd;
On'd ffitiach, dweda' yn ffraeth, i'ch llun gael bara llaeth?
Bwytaed ymenyn llawer tyddyn yn ddygyn er pan ddaeth;
O Lunden pe dôi i lawr ryw ffasiwn ddrud bob awr
Fe'i myn tylodion gynta' gallon yr un moddion â rhai mawr.

6 *Merch y Tenant*
I'r neb sy'n gallu fforddio peth ffeind yw twymno te,
Ceir cwmni diddig gwraig barchedig mwy llithrig yn y lle;
Cawn ambell awr yn llawen fyw'n hunen i'w fwynhau
A siarad llawer os bydd amser yn dyner genadhau;
Cawn wybod wrth y saig helyntie gŵr a gwraig,
Pwy fydd ore ei natur gartre' neu ar droee fydd fel draig?

Difyrrwch ydy ei drin, mae ei flas yn well na gwin,
Gwell gen-i eto na'i droi heibio 'y nharo ar draws 'y nhin;
Y neb sy'n dallt yn iawn mae ynddo yn ddiau ddawn,
Cwpan gynnes tesni lodes yw ein brenhines ni brydnawn;
Tra gallon yn ddi-feth dalu rhent a threth
Neu dalu'r degwm i deulu'r diogi mi fynna' heb oedi beth.

7 *Y Ferch Fonheddig*
Rhaid eto yn fisi fesur pob llafur yn eu lle,
Cân' hynny yn destun rhent yn dostach neu'n drymach bobtu i'r dre';
Mae barieth mewn gwiberod o enethod mawr eu nwy'
Ar ôl eu terfysg ym mhob tyrfa yn planta hyd y plwy';
Gwadd llafnese'r wlad i gael torri ei mam a'i thad,
Dulio dridie, dal i droedio, dawnsio a rhodio'n rhad;
A chwithe aiff gyda'r rhain ac yn uwch na blode'r drain,
Heb geffyl danyn' tra'r adwaenir nid ân' un filltir fain;
Eich tade sydd yn awr yn ffolion wirion wawr,
Rhoi gwas i'w ysgilio nhw adre' o 'sgolion 'r un moddion â gwŷr mawr;
Mae'r ffarmwr tyn ei fol yn pwnio, bragio ei brol
Ond merciwch bellach, daw byd tostach, bydd lacach beth ei lol.

8 *Merch y Tenant*
Mi wertha' 'mhais amdana' cyn colli tyrfa'r te,
Y finne hefyd a fynna' hufen i fyw'n llawen ym mhob lle;
Y wlad i gyd o'u cyrre mae pawb ar droee i'w drin,
Gwraig pob siopwr sydd i'w sipian â'r ddiddan fwynlan fin;
Gwraig pob melinydd gwych a'r craswr siwgwr sych,
Gwraig y teiliwr, pawb o'r teulu, sydd yn ymgrymu'n grych;
Mae 'nhwythe gwragedd dre' yn tirion yfed te,
Pe gallwn-i rhag llaw yn wir mi brynwn naw
O owne sidan hyd at fy sawdwl heb arna-i drwbwl draw;
Er bod y bobol fawr yn ceisio 'nhorri i lawr,
Yn ffeind y gwisga' at ffair a thyrfa, yr un modd â'r gwycha' ei gwawr.

Ffynonellau
Bangor 4 (22) = BWB 218i: Argraffwyd yng Nghaer gan Thomas Huxley
  (*fl.* 1765–1788) yn 1773.
Bangor 9 (17): Argraffwyd yn Nhrefriw gan Ishmael Davies (*fl.* 1785–1816)
  yn 1813. Nid oes enw wrth y gerdd ond ysgrifennwyd enw H. Jones
  mewn llaw ar ei diwedd.
Llsgr. LlGC 11999B, 33: Llsgr. a gopïwyd gan sawl llaw (a Thwm o'r Nant
  yn eu plith) yn ystod 18g.

Nodiadau

cnotyn coch (pennill 3): Ymadrodd cyffredin i ddisgrifio gwisg merch. Yr oedd siaced fechan goch a wisgid tros ddillad eraill yn gyffredin iawn a cheir nifer o ddisgrifiadau gan deithwyr ledled Pydain o ferched yn gwisgo siacedi neu glogynau coch yn ail hanner y ddeunawfed ganrif. Am enghreifftiau, gw. Anne Buck, *Dress in Eighteenth-Century England* (London, 1979), 131–2.

het a gwalc (pennill 3): Disgrifiad o benwisg merch y tenant. Arbrofwyd â phob math o benwisgoedd yn ail hanner y ddeunawfed ganrif. Gall gwalc gyfeirio at wallt y ferch ac awgryma fod y gwallt wedi ei droi i fyny yn uchel. Gan mai balchder honedig merch y tenant sy'n cythruddo'r ferch fonheddig, tebyg nad cyfeiriad at het wellt gyffredin sydd yma. 'Straw or chip hats had been the mark of rural dress since the seventeenth century', gw. Anne Buck, 122.

27

Cerdd newydd o gwynfan yr hwsmon trafferthus o achos y trethi a'r degwm, ar Heart of Oak.

1 Gwrandewch, y tenantied, o bared i bost,
   Trwy Loeger a Chymru mae'n tyfu'n fyd tost;
   Mae'r hwsmon mewn trymder gan brudd-der a braw,
   Gwŷr mawr aeth â'r hufen tua Llunden i'w llaw;
   Cewch weled cnaf hir yn mesur eich tir
   A hwn gaiff ei wala o fara a hen fir,
   A'r Sais oddi draw yn ei brisio mewn braw:
   Prisio'r mawnogydd, pob man hyd gae'r mynydd,
   Ni rown-i 'n dragywydd am ei 'fennydd o faw;
   Daw'r stiwart o'r dre' ac a'i gesyd o'i le
   Gan liwied i'r gwragedd eu bod yn fonddigedd,
   Nad oes yn eu hannedd ddim diwedd ar de.

2 Gwnaiff gyfri'r cwpane a'r llwye yn un llam
   Heb neb all ei ochel, a'r cetel big cam,
   A'r *rownd table* mi wranta', ysbïa ar y spot,
   A'r *tea pot* a'r topyn a sugyn y siot,
   A'r 'menyn yn llyn ar draws y bara gwyn;
   Dwedyd i'w feister wna'r tyner ŵr tyn
   Fod y wraig â'r gown brith yn pledio yn eu plith
   A bod yn ddolenne ar ei boned rubane,
   Am hyn mae rhai'n diodde' rhyw chware rhy chwith;
   A'r ferch a'r gown du yn gwisgo ei phen plu
   Neu'n gosod ei chorun 'r un fath â chwch gwenyn,
   Anffortun i'w herbyn yn dra sydyn a dry.

3 Cyn cadw pob cwpan – on'd truan y tro? –
   Cewch weled cwnstablied yn cerdded o'u co'
   I geisio'r dreth chwarter, dau hanner yw hon,
   Fe wnaen' lawer hwsmon yn bruddion eu bron;
   Cewch weled rhyw gawr a *bill* y dreth fawr
   Nad elliff dyn gwanllyd draw symud dros awr;
   Rhaid ei cheisio'n ddi-foc neu straenio'r ystoc,
   Daw *attorney* yn un cidfwch, rhydd gost beth anferthwch,
   Pob hwsmon, os gellwch, Ow! telwch hi toc;
   Pan elo hi o'n clyw bydd rhai o bob rhyw
   Yn bwyta *a* byw'n freision yn esgus y goron
   A phawb ar yr hwsmon, sain burion, sy'n byw.

4 Ni chaiff yr haul nefol rhyfeddol o fai
   Na llewyrch y lleuad mo'r dwad i dai,
   Na gole'r dydd hyfryd – on'd penyd yw'r peth? –
   Heb dalu yn ddigyswllt, ie, driswllt o dreth;
   Rhaid talu bob awr am rodio'r ffordd fawr
   A'i thrwsio hi yn wastad rhwng lleuad a llawr;
   A chwedi pob peth rhaid hel a'ti dreth
   I blesio'r bonddigion y munud y mynnon';
   Pa fodd nad âi hwsmon byr foddion ar feth?
   Treth eglwys a ddaw, rhaid ei thalu hi ar law
   A'r holl drethi trymion i gyd ar gefn yr hwsmon
   I yrru'r gwan ddynion yn bruddion mewn braw.

5 Hel treth y tylodion yn rhwyddion wna rhai
   I gadw rhodenod, oer bennod yw'r bai,
   Gan ymlid eu tine yn nyddie eu holl nwy'
   Ac wedi byw'n ddiras rhoi plantas i'r plwy';
   Bydd rhain, dyma'r peth, a'u dau droed ymhleth,
   Yn gweiddi ar eu gore bob troee am gael treth;
   Ni syflant o'r tân oni losgir nhw yn lân
   Ond byw'n aerod gwychion nerth breichie'r hwsmon,
   Cân' ddiogi ddau ddigon, rai mawrion a mân;
   Traenbandie pob sir a'n torrodd yn glir,
   Rhoi hanner corone iddyn' ymlid eu tine
   A gwneuthur mawr ddryge yn ein teie ni a'n tir.

6 Cyfeillion y person yn dduon a ddaw
   I godi ar y degwm yn llwyrdrwm eu llaw;
   Gwell ganddo hynny, ei *dde*gymu'n ddi-gul,
   Na darllen gwasaneth, ysyweth, ddydd Sul;
   Danfon ei was i brynu cig bras
   Yn lle hwylio ei deulu i grefu am gael gras;
   A'r hwsmon di-wrid sy'n eu cadw nhw i gyd
   I gymryd tobaco a chig wedi ei rostio,
   I swagro ac i growsio a llwyddo mewn llid;
   Heb hwsmon llwyd wawr i ble'r âi'r gwŷr mawr?
   N*i*d allant ystwytho i gau nac i gloddio,
   Ni chânt y ffordd honno mo'u boddio bob awr.

7 A'r holl weinidogion yn daerion eu dull
   A fyn ddwbwl cyflog; pwy'n gefnog a gyll;
   Wyth bunt i'r gweision yn llwyrion i'w llaw,
   Tros dair punt i'r forwyn, naws dygyn, os daw;

I siopwr y dre' rhaid talu am y te
A chadw rhai i ddwndro ac ymgomio efo ag e;
Rhaid hufen sir Fôn a morwyn dda ei thôn
I gerdded i'r parlwr â chrochan y dwndwr,
Ar ôl cinio 'r ail cynnwr' – yn bowdwr y bôn'!
Pawb yn byw'n llon oddeutu'r ford gron
A'r hwsmon a'i lafur i'w cadw nhw yn segur,
Merthyr a gwewyr, oer frwydyr, i'w fron.

8 A'r meister tua'r gwylie a'i lyfre yn ei law
I hel dwbwl rhenti o ddifri' fe ddaw;
Fe ysgubiff y cwbwl, oer drwbwl, ar dro
A gasglwyd trwy'r flwyddyn o'i dyddyn dan do;
Ar ôl talu iddo yn wâr bydd ychydig ysbâr,
Da os nad rhaid cymell na chyfell na châr;
Bydd y meister yn glyd drwy'r flwyddyn o hyd,
Yr hwsmon sy'n gweithio a'r segurwr sy'n gwario,
Mae hwn gwedi *ei* ordeinio i ddyfowrio'n dda ei fyd;
Yr hwsmon o hyd ydyw trafferth y byd,
Prin y gall yfed chwe cheiniog o'i boced
'R ôl cadw ei holl ddeilied gan hardded o hyd.

Ffynonellau
Llsgr. CM 209, 7: Copïwyd y llsgr. gan John Morris, Glanyrafon, yn ail hanner 18g. Ceir yn y llyfryn bychan hwn saith o gerddi Huw Jones, ac y mae'n bosibl fod y deunydd yn seiliedig ar gasgliad yn llaw'r bardd ei hun.
Llsgr. LlGC 11999B, 29: Llsgr. a gopïwyd gan sawl llaw (a Thwm o'r Nant yn eu plith) yn ystod 18g.
Bangor 10 (88) / Bangor 24 (72): Argraffwyd yn Llanrwst gan J. Jones. Ysgrifennwyd y dyddiad 1829 mewn llaw ar wynebddalen Bangor 10 (88).
DC Casgliad o Faledi 3 (21).

28
Cerdd newydd yn adrodd costus drafael y porthmyn, a genir ar Heart of Oak.

1   Cydneswch, holl Gymry, gan dannu yr un dôn,
    Gwŷr Dinbych ac Arfon a Meirion a Môn;
    Pob perchen anfeilied diniwed yn awr,
    Gwybyddwch yn bendant eich llwyddiant uwch llawr;
    Meddyliwch heb wad weddïo drwy'r wlad
    Am gael o bob porthmon lwys union lesâd;
    Dyna'r rhai sydd bob nos a phob dydd
    Yn hwyr ac yn fore ymhell oddi cartre',
    Ac weithie mae eu bronne nhw yn brudd;
    Fe wyddoch nad rhad y trafaelir y wlad,
    Ni cheir am ddwy geiniog gan dafarnwraig dorrog
    Fawr enwog alluog wellhad.

2   Pan gychwyn y porthmon, ŵr tirion, o'r tŷ
    I Fôn ac i fanne ei siwrne fo sy;
    I fynd i'r holl ffeirie y bore er mwyn budd
    Rhaid cael bwyd a diod cyn darfod y dydd,
    A'r hwsmon (hawdd dallt) yn gwerthu'n bur hallt
    Gan brolio'n ddiordor ar ochor yr allt,
    Neu ddweud mai ei dda fo sydd ore yn y fro
    A phawb o'r un chwedel yn brolio'n frest uchel
    Nes cododd y catel o'u co';
    Ar ôl gwerthu'n ddrud mynd adre' yn wŷr clyd
    A damio rhai mwynion sydd dan y gofalon
    A dweud fod yn burion eu byd.

3   Bydd ynte, 'r gofalwr, tyn gynnwr', tan gost
    Yn talu mawr arian o bentan i bost:
    Talu yn tafarne y bore am eu bwyd
    A chwrw beth weithie neu eu lliwie fydd llwyd;
    Cyn mynd o'r fro rhaid galw am y go'
    A hwn yn bur geimiad ei driniad a'i dro;
    Cael gyrwyr di-ball, y naill efo'r llall,
    A'r rheini mor gefnog o din 'r eidion corniog
    Yn gofyn mawr gyflog mor gall;
    A phorfa r*h*aid *c*ael, a honno yn bur wael,
    Mae pawb o'r gwladyddion yn deilio efo'r porthmon
    Yn dostion am foddion neu fael.

4 Bydd cost hyd y gwledydd, naws ufudd, os ân'
   I gynnig yn amal eu meddal dda mân;
   Rhaid gwerthu pan gaffer i lawer o lu
   A drud ar bob diwrnod fydd dyfod i dŷ;
   A chwithe yn y wlad yn gwneuthur eu brad
   Gan ddweud, "Fe dorason'. Mae'n oerion eu nâd".
   Fe gedwch fawr lol gan liwied eu bol
   A dweud ym mhob annedd, "Mae bwrw yn eu perfedd
   A wnâi ddiwedd mor rhyfedd i'r rhol",
   Heb deimlo mo'u byd fod pob peth yn ddrud,
   Cost sydd yn union ymhlith Cymry a Saeson
   Ar y dynion pan brofon nhw bryd.

5 Bydd rhywbeth o'u deutu i'w denu bob dydd:
   Y *turnpike* a'r tolle yn fagle yno fydd,
   A mil o drafferthion i'r porthmon a'r pac
   A wnâi lawer gweddus ŵr lliwus yn llac;
   Pan elon' trwy gae bydd arnyn' ystae,
   Daw'r Sais yn ŵr ffyrnig mor ffrengig i'r ffrae;
   Oni thelir i'r mop rhydd arnyn' ystop,
   Bydd hwnnw gan ecred am arian i'w boced;
   O! goced neu sured ei siop;
   Bydd arnyn' gryn rent cyn eu gyrru nhw i Gent,
   Ni hwyrach pan ddelon' *na* fydd i'r un eidion
   Gan y Saeson fyr foddion fawr fent.

6 Ond beth pe dôi'r Saeson wâr lymion i'r wlad?
   Âi gatel holl Wynedd yn rhyfedd o rad;
   Ni phrynen' fawr loee o gaee yr un gŵr
   Na buwch a fai'n dene ar ei 'senne, rwy'n siŵr;
   Medd un yn bur neis, "*I don't like your size*",
   A'r llall fydd yn dwnio ac yn prolio, "*What price?*";
   A phobol y wlad yn cadw'r fath nâd
   Gan holi am eu bywyd, "Be' mae'n ei ddwedyd
   Yn swnllyd heb symud mo'i siad?";
   Rhaid galw ar ŵr mawr a bod yno gryn awr
   Yn siarad gramadeg Cymraeg a pheth Saesneg
   Ar redeg mor wiwdeg ei wawr.

7 A'r Sais pe dôi i geisio ei goelio yma gâi,
   I'r Cymry ar ôl darfod (rwy'n gwybod) mae gwae;
   Hawdd iddo felly brynu'n ŵr brac
   A gwneuthur yn brysur mor bybyr ei bac;

Mynd adre' yn ei ôl ac eiste ar ei stôl
A dweud eich bod chwithe â phenne pur ffôl
Na werthech mwy rhad i wŷr yn y wlad
A gwneud i'r cymdogion bawb ore gallon'
O ffyddlon lwys union lesâd,
A chwithe yn lle hyn sy'n dal yn bur dynn
A'r jecmyn drwy Gymru sydd 'nhwythe yn ailhalltu,
Yn anafu ac yn braenu rhai *a* bryn.

8   Pob perchen anifel, ar chwedel rhowch chi
Glod i bob porthmon fel ffraethlon ŵr ffri;
Nid oes un gŵr gweddus mor gymwys ag e
Pen ddêl at eich catel ar drafel i'r dre';
Mae'n mynd lawer gwaith, gwiw fodde go faith,
Dros frynie a mynyddoedd, mae dyfroedd i'w daith;
Heb y gwŷr llon nid all y wlad hon
Mo'r talu i fonddigion eu rhenti pan alwon',
Bydd dynion yn bruddion eu bron;
Pob Cymro, pob Sais, gweddïed heb drais,
Boed iechyd i'r nifer, bydd hyfryd bob amser
Pan ddôn' o dir Lloeger eu llais.

Ffynhonnell
Llsgr. LlGC 1010C, 89: Casgliad o bapurau amrywiol, llawer ohonynt yn llaw Ellis Owen, Cefnymeysydd, sir Gaernarfon (1789–1868). Copïwyd y ddalen sy'n cynnwys y gerdd hon yn 18g.

Nodiadau
turnpike (pennill 5): Dechreuodd y rhain amlhau o'r 1750au ymlaen. Rhoddwyd trefn ar ffyrdd sir Feirionnydd yn dilyn deddf a basiwyd yn 1777, gw. R.T. Pritchard, 'Merionethshire roads and turnpike trusts', *Cylchgrawn Cymdeithas Hanes a Chofnodion Sir Feirionnydd* 4 (1961–4), 22–36. Gw. hefyd gan Id., 'Denbighshire roads and turnpike trusts', *Trafodion Cymdeithas Hanes Sir Ddinbych* 12 (1963), 86–109.

29

Ychydig o benillion ynghylch dechreuad a chodiad yr ymenyn gyda chwynfan y tylodion ar ei ôl, y rhain a genir ar Freuddwyd y Frenhines.

1   Cydnesed pob crefftwr, yn wŷdd ac yn bannwr,
    Pob labrwr, pob teiliwr, pob teulu;
    Y gofaint a'r cryddion a'r seiri naws oerion
    'R un moddion i lwyrion alaru;
    Ar ôl y gŵr aeth dros y dŵr mae anferth drallod, syndod siŵr;
    Fe fu yn ein gwlad yn gwneud llesâd i wŷr a gwragedd, ryfedd rad;
    Mae plantas mân yn gweiddi oddi yma i dre' Bwllheli
    O achos iddynt golli mewn cyni, lawer cant;
    Gŵr isel oedd, rwy'n dweud ar goedd, rhoes llawer arno heb flino floedd;
    Fe aeth yn uwch gan wneuthur cuwch, un ffraeth yw efe o ffrwyth y fuwch;
    Y meillion hyd y bronnydd a llysie a deilie dolydd
    Sydd iddo fo yn garennydd er dechre mawrddydd Mai.

2   Llawer glân forwyn a chwys ar ei thopyn
    A'i corddodd yn sydyn arswydus,
    A llawer gwraig ufudd fu iddo yn fam fedydd,
    Bendithiodd ef beunydd yn boenus;
    Llechu'n fain dan ddwylo'r rhain fel y petris yn y drain,
    A dynes gre' yn ei focsio fe ac ynte a'i lun yn gaeth ei le;
    Crio'n ddigon gwirion o'u lledol ddagre llwydion,
    Gwragedd a morynion oedd greulon wrth ei groen;
    Rhai yn ei olchi yn oer aneiri', rhai â chyllyll yn ei archolli,
    Cadd lawer cernod yn yr un diwrnod, ei guro wnaethon' bawb o'u nythod;
    Rhoen' lawer gwedi ei chwimpio mewn oerni o halen arno
    Ac eilwaith neidien' ato i'w bwnio fo am ei boen.

3   Bu wedyn yn chware efo'ch plant chwi a minne
    Yn edrych yn dene ac yn dyner;
    Roedd llawer hen wreigan yn gallu gwneud brechdan,
    Hi ordre iddi ei hunan ddau hanner;
    Roedd o yn frawd i'r dyn tylawd, câi hwn ei foldio a'i bwnio â bawd;
    Fe fu'n cael llety mewn hafoty ac efo dialedd o hen deulu;
    Fe fydde blant tylodedd drwy gariad yn ei gyrredd,
    Fe gaen' ei gwmni mwynedd o yn rhyfedd amser ha';
    Fe ddaeth drachefn i godi ei gefn neu fynd ar droee yn bur ddi-drefn
    Gan wadu'r plant lle cawse cant ei gwmni peredd, fwynedd fant,
    A byth ni welant mo'no gan filoedd yn ei faelio,
    Cogesod sydd i'w geisio (erbyn cofio) i fastio cig.

4 Parch da fo i'r hen ddyddie dôi ddyn tylawd adre'
   A chymint ag une yn ei gunnog,
   A'r amser sy'n pasio ni wêl un dyn mo'no,
   Ni wiw in mo'r cwyno heb naw ceiniog;
   Pan aeth o i Gaer fe'i gwnaed o yn faer, maent ar eu hegni i'w doddi'n daer,
   A phawb drwy'r dre' yn ei garu fe, nod gwŷr y tai gael yfed te;
   Os misiant lyncu'r cwbwl ânt mewn hen larpie i Lerpwl
   Â'r 'menyn, Gymry manwl, i beri dwbwl dig;
   Pan ddêl i'r dre' i ffwrdd ag e i Ffrainc a Dunkirk, lithrig le,
   A gado ei wlad, ei fam, ei dad, i ddiodde' cur neu wneuthur nâd;
   Fe fu mor rhad yn rhodio, fe gododd wrth ei gydio,
   Petai'r ceffyle yn ffaelio sydd yn ei gario o'n gŵydd!

5 Pob hen a diallu, pob dialedd o deulu,
   Mae pawb gwedi synnu ers ennyd;
   Pob gwreigan sy â phlentyn mewn crud neu mewn rhwymyn,
   Rhowch ffarwél i 'menyn mewn munud;
   Mae gwraig y crydd yn anian brudd a gwraig y go' i'w gofio heb gudd,
   A gwraig y saer yn rhegi Caer a'r hen geffyle tene taer
   A'i cariodd yn eu cwrrwm â phendro ac yn gynffondrwm;
   Fe drigodd llawer dragwm os coelir rheswm rhai;
   Fe aeth o'i go', ffarwél a fo, trwy bart o'r byd bydd drud ei dro;
   Cadd burion lle efo Meister Te, ni wiw i Gymro ymgeisio ag e';
   Bodloned pawb trwy'r gwanwyn i'w ginio fara ac enwyn
   Neu botes pen winionyn nes delo 'menyn Mai.

Ffynonellau
Bangor 4 (19) = BWB 207ii: Argraffwyd yng Nghaer gan Thomas Huxley (*fl*. 1765–1788) tros Wiliam Roberts yn 1770.
Llsgr. LlGC 672C, 264: Copïwyd yn sir Feirionnydd, 18–19g.
Llsgr. LlGC 2633C, 23: Copïwyd y llsgr. gan Ioan Pedr o lsgr. gan Robert Jones, Tŷ Du, Cwmglanllafar, a John Jones 'Myrddin Fardd', yn 19g.
Llsgr. CM 39, 169: Llsgr. gyfansawdd. Cynnwys y rhan hon o'r llsgr. gasgliad o gerddi a gopïwyd yn ystod 18g.

30

Cerdd newydd neu gwynfan y rhan fwyaf o drigolion Cymru am yr holl ddarnau aur ac arian a fu anrhydeddus yn ein plith, y rhai aethant lle na welir byth un ohonynt, yr hon gerdd a genir ar Doriad y Dydd.

1 Trigolion yr holl wledydd lawn ufudd, dowch yn nes,
   Pob rhyw Gymro a Sais dan sisio a fydde yn brolio ei bres,
   Mae arian fydde yn rorio wedi gwyfo bod ac un,
   Mae hyn yn arwydd cyn nos drennydd y derfydd gan bob dyn;
   Fe fuon' yn y wlad yn llunio i ni wellhad,
   Ffarwél yn gryno i'r hen gorane fuon' seintie wnâi lesâd;
   Ffarwél i'r aur melynion fuon' llawnion y*m m*hob lle,
   Y gini ar drafel yn ein gafel, on'd oedd o y*n* angel ne'?
   Ow! 'r un ar bymtheg rai ar hugen aeth ar drai
   A'r tair o bunne a'r deuddeg syllte, mae'*r* rheini a'u lliwie yn llai;
   Ow! 'r saith ar hugen cryno, aeth hwn tan ffroenio i Ffrainc
   I gadw Lewis yno lawen mor filen ar ei fainc.

2 Dyna geraint mwynion, a'*r* rheini a droes*o*n' draw,
   Y gini landeg, tair a deuddeg fu lliwdeg ar bob llaw;
   On'd cares oedd pob coron i'r dynion yma ar daith?
   Heb hon neu *ei* hanner ni fedd llawer na brawd na chefnder 'chwaith;
   Yn amlach na swllt gwyn mae taflu rhyw ffloc tyn
   Ac er eu brynted wedi *eu* brintio mae'*r* rheini yn rholio er hyn;
   Ffarwél i'r chwechein*i*oge, yr oedd ambell gene i'w gael,
   Mae llawer Cymro yn plagio o'u plegid gan fyw mewn gwendid gwael;
   Heb arian, dyna'r gwir, pwy feder dalu am dir?
   Pen rhe*g*i yn lân y leni mae beili a siri'r sir;
   Mae'r bobol wedi rhwystro, ni wiw mo'r prolio pres,
   Mae'*r* rhain ers talwm gan bob dragwm yn larwm pur ddi-les.

3 Gan ddarfod o'r holl arian ni wiw i wan ei wedd,
   Gasa' rhydid, geisio rhodio, gwell iddo fud*o* i fedd;
   Ple ceir bara ac enllyn, Ow! 'menyn melyn Mai?
   Ffarwél i'*r* rheini yn lân y leni, mae'n berig torri tai;
   Mae'r bonedd gloywedd glân yn torri'n dipie mân,
   Eisie'r arian sy yno i'w rorio, tan wylo "Beth a wnan"?
   Â'r arian i'w cynhalieth yr oedd arnyn' lanweth lun,
   Heb arian barsel yn ei byrse yn dene yr aiff pob dyn;
   Ffarwél i'r arian mân oedd yn gwmpeini glân
   A'r holl aur byrion, rhain a baried, fe'u todded yn y tân;

Tenantied aiff tan wynto a'r gwŷr sy'n cario cwd,
Er ei laned ni ddaw y leni na the na brandi brwd.

4 Ow! aur ac arian Cymru, na ddoen' i aneddu yn ôl,
Nid oes undyn heb ryw syndod a rhyndod ar eu hôl;
Ni wiw i ddyn heb arian, naws anian, fynd i siop,
Y neb sy'n methu dilys dalu caiff hwnnw dyn*nu* ei dop;
Aiff ffeirie Cymru i lawr a'r holl farchnadoedd mawr
O bwyth *di*ddaioni byth i ddynion heb arian wiwlon wawr;
Mae 'nhwythe yr oferddynion yn bruddion heb fawr bres
A'r tafarnwragedd, waeledd wylie, yn eiste a'u torre yn tes;
Y gof a'r sadler sydd a'r teiliwr, ffwndwr ffydd,
Am arian mwyngu yn rhwygo a rhegi, O! 'r crefu bydd y crydd;
Baledwyr a phrydyddion sy'n llymion ym mhob lle,
Ni chân' nhw fygied er ei fegio, ni wiw mo'r dondio am de.

Ffynhonnell
Llsgr. LlGC 13947B, 23b: Copïwyd y llsgr. tua diwedd 18g.

Nodiadau
Cf. y gerdd o waith Elis y Cowper 'O gwynfan i'r Cymry o golled am [yr] Arian Cochion' a argraffwyd yn Nhrefriw yn 1779, gw. BWB 313i.

31

Cerdd a wnaed o gwynfan tros amryw bobl a gadd lawer o gwrw a licers yn rhad wrth gadw elecsiwnau y flwyddyn ddiwethaf, ac fel y gellir yn drymllyd feddwl na welant yrhawg y fath beth, i'w chanu ar Y Foes.

1 Pob cwmnïwr, maeddwr meddw, pob yswagrwr, carwr cwrw,
   Hi aeth yn flwyddyn oeredd arw, ni wiw mo'r galw'r gwn;
   Ni wiw mo'r gweiddi y leni olynol gyda'r bonedd gwaredd gwrol;
   Darfu'r cwrw a darfu'r carol a'r croeso haeddol hwn;
   Roedd rhai y llynedd yn llawenu ac yn llyncu fel y llo
   A'r lleill a yfen' fel yr ychen oni bydden' yn dweud "Bo";
   Bydde ambell gawr yn swp ar lawr ar ôl rhoi yn ei fol, anweddol wawr,
   Fwy nag a ddalie fudde fawr; on'd tra mawr oedd y tro?
   Yfed cwrw, bloeddio'n arw a phawb am fwrw i'w fol;
   Bu llawer armi brac mewn breci y leni wrth gadw lol;
   Wrth gadw'n glir elecsiwne'r sir, petai hynny fwried o hen fir,
   Fe fydde tost am foddi tir Dyffryndir cleidir Clwyd.

2 Gwedi nymbrio, castio'r costie, llawer bolied a roed mewn bilie;
   Ni bydde yno, ond simio'r symie, fil o bunne ond bach;
   Pawb mewn gafel bwyta ac yfed a'r dyla' y leni yn dal ei loned
   Mewn cymin enw â'r cama' *a* unioned, gan sythed â hen sach;
   Yr oedd rhai mor arw eu bâr am gwrw a syrthie yn farw am fyth,
   [   ];
   Rhai dan draed a'u clolie yn waed, rhai'n gweiddi eu gore un modde am aed,
   A rhai 'mron fferru, cysgu y'*u* caed wedi colli eu burwaed bach;
   Rhai'n ymlusgo ar draed a dwylo a rhai yn ymliwio ar lawr,
   A'r lleill ar linyn *yn* gweiddi "Watgin!", fod ganddo fyddin fawr;
   A rhai o'u co' yn ei erbyn o gan godi i fyny i dramwy dro
   A gweiddi "Mostyn, brigyn bro, ddaw eto i lwyddo'r wlad".

3 Bu amryw siarad hyd bob siroedd, meddwi yn rholie oer fore ar firoedd,
   A'r dafarn wresog oediog ydoedd eu nefoedd yn y nos;
   Un yn dondio am fostio ei feister mai fo a godid yn ei gader
   A'r llall yn ffomio a charthu'r ffumer yn ei gleuber glos;
   Tawlu, oer agwedd, ei berwige oddi ar bent*a*ne i'r tân;
   Ymroi er cariad ar y cwrw i farw yn loyw lân;
   Rhai'n gweiddi "Wyn, mawr glod i'r Glyn!", a'u cege yn ffagal, dadal dynn;
   Rhai'n safnrhythu, llyncu llyn o'r cwrw melyn maith;
   Cadd llawer bylan mwy na bolied er drenged fydde ei drwyn;
   Picio weithie *beef* yn byffie i'w pocede, modde mwyn;

Cael gweiddi o hyd, cael hufen byd, cael cario draw y cwrw drud;
Pob gŵr a gwas oedd fras ei fryd y dyddie hyfryd hyn.

4 Ond dyma'r golled gwedi eich gwallio, fe ddarfu'r flwyddyn bu'r mawr floeddio;
Mae'r parliamentwyr wedi mowntio yn ddistaeo, bawb, i'w stent;
Er y galle digon o wŷr dagu ni chewch chwi ddefnyn, rhaid diddyfnu,
Ni wiw mo'r gomedd dan bengamu, rhaid talu er hynny y rhent;
Blwyddyn ryfedd lawn o wagedd oedd y flwyddyn haeledd hon;
Yn ostyngedig trôi'r bonheddig â pharabl llithrig llon;
Fe ddarfu'r braw, fe droeson' draw, fe ddarfu'r lles a'r ysgwyd llaw;
Barile yn wir sydd fesul naw efo'r llestri darllaw yn dŵr;
Y mae hi y leni yn ddau mileiniach, rhaid talu trymach treth;
Ni ddaw mo'r ostres feinles fwynlan â'i chwrw heb arian beth;
Ffarwél i fir penaethied sir cywira' eu clod a'u cwrw clir;
Ni ddaw mo'r fath floeddio a hoetio hir flynyddoedd sicir saith.

Ffynhonnell
LlGC = BWB 222ii: Argraffwyd yng Nghaer gan Thomas Huxley (*fl.* 1765–1788). Nid oes dyddiad ar yr wynebddalen.

Nodiadau
Watgin (pennill 2): Syr Watkin Williams Wynn (1749–89), y pedwerydd barwnig, a ddilynodd ei dad yn Aelod Seneddol sir Ddinbych, ac a ddaliodd y sedd rhwng 1774 a 1789. Cyfeirir at y gwrthdaro etholiadol rhwng ei dad a Syr John Miltwn yn y faled 'Dydi, bechadur bydol, un haeddol, ystyr heddiw'.

Mostyn (pennill 2): Syr Roger Mostyn (1734–96), Aelod Seneddol sir y Fflint.

Wyn ... y Glyn (pennill 3): Y mae'n siŵr mai cyfeiriad at Syr Thomas Wynn (1736–1807), Glynllifon, sydd yma. Yn sir Gaernarfon yn hytrach nag yn siroedd y dwyrain yr oedd ei ddiddordebau ef, a chynrychiolodd ei sir droeon yn y Senedd, ond yr oedd hir elyniaeth rhwng teulu Glynllifon ar y naill law a theuluoedd Wynnstay a Mostyn ar y llaw arall.

32
Cerdd o glod i filisia sir Fôn, i'w chanu ar Monday Morning.

1 Pob Cristion trwy'r wlad mewn rhad ac anrhydedd, un duedd gwnawn dôn
   O fawl i filisia siŵr fwyna' sir Fôn;
   Y dynion mwyn clir sain difyr sy'n dyfod er mawrglod, wŷr maith,
   Dysgu trin cledde a gynne ydy*w eu* gwaith;
   Rhag ofn i'r gelynion erchylla' eu dichellion
   Yn ddirgel ddwad aton, rai dwysion, ar dir
   Y rhain sydd dan arfe tros dair o flynydde,
   Rai gwrol eu geirie, yn dwyn cledde, dawn clir,
   Rhag dyfod ryw ddiwrnod oer syndod i'r sir;
   Y rhain yw'r gwŷr gwaredd trwy felys orfoledd
   Am gadw tangnefedd sydd buredd yn bod;
   Byw'n bur yw eu pwrpas fel dethol gymdeithas
   Dan frenin y dyrnas, mae'n addas y nod,
   Ni ddyle*n* trwy Gymru dda glymu iddyn' glod.

2 Cwmpeini di-feth, traul afieth, trwy lyfon a ymgloeson' yn glir
   Ac offisers mwynion, wŷr dewrion, ar dir
   I'w cymryd trwy deg bob adeg heb oedi, dim cyn*i* yn y cae
   Na munud o anghysur na gwewyr na gwae;
   Syr Niclas fwyneiddber dan George brenin Lloeger
   Sydd benneth mor dyner ar lawer o lu,
   A 'nhwythe at ei alwad un duedd yn dwad,
   Rai gwrol, trwy gariad, deg roddiad, yn gry',
   Hwn yma wrth y rheol yw'r *colonel* mwyn cu;
   A'r *captain* Llwyd hefyd hoff yno yr un ffunud
   I'w eilfron wrolfryd yn ddiwyd a ddaw
   Gan ddangos yn fwynedd i'r rhai anfedrusedd
   Ei fosiwn heb faswedd mor luniedd â'i law
   Rhag iddynt gael blinder neu brudd-der na braw.

3 Stephen Price yr un wedd ufuddedd ei foddion yn rhadlon a'u rhydd
   I sefyll yn fwyngu a'u dysgu bob dydd
   I ymelyd â'r gwn sydd ffasiwn hoffuso*l*, a gweddol yw'r gwaith,
   Rhag dyfod gelynion, wŷr duon, ar daith;
   A'r *lieutenant* Thomas pan ddelo fo o'u cwmpas
   Fe ddysg y gymdeithas, ŵr addas ei ryw;
   Eu galw nhw i gerdded i fyny ac i wared,

Pa bleser sy *i'w* weled mor fwyned i'w fyw?
Cwmpeini o wŷr hawddgar sydd glaear i'w glyw;
A'r mwyn *sergeant* Risdale, bydd ynte yn eu canol
Yn cymryd ffordd weddol, amserol mae sôn;
Pan ddelo'r gwŷr mwynber i'r maes yn eu gwychder
Fe'u geilw wrth ei bleser yn dyner ei dôn,
Sef gwŷr anrhydeddus siŵr felys sir Fôn.

4 Pob tad a phob mam yn ddinam ddaw yno a chwyno mewn chwant,
Gwnaiff ambell un wylo a bloeddio am ei blant,
A llawer gwraig fydd yn brudd ei dwy fronne a'i holl ddagre o hyll ddŵr
Gan wylo yno yn wastad o gariad i'w gŵr;
Bydd rhai merched eglur un bryd am eu brodyr
Yn ddylion dan ddolur, dynn wewyr dôn wael,
Ac weithie ferch wastad â chur am ei chariad
Wrth weled ei wisgiad, ei driniad, a'i draul,
Ond eto deellwch y gellwch ei gael;
Byddwch gysurus am ddynion mor ddawnus
Sydd lân a chalonnus mewn grymus ffydd gre';
Gwell gweled gwŷr enwog yn mentro'n galonnog
Dan arfe dur miniog, galluog eu lle,
Na dyfod gelynion oer drawsion i'r dre'.

5 Pe code gwŷr Ffrainc a'u cainc yn lled eger a'u blinder yn blaen
I geisio gwneud bradwyr, neu sbiwyr o Sbaen,
A'u llancie yn llawn chwant i feddiant hen Gymru, bydd synnu a mawr sôn,
Caent ffrewyll i'w ffroene yn ymyle tir Môn;
Caent fara o blwm gwydyn a phowdwr yn enllyn,
Gwnawn ginio mawr iddyn' os sydyn nesân';
Caent sŵn y gwn creulon fel tarane tra mawrion,
Mall dynnwr mellt union, a digon o dân,
Dyna'r fywolieth yn gyweth a gân';
Llawenydd pob calon yw boddi o Babyddion
Wrth geisio mor groesion, wŷr taerion, ein tir;
Eu lladd a'u trybaeddu o'n golwg heb gelu,
Os dôn' tu*a* gwlad Cymru cân' hynny cyn hir,
I'w herbyn ymladdwn, ni ymgledwn yn glir.

6 Mentrwn ymlaen er Sbaen a'i naws bonedd yn buredd heb wad,
Nyni ydyw'r dynion trwy'r tirion Dduw Tad;
Os digwydd lladd rhai – on'd clai yw'n dechreuad a'n lluniad mewn llaw? –
Ange marwoleth ond unweth a ddaw;

Cadd llawer o'r dechre farwoleth trwy'r cledde,
Fe ddarfu *i*'r gwŷr gore yn eu bronne gael brad,
A llawer o ddynion mewn amryw fatelion
Yn iach ym mhob moddion trwy'r tirion Dduw Tad,
Yn gadarn ni a godwn, iawn gleimiwn ein gwlad;
Pan ddarffo'n ddioedi dair blynedd o gyfri'
Down at ein rhieni yn dra heini dro hen;
Tan obeth tra phuredd bydd merched a gwragedd
Yn rhoddi'n anrhydedd, rai gwaredd, eu gwên,
Duw, dyro i ni hawddfyd bob munud, Amen.

Ffynonellau

Bangor 4 (15) / Bangor 15 (28) = BWB 244iii: Argraffwyd yng Nghaer gan Thomas Huxley (*fl*. 1765–1788). Ysgrifennwyd y dyddiad 1768 mewn llaw ar wynebddalen Bangor 4 (15).
Bangor 13 (10) = BWB 731i: Argraffwyd yng Nghaer tros John Jones.

Nodiadau

Argraffwyd y faled yn 1765 neu yn fuan wedyn. Ym mis Tachwedd 1762 y ffurfiwyd milisia sir Fôn, gw. J.R. Western, *The English Militia in the Eighteenth Century* (London, 1965), 448. Y Rhyfel Saith Mlynedd (1756–62) a'r bygythiad y byddai'r gelyn yn glanio ym Mhrydain a orfododd y Senedd i weithredu ar y mater hwn, a sicrhaodd deddfau 1757 a 1758 y byddai pob sir yn gyfrifol am godi nifer penodol o filwyr. Yr oedd y cwmni cyntaf wedi ei ffurfio cyn diwedd 1758; yn sir Gaerfyrddin y ffurfiwyd y llu cyntaf yng Nghymru (Gorffennaf 1759) ac o fewn tri mis yr oedd y llu cyntaf yn cael ei godi yn y gogledd, yn sir y Fflint.

Syr Niclas (pennill 2): Syr Nicholas Baily oedd hwn, a gw. y faled a luniwyd i'w gyfarch, 'Holl drigolion gwiwlon, gwelwch'. Yr oedd yn bresennol mewn cyfarfod o gefnogwyr y milisia a gynhaliwyd yn y Senedd ym mis Ebrill 1759, gw. *The English Militia* 451. Er mwyn bod yn gymwys i weithredu yn gyrnol y milisia byddai disgwyl fod ganddo dir a fyddai'n werth £300 y flwyddyn, gw. *The English Militia* 340 (ond yr oedd y swm yn uwch yn siroedd cyfoethocaf Lloegr).

33

Cerdd newydd neu fynegiad am ŵr a gwraig aeth i Ruthun ag ymenyn i'w werthu ac fel y darfu i rywun trwy genfigen lunio stori fod cloben o garreg mewn un llestr yn lle ymenyn, i'w chanu ar Freuddwyd y Frenhines.

1 Pob gŵr trwy wlad Gwynedd, pob gwreigan rywiogedd,
   Mewn agwedd mwyn duedd gwrandawed
   Ryw stori lawn cynnen er cwilydd i'w pherchen
   Trwy lid a chenfigen a faged;
   Dyma'r hanes, dewch nesnes i wrando ar goffa hyn o gyffes,
   Hardd pob newydd, medd y gwledydd, aiff pawb i galyn rhaff o gelwydd;
   A'r achos oedd yn cychwyn fel yr aeth rhyw deulu i Ruthun
   I werthu ffrwyth y tyddyn trwy'r flwyddyn, dwymyn daith;
   Taro wrth bobol onest weddol oedd am ymenyn da dymunol,
   Ar ôl cytuno'n dynn amdano tâl a gawson' ond ei geisio,
   Ac adre' un ddull ar Dduwllun, ar ôl gwerthu a phwyso'r enllyn,
   Yr aethant o dre' Ruthun, bu dygyn iawn y daith.

2 Ond rhywun o goegni gwnaeth arnyn' ystori,
   Na chaffo fo leni un awr lonydd
   Na phrofi trwy'r flwyddyn na chaws nac ymenyn,
   Anffortun i'r gelyn digwilydd:
   Llunio celwydd, twyll a gwradwydd er mwyn dinistro eu holl onestrwydd,
   Dweud ar osteg fod cryn garreg mewn unrhyw lester anfelysteg,
   A bod y garreg honno yn drigen cyn ei dragio,
   Am bymtheg pwys bu'n pasio cyn ei llywio, medd y lleill;
   Pawb pan glywson' a redason' ar eu digio i dai'r cymdogion,
   A'r gwragedd benben, bawb, a ddweden' bwyso'r garreg yn siop Gorwen;
   Mewn llawer tŷ a pharlwr uwchben y te a'r siwgwr
   Bu dondio a chadw dwndwr, mawr gynnwr', ffwndwr ffair.

3 Yr ystori aeth yn llinyn hyd odyn a melin
   Nes mynd yn ddau cymin trwy'r cwmwd;
   I aros gwasaneth yr oedd pawb yn dweud rhywbeth,
   Saith amlach na phregeth fu'r ffrwgwd;
   A'r neb a luniodd hyn o'i wirfodd medd geirie'r Iesu garw yr osiodd,
   Y cythrel beunydd oedd mor ufudd i'w tido, coeliwch, tad y celwydd;
   Nid rhaid i neb ond gofyn i brynwr yr ymenyn
   Nad celwydd oedd yn calyn yr ystori, dwymyn dost;
   Ond os cenfigen oedd y fargen hi dreiddia i'w pharch, tyr wddw ei pherchen,
   Ni ddaw'r celwyddog yn ddieuog, am lid ac aflwydd caiff ei gyflog,

A hyn oedd gelwydd gole ddyfeiswyd o ddrwg foese,
Mae'n rhaid i rywun ddechre pob anwiredde erioed.

4 Daw'r cythrel o rywle â'r awdwr i'w rwyde
 A'i gnawd yn un dryllie a dyr allan;
 Ceir gweled o'r diwedd gan faint fydd ei ymgeledd
 Mai drwg oedd i'r fuchedd anfychan;
 Rhyw bendro newydd yn ei 'fennydd boed i'w flino, a byd aflonydd,
 Tan ei ddwylo ar ôl yr elo fo yn un timpan tan bendwmpio;
 Bydd yn galed ar ei goludd gan gnofa goeg anufudd,
 I'w galyn am ei gelwydd annedwydd fydd ei nâd;
 Mynd ar ei siwrne, colli'r llwybre, hyd ryw gorsydd bo *ei* gyrsie,
 A'i dafod allan fel dylluan, fel gwydde henedd gweiddi ei hunan;
 Yn llusgo'n anwyllysgar trwy'r cwmwd heb un cymar,
 Un helyntie â Jac y lantar anllungar ym mhob lle.

5 Breuddwydio yn lle cysgu y nos yn ei wely
 A'r hunlle' i'w ddychrynu ddechreunos;
 Diwyno yn y gwrthban, codi a mynd allan
 Tan duchan wna ei hunan yn honos;
 Gwneud dŵr yn gyndyn bob yn dropyn, ei ddal i floeddio tros y flwyddyn,
 Gweiddi'n ebrwydd fel ceiliagwydd, "Gwae fy nghalon! Wfft i 'nghelwydd!"
 Rhodio'r nos fel ysbryd yn groenllwm ac yn grynllyd
 Gan y pas a dolur annwyd, dyna ei benyd am ei boen;
 Bydd mewn anhunedd ddeugen mlynedd yma yn aros am ei anwiredd,
 Pawb i'w erlid am ei aflendid, ei fol a'i gefen fydd mewn gofid,
 A'i gnawd fydd gwedi hagru gan frechod yn ei frychu
 A chornwyd rydd o'i chwyrnu, bydd yn nadu am grafu ei groen.

6 Os mab, os merch ddiras wnâi'r celwydd o bwrpas
 Yr un fath yn dâl addas dêl iddo,
 A'r neb oedd yn rhedeg i'w wneud o yn ychwaneg
 Dolur y garreg fo i'w gurio;
 Ond erbyn canfod mae eto ddiwrnod, Ow! 'r teulu bychan, talu am bechod,
 Mae i'r gwatworwr, dull o dwyllwr oer cwilyddus, a'r celwyddwr
 Farnwr mawr (deallwn), am gastie drwg fe'u gostwn
 I lwgu a 'nynnu yn Annwn lle bydd eu byrdwn byth;
 Duw, gwna'r rhai gwirion oll yn fodlon i'r celwydd bras trwy gas a gawson',
 Y sawl mewn cyffro a'i gwnaeth boed iddo *d*ro a'i tyn i ddialedd tan ei ddwylo;
 Fe glywson hyn yn eglur mai gwell cael drwg na'i wneuthur;
 On'd gwell fod pawb cyn rhywyr a'i lwybyr yn ei le?

Ffynhonnell
Bangor 3 (15) = BWB 277i: Argraffwyd yn Wrecsam gan Richard Marsh (*fl.* 1772–1792). Ysgrifennwyd y dyddiad 1776 mewn llaw ar wyneb-ddalen y faled.

34
Dechrau cerdd ar Gwymp y Dail neu rybudd i bawb edifarhau.

1 Yr hen bechadur difyr daith, myfyriwr maith oferedd,
   Cais o'th fuchedd ffiedd ffo, na hir ymdro mewn camwedd;
   Yr wyt yn chware wrth dy chwant ar fin y geulan lle bu gant
   Ond gwylia syrthio i lawr y nant rhag mynd i fethiant fythol;
   Mae mil yn cael plesere 'nawr ar fin y geulan oerwan wawr
   Ond pan falurio hon i lawr cân' ffwrnas fawr uffernol.

2 Cofia, 'r dyn, y Gŵr a'th wnaeth, mae'n ddyled gaeth ei addoli,
   Cais ddechre galw ar Grist ar fyr rhag bod yn rhywyr iti;
   Os treuli'r dydd cyn dechre'r daith ar ryw blesere modde maith,
   Pan fo ar ddarfod, gormod gwaith, mae'r siwrne yn faith i fethu;
   Rhaid inni heddiw yn loyw lân ymado â'r Eifftied, fawr a mân,
   Nid eir trwy'r môr a'r mynydd tân i Ganaan mewn drygioni.

3 Cofia, 'r dyn, pwy bynnag wyt, nad wyt ond bwyd i bryfed,
   Mae'n ddigon siŵr mai marw a wnei, paham yr ei cyn falched?
   Bu farw Absolon mewn coed, bu farw Samson yn ddi-oed,
   Ni wiw i'r cryfa' ddyn fu erioed roi ar ei hoed fawr hyder;
   Bu farw Eglon tan y rhod, bu farw Dafydd fawr ei glod,
   Fe ddarfu i'r Ange roddi *i*'r nod mewn syndod Alecsander.

4 Pan ydoedd Arthur fwya' ei rym yn rhwyfo'n llym mewn rhyfel
   Yr Ange bach o gysgod llwyn a hede i ddwyn ei hoedel;
   Pan fyddon ninne teca' ein gwedd yn ennill clod wrth drin y cledd,
   Os egyr Ange safn y bedd rhaid gorfedd tan ei gurfa
   Fel yr hen oludog yn ei wres a wnaeth ei dai yn dda ar ei les
   Pan ydoedd Ange ato yn nes a'i ddyfes am ei ddifa.

5 Os gelwir ninne at orsedd Duw a'n bod yn byw'n amharod
   Mi fyddwn oll mewn cyflwr prudd pan ddêl y dydd cyfarfod;
   Fe â'r duwiolion bod ac un ar ddeheulaw Duw ei hun,
   Bydd ynte'r anwir drwg ei lun, oer resyn, ar yr asw;
   Fe fydd annedwydd pen ei nod o flaen yr Arglwydd mawr ei glod,
   Tan fryn*i*e a chreigie fe fynne fod y diwrnod hynod hwnnw.

6 Edifarhawn a chymrwn ddrych tra bon yn wych mewn iechyd,
   Ni wiw inni geisio troi yn ein hôl o ddalfa tragwyddolfyd;

Cofia Ddeifas ffraethwas ffri, er mor greulon oedd ei gri,
Ni chadd o ddŵr, fe wyddon ni, un difyn i oeri ei dafod;
Pan ydoedd Lasrus dduwiol ddoeth yng nghwmni angylion cyfion coeth
Cadd ynte yn wir ei daflu'n noeth i'r geulan boeth heb waelod.

7 Pan ddêl yr enaid bach i lawr i'r dibyn mawr diobaith
 Fe gaiff ddiodde' am ei ddrwg, ni ddaw fo i'r golwg eilwaith;
 P*e* rhoese'r hollfyd mwynfyd mawr a'i drysor purlan wiwlan wawr
 Ni châi o'i gaethiwed fyned fawr na munud awr o amynedd;
 Petai bersonied yr holl fyd yn crio trosto ac wylo i gyd
 Ni châi gan Dduw ar hynny o bryd ond dilyn llid a dialedd.

8 Ni wiw yr awr honno grio ar Grist na bod yn drist am bechod,
 Nid oes obaith gwedi hyn ond delwi yn llyn diwaelod;
 Wylo a wnânt gan boen y tân a chrynu *eu* dannedd fawr a mân,
 Gan oerni rhew ac eira a gân' mewn tost ac aflan gyflwr;
 Ni wiw mo'r galw'r nefol Dad i'w gwneud yn rhydd, na'r gwir Fab rhad,
 Nid oes yn yr holl uffernol wlad na cheidwad nac iachawdwr.

9 Considra dithe, 'r corffyn gwan, mai dyna ran yr ened,
 Ni byddi dithe, 'r telpyn clai, ddim ronyn llai'r caethiwed;
 Pan ddêl yr Arglwydd efo'i lu i ddechre ein galw'n groyw gry'
 Cei dithe ddychryn dygyn du a'th godi i fyny yn fwynedd;
 Os gyda'r anwir bu dy ran yn dilyn rhyw blesere gwan
 Cei weled Crist yn hynny o fan yn agoryd anhrugaredd.

10 Yr holl blesere a gest ti gynt a phob rhyw helynt ddigri',
 Cei weled hynny ger dy fron yn boene chwerw iti;
 Am bob rhyw fiwsig, beredd foes, a gadd dy glustie gynt yn d'oes
 Fe gân' eu teimlo a'u gwrando'n groes yn athrylith noes cythreulied;
 Yn lle'r oferedd gynt a fu a chwmni tyner llawer llu
 Cei holl drigol*i*on uffern ddu yn cydymdynnu amdanad.

11 Am hyn, bechadur, galw ar Dduw a dechre fyw'n fucheddol
 A gwylia bechu mewn un lle, ni wnaed mo'r ne' i'r annuwiol;
 Yno agorir, cura di, cais drugaredd ffraethedd ffri
 A gofyn nawdd gan un Duw Tri, a hynny yn ddiwahanieth;
 Dy iechydwriaeth sadwaith sydd, gweithia'n dirion wrth liw dydd,
 Cais trwy gariad a gwir ffydd ofalu am ddydd marwoleth.

Ffynonellau
LlGC / Bangor 16 (15) = BWB 106i: Argraffwyd yn Amwythig tros Evan Ellis. Nid oes dyddiad ar yr wynebddalen.
Bangor 13 (7) / CGPLlE 371 = BWB 219i: Argraffwyd yng Nghaer gan Thomas Huxley (*fl.* 1765–1788). Nid oes dyddiad ar yr wynebddalen. Yr un cerddi sydd yn y llyfryn hwn eto.
LlGC = BWB 546: Argraffwyd gan John Daniel yn Heol y Brenin, [Caerfyrddin], yn 1787.
Ni welwyd SwC.

Nodiadau
yr hen oludog (pennill 4): Gw. Luc 12.16–21 lle yr adroddir y ddameg am y gŵr goludog a helaethodd ei ysguboriau ond a fu farw y noson honno.

35

Dechrau cerdd newydd yn gosod allan aml bechodau ac anwireddau dynion a rhybudd i edifarhau cyn mynd yn rhy hwyr, i'w chanu ar Crimson Felfed.

1. Dihuned pob rhyw Gymro i gofio'r Arglwydd cyfion
   A roed i farw ar fore drwy ddiodde' yn rhywle ar hoelion;
   Dros lawer o bechode dioddefodd bynne o benyd,
   Fe'*i* temtiwyd ef gan gythrel bryd uchel a bradychwyd;
   Fe roddodd Crist *ei* friwie a'i freiniol waed o'i fronne
   Dros gamwedde beie'r byd;
   Fe brynodd Crist â'i ddagre (gwir ydoedd) bawb a grede
   Ar ôl diodde' *c*aethle cyd;
   Gwae ninne fyw'n ddiystyriaeth a dilyn gwag hudoliaeth
   Drwy droi cyfraith dewrfaith Duw;
   Am gablu enw'r Iesu yn ddwys daeredd a'*i* ddiystyru
   Gochelwn haeddu'r fagddu yn fyw.

2. Dioddefodd Crist lawn gwradwydd annedwydd a'i gernodio
   I geisio cadw dynion rhag mynd yn union yno;
   Hen Suddas frwnt ysgymun mewn gwrthun fodd a'i gwerthe
   A phawb am ei ben yn poeri, a Pheder gwedi a'i gwade;
   A'i Apostolion prysur mewn diles bwys a dolur
   Oedd gysgadur wiwbur waith;
   Nid alle'*r* rhain mo'i wylio, modd dirfawr, unawr yno
   Gydag efo i'w foddio'n faith;
   Crist ydoedd bur ofidus, dug lafur dig wylofus,
   Ni chadd gysurus foddus fyw;
   Fe roed ei wiwgorff cyfion yn lledrwydd rhwng y lladron
   I gadw dynion gyda Duw.

3. Ni ddyle*n* ninne ddeffro a gwylio rhag ein gelyn
   Gan gymin sydd o syrthni yn tynnu hyd ffordd y tennyn;
   Y fall a'i rwyde gwyliwch, na fyddwch yn rhy feddal
   Rhag ofn na ddaw'r fath Athro yn faith eto fyth i'w atal;
   Fe farne r*h*ai ar Beder pan oedd o yn gwadu ei feister
   Fod hynny yn drawster, ffalster ffydd;
   Y ceiliog yno a gane, o'i fwriad edifare,
   Gwnaeth heb ame ymprydie prudd;
   Nyni heb edifaru, nod angall, ond ofer dyngu
   Sydd yn ei wadu a'i gablu, gwn;
   Pan fon yn ddig neu'n feddw, yn hyfysg cymrwn heddiw,
   Yn ofer arw henwn hwn.

4 Darogane fydd ym Mhryden am filen dost ryfeloedd,
   Geill Duw a'i nefol allu i bob teulu roi bateloedd;
   Mae arwyddion union ennyd oreubryd ar yr wybren,
   Fe welodd part o bobol ryfeddol siriol seren;
   Bu *ei* ffasiwn h*i* yn ddiame *o* fewn pymtheg cant o flwydde
   Yn llewyrchu'n ole i barthe'r byd,
   Ac ar ei hôl bu dialedd mewn cyflwr blin dair blynedd
   Drwy newyn ciedd, drymwedd drud;
   Pan ddarfu hynny o gystudd fe lithrodd mwy helaethrwydd
   Drwy ddwylo'r Arglwydd, dedwydd daith;
   Duw, bydd eto'n gymwys, gu filwr, a gofalus
   I gadw'r ynys, weddus waith.

5 Ni a wnaethon fawr oferedd disylwedd ar y Sulie,
   Rhoi dydd yr Iesu yn wastad i siarad am blesere;
   Os aiff un dyn yn ddirgel i'r demel uchel achos
   Bydd llawer mewn drygioni yn feddw aneiri' yn aros;
   Yn lle cofio gair yn gymwys am enw Duw daionus
   Drwy gysurus foddus fyd
   Fe gofie ddeg yn ddirgel mewn caethran am y Cythrel
   Mewn pob chwedel, drafel drud;
   Gwae ni, gwae ni'*r* fath arfer, anufudd dyngu'n ofer
   A dilyn pleser gwiwber gwael;
   Deffrown o drymgwsg pechod, fe ddichon Duw odd*i* uchod
   Roi inni gymod hynod hael.

6 Gwnaiff pawb ryw ofer chwryddieth, oer farieth, i'w ddifyrru,
   Gwnaiff rai wrth chwant a natur tan wybyr odinebu;
   Ni wnaetho*n* frifo ystlys ein Harglwydd cofus cyfion
   A llawer brath wrth bechu i fronne'r Iesu a roeson;
   Gwag bleser ac ofergainc yw nefoedd dynion ifainc,
   Am Dduw a'i orseddfainc ni fydd sôn,
   Ond mynd yn weision ofer i'r fall mewn blysig bleser
   A gwrando ei fwynder, dyner dôn;
   Ni hwyrach i'r Gorucha' roi terfyn i'r byd yma
   Pan fo*n* brysura' llawna' llid;
   Pen ddelo'r tân yn fflamie i losgi'r byd a'i bethe
   Doir â'n beie i'r gole i gyd.

7 Fe bri*f*ia dydd yr Arglwydd – Och! arwydd – i rai yn chwerw,
   Bydd pawb yn crynu o drallod y diwrnod hynod hwnnw;
   Bydd rhai yn oer eu nade pan elo'r creigie yn gregin
   Am gael gan rhain yn fynych, wedd oernych, syrthio arnyn';

Fe wahodd Crist y graslon at filoedd o nefolion
I wisgo'r goron gyfion gu,
Ac yno yr â'*r* drwg fuchedd i lyn aneiri' o anwiredd
I rincian dannedd, diwedd du;
Gwae'r dyn a welo'n wiwlan un golwg ar y geulan
Lle mae trigfan Satan serth;
Fe fydd Cydwybod gwedi bob ennyd yn ei boeni
Ac ynte wrth losgi'n gweiddi'n ge*r*th.

8   Cydredwn bawb o rwyde a ffyrnig ffagle uffernol,
I'r nefoedd awn i dario, mae yno groeso i'r grasol;
Ar Grist gwnawn bur weddïo a chredwn iddo yn addas
Na ddelo'r Pab a'i rogri drwy daerni fyth i'r dyrnas;
Duw, cadw Eglwys Loeger rhag llwgwr neu dwyll eger
I fyw'n dyner iawn bob dydd
Na chaffo'r croes Babyddion, rai garw, ddwyn mo'r goron
Na'r Penne Crynion ffeilsion ffydd;
O! Dduw, cyfrwydda'r bobol, dro gweddus, yn dragwyddol
I wlad hyfrydol haeddol hen;
Er cy*m*in ein camwedde – Och! adwyth – a'n pechode
Duw fo'n madde i bawb, Amen.

Ffynhonnell
DC = BWB 101i: Argraffwyd yn Amwythig tros Evan Ellis. Ysgrifennwyd y dyddiad 1760 mewn llaw ar wynebddalen y faled. Dilynir y gerdd gan gyfres o dri englyn a nodir ar eu diwedd hwy 'Hugh Jones ai cant'.

36

Dechrau cerdd yn rhoddi eglurhad o'r ddameg sy'n 10 pennod o Luc gyda rhybudd i bawb feddwl am edifarhau mewn pryd, i'w chanu ar Gwymp y Dail.

1 Pawb sydd ganddo glustie clir, gwrandewch ar ddifyr ddyfes
  A gwelwch fod cryn bart o'r byd tan filen ynfyd fales;
  Rhai fu'n dilyn medd-dod maith a rhai'n gybyddion eirwon iaith,
  Gwnaiff rhai odineb arw daith gan goledd gwaith y gelyn;
  Ac ynte sydd i'n den*u* ni â phob rhyw bleser, ffraethder ffri,
  I geisio ein rhwystro at wirDduw Tri gosododd rwy*d*i sydyn.

2 Yn Luc darllenes trwy fawr glod y ddegfed bennod beunydd;
  I bawb o'r byd mae yno yn bod ddiarwybod rybudd;
  Ymdeithydd oedd yn mynd yn faith, Jerusalem oedd dechre ei daith,
  I Jericho i wirio *ei* waith neu addoli perffaith ddeilied;
  Ond hyd y ffordd, nid ydoedd gall, taro wrth gyswyni hwn a'r llall
  Nes darfu'r diwrnod, mawr yw'r gwall, a'i siwrne ar ball gyn belled.

3 Pan basio'r dydd yn gyfyng gaeth i anialwch aeth tan wylo
  A gyr o ladron flinion floedd mor gytun oedd yn gweitio;
  Gan rhain fe gadd ei archolli'n fawr trwy arw lid a'i ado ar lawr
  Lle bu fo yn gorfedd lawer awr heb obaith mawr ymwared;
  A rhyw offeiriad clymaid clau pan welo ei gorffyn, briddyn brau,
  Aeth heibio yn llwyr heb ei wellhau nac esmwytháu ei gaethiwed.

4 A rhyw Lefiad yn ddi-ball aeth o'r tu arall heibio
  A gado'r gŵr mewn cyflwr gwan [ ] byth i anobeithio;
  Ond rhyw Samariad gwnaeth ei ran gan godi'r gŵr o'i gyflwr gwan
  A'i ddwyn i'w lety, fwyngu fan, trwy felys lân orfoledd,
  A rhoi dwy geiniog gefnog gu trwy eirie teg i ŵr y tŷ
  Am edrych trosto yn gryno gry', rhagorol fu'r drugaredd.

5 Nid ydyw hon ond dameg drist o eirie Crist ei hunan
  Sydd yn pe*r*thyn trosti o hyd i bawb o'r byd sy yrŵan;
  Yr hen ymdeithydd grefydd groes oedd Adda a'i ryw yn nechre'r oes,
  Jerusalem a'i drem pan droes oedd Eden foes hynodol,
  A Jericho yw'r nefoedd faith, a'r neb a'i rhwystrodd ar ei daith
  Oedd Chwant a Balchder eger iaith sy'n mynnu'r gwaith anianol.

6 A'r diwrnod oedd ei amser clyd i fyw yn y byd presennol
  A'r lladron cas a wnaeth ei frad oedd deulu'r wlad uffernol,

A'r lle gorfeddodd (myfi 'gwn) ydy'r byd anhyfryd hwn
Tan fawr aflendid penyd pwn a'i nasiwn yn yr hen oesoedd,
A'r offeiriad wiwrad waith aeth heibio i'r dyn oedd ar ei daith,
Hwn oedd Mosus foddus faith mewn gwiwlan waith a'i gwelodd.

7 A'r Lefiad oedd y gyfreth gaeth yr hon ni wnaeth mo'r daioni
   A'r Samariad yn ddi-wad oedd Crist o wlad goleuni,
   A'r llety cymwys ddawnus ddydd a gŵr y tŷ i'w garu heb gudd,
   Y rhain yw'r eglwys lân ddi-brudd a theulu'r ffydd gatholig,
   A'r hen ddwy geiniog enwog iawn yw'r Testamente gore gawn
   I 'mendio ein briwie a sugno'r crawn rhag byw mewn llawn wall unig.

8 Rym ninne yn ail i Adda faith yn rhodio'r daith fel ynte
   Ac os dilynwn hon yn glir nid ydyw'n hir mo'n siwrne;
   Ond gwae ni anghofio'r nefol air a ddwedodd Iesu gwir Fab Mair,
   Dilynwn wagedd, ffiedd ffair, yn lle gwylio pair y gelyn;
   Pan ddêl y Saboth santedd waith mi 'gwnawn o yn siŵr yn waetha' o'r saith
   Trwy galyn mwy ar y gelyn maith sy a'i rwyde ar daith yn rhydyn.

9 Os awn o'r llwybre, troee trist, ni ddaw mo Grist i'n codi,
   Ni chawn ni gwmni neb heb wad ond gelynion gwlad goleuni;
   Yn ifanc dylen roddi ein bryd cyn ymlygru â phethe'r byd
   Am fynd o hyd i'r nefoedd glyd lle mae dedwyddfyd addfwyn;
   Hawdd gan ddynion trawsion tra pan glywon' ryw gynghorwr da
   Ddweud, "Pan elw-i 'n hesb neu'n gla' mi edifarha' yn sydyn".

10 Pan ddelo henaint neu glwy' mawr a'r corff ar lawr yn gorfedd
   Fe fydd y tafod yn y pen fel darn o bren heb rinwedd;
   Fe fydd y clustie yn llwyr drymhau, fe fydd y llyged gwedi cau,
   Fe fydd Cydwybod yn cryfhau i gyffesu beiau ein bywyd;
   Bydd tragwyddoldeb yn nesáu a ninnau heb ddechrau edifarhau
   A'r gelyn fry i'n galw'n frau i gadwynau poenau penyd.

11 Ni wiw inni alw un gŵr mawr i estyn awr o'n bywyd,
   Ni ddown er arian 'chwaith yn ôl o ddalfa tragwyddolfyd;
   Pan drotho Grist ei wyneb draw ni chyfyd eilwaith byth mo'i law,
   O'r wlad uffernol mi gawn braw', ond nid yno y daw'r daionus;
   Fe'n llwyr losgir oll i gyd fel yr efre fu yn yr ŷd
   Ac oni thrown at Dduw mewn pryd cyn mynd i'r dyfnfyd ofnus.

12 Fe ddarfu i'r Arglwydd ddiodde' sen, bu ar y pren i'n prynu,
   Mae ein hen ddyledion, greulon gri, modd teilwng, wedi talu;

Ond os y ninne sy'n ymroi ac mewn budreddi yn ailymdroi
Ni ddaw mo'r Arglwydd i'n datgloi neu i fywiol roi inni fywyd;
Ond lluniwn ni ein gweddïe yn dda ac edifarhawn cyn mynd yn gla',
Cawn yn ein diwedd amser da a'n dalfa mewn duwiolfyd.

Ffynhonnell
Bangor 5 (22) / Bangor 13 (12) = BWB 116ii: Argraffwyd yn Amwythig tros Evan Ellis. Ysgrifennwyd y dyddiad 1768 mewn llaw ar wynebddalen Bangor 5 (22).

37

Cerdd newydd ynghylch diwedd amser a dechrau tragwyddoldeb, ac mor ofnadwy yw marwolaeth y pechadur, gyda byr grybwylliad am y farn ddiwethaf, yr hon a genir ar Gwêl yr Adeilad.

1 O! ddyn, O! ddyn, ystyria dy gyflwr gynt yn Adda, mae d'yrfa yn darfod
   A gwaed yr Oen nefoledd fu'n rhedeg mewn anrhydedd, gwae am gamwedd gymod;
   Ond gwêl, gan siwred ag yw sêl, os treulio'n ofer flode d'amser
   A wnest mewn pleser, a'i fwynder oedd yn fêl,
   Troi'n wermod wna fo yn d'ene ryw ddyddie yn ddie a ddêl,
   Sef yr awr a'r pryd a'r munud mawr mewn trwm ddolurie ar wely ange,
   Ple bydd plesere aiff pob gwag lunie i lawr,
   Yr enaid mewn trueni a'r corff yn oeri yn awr.

2 Marwoleth sy'n arswydus, gwna daro ar bechadurus ryfygus fagal,
   Llawer iawn mewn gwendid a gafodd boen a gofid wedi eu hudo ag afal;
   Mewn braw'r pechadur drymgur draw sy'n cau'r presennol lyged cnawdol,
   Ac amryw o'i bobol gwir lwyddol ger ei law,
   Fe'u hegyr nhw heb ame mewn byd yn ddie a ddaw;
   Pa un ai yn y nef yn un o'r seintie gwirion ai ymysg ellyllon
   Mewn poene creulon, ni ddichon dwyfron dyn
   Nes iddo gael ei farnu mo wybod hynny ei hun.

3 Caiff weled Barnwr nefol ond nid mewn gwisgiad cnawdol i fuddiol fadde,
   Nid ar y groes mewn blinder ond eiste ar fainc cyfiawnder wêl y Nêr yn ore;
   Nid awr trugaredd weddedd wawr ond awr ddialeddfa yw'r awr ddiwetha',
   Bydd y Meseia wedi peidio â'r mwyndra mawr,
   Awr dost i'r hen bechadur sy a'i lwybyr tuag i lawr;
   Awr brudd lwyr groes i lawer grudd fydd gwrando ar bennod ail lith Cydwybod
   Yn dweud eu trallod, gwedi darfod am y dydd
   Y gallasen' edifaru trwy garu Duw yn ddi-gudd.

4 Pan ddêl y Barnwr prydferth ni bydd mo Grist yn aberth dristwerth droston,
   A'r dynion oedd i'w gablu cân' wybod oll mai'r Iesu a watwarason';
   Ei gnawd na'i le na'i wisg dylawd ni wêl eneidie, na brad ei ystlyse
   Pan oedd yn diodde' fflangelle a geirie gwawd,
   Goleuni a thân aruthrol fydd breiniol Ddydd y Brawd;
   A'r dyn di-ras yn las ei lun a fydd yn crynu o flaen yr Iesu,
   Ni ddaw i ddadlu neu geisio ei arafu yr un,
   Ni fedd na châr na chares na hanes ond ei hun.

5 Ni wiw mo'r dobri atwrne nac ustus â mawr goste i syre siarad,
  Bydd y rhain yn crynu trostyn' cyn i'r diwrnod tost ddwad arnyn', hawdd yw dirnad;
  Yn gla', yn oer, pa beth a wna'r pechadur aflan mewn cyflwr truan
  Ond gweiddi allan, "Ow! rŵan i ble'r a'
  Rhag llid y bendigedig wir Feddyg diddig da?"
  Fe fydd Cydwybod yn ddi-gudd, bydd Crist ei hunan, bydd ynte Satan
  Yn traethu allan trwy ffwdan yn ddi-ffydd
  Y bu fo byw mewn pechod nes darfod am y dydd.

6 Os edrych ar i fyny bydd yn olwg dychrynadwy ac yn dra chyfnewidiol,
  Yr haul a'r lloer yn ddulas a'r sêr yn syrthio o gwmpas o'u pas hapusol;
  Uwch llawr bydd tarane modde mawr a mellt yn saethu sŵn ofnadwy,
  Pob cnawd yn trengi a thân yn ysu 'nawr
  A'r pechadur gwael ei fodde yn mynd ar ei linie i lawr;
  A'r byd yn crynu fel y cryd, mynyddoedd, creigie, tai a phalase
  Yn syrthio'n sypie a'u trysore, modde mud,
  Yn oleulas ffagal ole, rhain oedd dan gloee yn glyd.

7 Bydd erchyll y dychryndod, y ddaear yn ymddatod oll o'r ddeutu
  A'r trefydd mawr a syrthian' yn draserth lle dyrysan' rhag llid yr Iesu;
  Gerllaw i ruo'n drymach draw daw'r môr a'r tonne fel cymyle,
  Uwch coed a chreigie fe gŵyd yn frynie o fraw,
  Tros rosydd daear isod ei ddyrnod ef a ddaw;
  I lawr troed dyn, ei wŷn a'i wawr, bydd llyn diwaelod yn berwi'n barod,
  Dreigie a hylltod, oer ryndod, fydd yr awr
  A gwaedd Cydwybod yno fydd i'w anfoddio'n fawr.

8 Dyna'r pryd a'r amser y derfydd am Gyfiawnder, hyder hudol;
  Ple bydd Alecsander, Plato, Awgwstws Ceser, tan sêr *c*ysurol
  Nac un o'r cewri lysti lun, na brenin enwog, nac iarll na thwysog,
  Na merch wen frigog, lân serchog foddog fun,
  Na senedd na sesiwne fel amsere dyddie dyn?
  Pob oed o'u beie a'u dryge a droed a gân' feddiannu'r nefoedd fwyngu
  Medd gair yr Iesu, gras Duw sy i'w rannu erioed,
  Er mwyn y gonest ffyddlon fe'i tirion baratoed.

Ffynhonnell
LlGC / Bangor 18 (7) = BWB 238i: Argraffwyd yng Nghaer gan Thomas Huxley (*fl.* 1765–1788). Nid oes dyddiad ar yr wynebddalen.

Dyrifau digrifol ar ddull o ymddiddanion rhwng Cristion ac Anghristion ynghylch mynd i'r eglwys, ar Gonsêt Gwŷr Dyfi.

1 *Credadun*
Dydd da fo i'r gŵr dawnus, da weddus, di-wawd,
Clyw gâr i'th gynghori sy leni yn dylawd;
Tyrd gyda m'fi i'r eglwys fel dawnus ŵr da,
I wrando'r Efengyl yn suful nesâ.

2 *Anghredadun*
Nid yw dy gynghorion ond gweigion a gwael,
Mae gen-i yn ddifasnach amgenach i'w gael;
Ti wyddost mai'r eglwys dda lewyrchus ddi-lid
Yw meddwl a moddion y galon i gyd.

3 *Credadun*
Mae'r eglwys agored a lunied ar lawr
I alw Cristnogion yn gyson eu gwawr
I dalu diniwed adduned i Dduw
Trwy gywir lân galon tra byddon nhw byw.

4 *Anghredadun*
Mae rhai yn cael yno (rwy'n tybio) fyd da
Wrth dderbyn yn gwlwm ryw ddegwm go dda;
Oni bai'r arian yn burlan bob awr
Âi'r eglwys gyffredin ar linyn i lawr.

5 *Credadun*
Tyrd unwaith yn wisgi, da ddaioni, i dŷ Dduw,
Cynhesiff dy galon, cei foddion i fyw
Neu lunieth ysbrydol da gweddol di-gas
A chyfran o'r diwedd yn groywedd o'i gras.

6 *Anghredadun*
Na wna mo'no-i 'n ynfyd un munud o'm oes,
Dim ond ffolineb yn d'wyneb nid oes;
I drin y byd yma yn Adda rhoed ni,
Rwy'n dwedyd mai gwirion, ddyn tirion, wyt ti.

7 *Credadun*
Os rhoes yr hen Adda, ryw foddfa ry fawr,
Ni i drin y ddaearen anniben yn awr
Yr Ail a'n gwaredodd, ordeiniodd ni ar dwyn
I wrando bob Duwsul ei Efengyl yn fwyn.

8 *Anghredadun*
Gwrando ar y person yn rhwyddion bydd rhai
Yn dwedyd yn yr eglwys yn bwyllus eu bai;
Ar ôl iddo agor ei gyngor yn gaeth
Ei ddull pan ddaw allan sydd gyfan ddau gwaeth.

9 *Credadun*
Ow! gwrando, 'r pechadur, ac ystyr yn gall,
Rwyt gwedi dy demtio i foddio'r hen fall;
Dy galon, ddyn taeog afrywiog ei fryd,
Sy'n meddwl bob amser am bower y byd.

10 *Anghredadun*
Y dyn ni fedd bower yn ofer a wnaed,
Ni waeth iddo ei gladdu neu drengi ar ei draed;
Dilyn rhyw grefydd wan beunydd o bell,
Mae'r byd (yr wy'n adde') a'i degane dau gwell.

11 *Credadun*
Fe fydde yn hyfrydwch at heddwch i ti
Ddod unwaith yn Gristion da foddion fel fi
I gaere'r wir eglwys, da ddawnus dŷ Dduw,
Lle mae yr ysbrydol iawn bobol yn byw.

12 *Anghredadun*
Y flwyddyn sy'n dwad, rwy'n dirnad y daw,
Â'r bobol dylodion yn llymion eu llaw;
Mi rof fy 'sguborie tan gloee yn bur glyd,
Bydd digon tua'r gwanwyn o 'mofyn am ŷd.

13 *Credadun*
Cofia'r goludog galluog uwch llawr,
Gwneud ei 'sguborie fe'i mynne yn dai mawr;
Yn fuan 'r ôl hynny y darfu am y dyn,
Fe gollodd yn ddirgel ei hoedel ei hun.

14 *Anghredadun*
   Os gwrando rhyw straee yn wan fodde a wnaf fi
   Mi a' yn fuan mor wirion, iaith dirion, â th'di;
   Rwy'n siŵr mai'r cywaethog ŵr rhywiog yr ha'
   A fydd ym mhob moddion mewn tirion fyd da.

15 *Creadadun*
   Fe elliff Duw nefol hyfrydol ei fryd
   Gadw'r tylodion yn burion eu byd;
   Fe gadwe'r Israelied heb niwed un awr
   Wrth fyned i Ganaan, rai gwiwlan eu gwawr.

16 *Anghredadun*
   Bywioliaeth go fechan sy yrŵan ar rai,
   Hi aiff eto (rwy'n tybed, nid lliwied) yn llai;
   Fe ddwedodd rhyw brydydd ar gynnydd im gynt
   'R âi'r gwenith o'r diwedd yn beredd i bunt.

17 *Credadun*
   Ni ŵyr yr un prydydd pa ddeunydd a ddaw,
   Gall Duw, er gogoniant, trwy lwyddiant droi *ei* law;
   Fel amser Elias deg addas tan go'
   Dair blynedd a hanner bu brinder i'n bro.

18 *Anghredadun*
   Hi all yma fod beder a hanner o hyd,
   Ac oni ddaw 'chwaneg ar redeg o'r ŷd
   Ni feddan' yn dyffryn un hadyn o haidd
   A werthan' i undyn, na 'menyn na maidd.

19 *Credadun*
   Mae Duw â'i drugaredd, mawr rinwedd erioed,
   Yn cadw rhai a gredo, bawb, iddo, bob oed;
   Bu pobol Samaria mewn dalfa go dynn,
   Gwaredodd Duw santedd nhw yn rhyfedd er hyn.

20 *Anghredadun*
   Pan ddêl yr ha' unweth mawr gyweth a ga',
   Caiff pawb cyfoethogion, modd tirion, fyd da;
   Ni werthan' heb arian, modd breulan, i'w brawd
   Trwy'r Bala na Rhuthun byth flewyn o flawd.

21 *Credadun*
   Pa fodd y doist i wybod ar ddiwrnod yn dda
   Y bydd hi'n ddrudanieth mawr heleth yr ha'?
   Gall Duw o'i anrhydedd da haeledd ei hun
   Roi'r byd i'w ddinistro na adawo yr un dyn.

22 *Anghredadun*
   Mae astronomyddion, gwŷr doethion eu dawn,
   Wrth reol yr wybyr a'i llwybyr yn llawn
   Yn dallt mai drudanieth yn ddifeth a ddaw
   Tros gyflawn bum mlynedd yn bruddedd mewn braw.

23 *Credadun*
   Na ddyro mo'th hyder trwy fwynder yn faith
   Ar ffilosoffyddion, rai gwirion eu gwaith,
   Sy'n tremio'r planede, rhyw gyfle rhy gaeth,
   Heb gofio Duw yn bendant, deg nwyfiant, a'u gwnaeth.

24 *Anghredadun*
   Mi roddaf fi fy hyder heb drymder yn drist
   Fod arian yn wastad tan gaead y gist;
   Trwy'r rhain yn y diwedd yn buredd ca-i barch,
   Fe rwystran' (rwy'n tybed) im fyned i f'arch.

25 *Credadun*
   Sothach fethianllyd anhyfryd i'n hoes
   Sy'n gwneuthur pob dynion yn greulon neu groes;
   Fe ddwedodd Paul ddawnus dda weddus ddi-wg
   Mai nhw ydy gwreiddyn, dodrefnyn pob drwg.

26 *Anghredadun*
   Wel dyma'r un moddion, ddyn gwirion o'i go',
   Nid oes un dyn hyfryd i'w fywyd a fo,
   Na pherson na chlochydd iawn beunydd yn bod,
   Nad da ganddo fo arian yn gyfan i'w god.

27 *Credadun*
   Ffarwél, anghredadun, mae'n ddygyn dy ddull,
   A'r byd yn dy galon annhirion yn hyll;
   Ti a'i rhoist o ryw amser ar gyfer yn gall
   Rhag myned yn erwin i fyddin y fall.

Ffynhonnell
LlGC = BWB 108i: Argraffwyd yn Amwythig tros Evan Ellis. Nid oes dyddiad ar yr wynebddalen.

Nodiadau
y goludog galluog (pennill 13): Gw. Luc 12.16–21 lle yr adroddir y ddameg am y gŵr goludog a helaethodd ei ysguboriau ond a fu farw y noson honno.

39

Dechrau cerdd yn adrodd fel y mae amryw fath o ddynion yn torri'r Saboth, i'w chanu ar Charity Meistres.

1 Pob dyn sy'n perchen bedydd, mae'r dasg yn fawr aneiri' yn awr,
   Fe ddylen hwyr a bore fynd bawb ar linie i lawr
   I addoli'r Arglwydd nefol a wnaeth y byd, hyfrydol fryd,
   A gwelwyd mewn modd gwaeledd o yn groywedd yn ei grud
   I brynu pechaduried o Uffern danbed oedd yn dost,
   Fe'n dygodd o i'r nefol fro heb unwaith gwyno'r gost;
   Fe addawson ninne ei foddio, galw arno a'i gofio'n gu,
   Ond Balchder sydd bob nos a dydd ben-llywydd ar bob llu.

2 Yr Arglwydd mewn chwe diwrnod a wnaeth y tir a môr yn glir,
   Y byd a'r cwbwl sy ynddo, fe ddylen gofio'r gwir;
   Fe wnaeth i'w lywodraethu neu gydfawrhau mewn moddion clau
   Mor berffaith ag angylion o dirion ddynion ddau;
   Gorffwyse'r Tad yn bendant, mawr ei lwyddiant yn ei le,
   Trwy gadarn ffydd y seithfed dydd yn ufudd yn y ne';
   Dymunodd ar ei bobol, gwir Dduw nefol, siriol Sant,
   Am gydfawrhau y Saboth clau yn oesau pleidiau'r plant.

3 Ond gwelwn ni, drigolion, ein bod trwy faith anwiredd waith
   Yn cadw'r diwrnod yma yn ddihira', siwra', o'r saith;
   Bydd amlach tyngu a rhegi a medd-dod mawr rhwng lloer a llawr
   Pan ddelo'r Saboth santedd, nefoledd weddedd wawr;
   Bydd rywyr gan rai dynion, modd digyfion, am ei gael
   I wneud yn ffri trwy'n gwledydd ni bob gwegi heini hael;
   Eu meddwl mewn rhai manne mai meddwi a chware ac eiste a gân',
   Nid mynd ar frys i'r nefol lys neu'r eglwys liwus lân.

4 O'r rhai sy'n mynd i'r eglwys rhy amal yw rhagrithio eu Duw,
   Mae'r rhain yn arfer gormod o bechod yn eu byw;
   Pan ddelo dydd yr Arglwydd fe wnân' eu rhan i fynd i'r llan,
   Ni ŵyr un dyn mo'r cwbwl o'u meddwl yn y man;
   Rhai'n amwisgo oddi allan mewn dillad sidan, wiwlan waith,
   A chalon cant fel gwaelod nant o drachwant, meddiant maith;
   Rhai eraill yn rhy arw yn fawr eu berw i'r byd
   Gan wneud eu ne' mewn cadarn le yn eu cistie a'u cloee clyd.

5   Daw llawer ar y diwrnod yn deg bob rhan eu lliwie i'r llan,
    Bydd abal eu hwynebe i fynd un fodde i'r fan;
    Ond yn y galon, gwyliwch, yn cario yn gu genfigen ddu,
    Dichellion union yno sydd gwedi gwreiddio'n gry';
    Gwrando'r gair rhagorol mor wynebol freiniol fryd
    A'r galon gre' yn llawn bob lle o fagle a bache'r byd;
    Nid cofio'r Meddyg tyner a gadd hir amser lawer loes
    Ond cofio'r byd a blawd ac ŷd un fryd o hyd eu hoes.

6   Mewn 'wllys pan ddôn' allan meddylian' fwy fynd *b*awb i'w blwy'
    Neu ddilyn rhyw blesere tra bôn' yn nyddie eu nwy';
    Ni sonian' am wasaneth neu'r bregeth bryd er gwrando o hyd
    Na chofio'r gwir Iachawdwr neu Farnwr yr holl fyd;
    Bydd siarad pur gysurus am ryw drafferthus foddus fyw
    Pan ddônt heb gêl mor siŵr â'r sêl o demel dawel Duw;
    Rhai'n chwennych yn bur chwannog le ei gymydog, rywiog ran,
    Rhai gymre yn ffri ddau dir neu dri wrth fynd trwy'r llwyni i'r llan.

7   Bydd eraill mewn tafarne mewn llan a thre' yn llawn eu lle'
    A'u cefne mewn modd creulon yn union at y ne';
    Bydd ynte'r Cythrel gwasarn pan fôn' ar fai yn suo i rai
    Rhag cofio deddfe dyddfarn o'u cadarn dafarn dai;
    Tyngu a rhegi'n dryfrith, oer*a*' athrylith, felltith fawr,
    Rhai tan go' yn ei alw fo a rhai'n ymliwio ar lawr;
    Rhai'n ddoethion mewn chwaryddiaethe, pob plesere, chware chwith,
    A'r Cythrel clau sydd yno'n hau gwag efrau plaau i'n plith.

8   Dylen y diwrnod hwnnw pan dorro'r wawr roi moliant mawr
    Am hyfryd waith yr Arglwydd, Pen-llywydd nef a llawr,
    A'i dreulio mewn gweddïon bob gaea' a ha' yn iach a chla'
    A darllain llyfre 'sbrydol crefyddol duwiol da,
    A mynych gyrchu i'r eglwys sydd gariadus weddus waith
    Â chalon lân fel gwresog dân, santeiddlan ddiddan daith,
    A gwrando'r gair a'i gredu, nid cordeddu a bachu'r byd,
    A throi yn ein hôl wrth siample Paul o'r hudol fradol fryd.

9   Nid diwrnod meddwi a chware a roed yn rhydd yw'r seithfed dydd
    Ond dydd i foli'r Drindod trwy glod a pharod ffydd;
    Nid diwrnod tyngu a rhegi na checru 'chwaith yn filen faith,
    Nid diwrnod gwag farchnata a'i gadw'n sala' o'r saith;
    Nid diwrnod i negesa trwy'r byd yma, tryma' tro,
    Ond diwrnod gwaith i fynd ar da*i*th i'r nefoedd fa*i*th yw fo;
    Dydd y dylen ninne bwrpasu ein siwrne heb ame i ben,
    Dydd nefol wawr i gofio'r awr a'r diwrnod mawr, Amen.

Ffynhonnell
LlGC / Bangor 15 (45) = BWB 74i: Argraffwyd yn Amwythig gan Stafford Prys (*fl.* 1758–1782) tros William Roberts yn 1758.

40

Carol plygain ar Susanna am 178[2].

1 Dyma ddiwrnod gorfoleddus, rhown fawl i'th enw, Duw daionus,
Mawl i ti yn dy gysegr burlan â thanne llwyrgerdd pibell organ;
Dy drugaredd sy'n ddiddiwedd o'th orsedd groywedd gre',
Trugaredd beunydd sy'n dragywydd gan Grist ein Llywydd ym mhob lle;
Am dy drugaredd sy'n ddiddiwedd rhown iti yn fwynedd fawl,
Dyma ddiwrnod cydgyfarfod â gwir Dduw'r Drindod hynod hawl.

2 Dyma'r dydd gwnâi Duw gorucha', gorfoleddwn, holl hil Adda,
Mae gwawr y gole i bob gwir galon fu dan dristwch, tywynnodd troston:
Gwawr nefolgu o ras yr Iesu i'n denu ni at ei Dad,
Gwawr Mab santedd mewn gorfoledd, gwawr o buredd rwyddedd rad;
Pan y'i ganwyd yn wir Broffwyd fe geisiwyd iddo gân,
I Grist y bore ar osle' raslon fe gane angylion gloywon glân.

3 Fe ddaeth i'r byd, mae hynny yn eglur, i alw a chodi pob pechadur
A drotho at Grist yn drist ei foddion gan lwyr weddïo o gilie ei galon;
Daeth Crist i alw pawb a gredo, gwnawn ninne gofio'r gair
Fod Mab Duw yn blentyn yn ei rwymyn ar fronne'r addfwyn Forwyn Fair;
Seren fore a dywynne yn dyner i'r rhai mewn trymder trist,
Haul yn llewyrchu o ras yr Iesu, gwnawn ninne heb gelu gredu i Grist.

4 Fe roes i'r dall olygon grasol i weled pen y ffordd i dyrnas nefol
Ac i'r mudanied rhoes dafode i ganu mawl ufuddol fodde;
Rhoes i'r byddaried glustie agored i glywed yma yn glir
Air Duw yn ole ym mhob rhyw fanne a mwyn bregethe geirie gwir;
Rhoes i'r cruplied draed i gerdded, O! fwyned oedd efe,
Rhoes y Meseia o fodde ufudda' i hepil Adda noddfa ne'.

5 Fe fu mewn preseb, Oen pur rasol, mawr ei fodde, mor ufuddol,
Yn Dduw, yn ddyn, gwir lun haelioni, un unfryd annwyl yn frawd inni;
Yn Oen trugarog, nefol Dwysog, a'n gwir Eneiniog ni,
Gwir Dduw cyfion, gwir Fab graslon, iawn athrawon Un a Thri;
Mab heb fawrglod Tad o'r duwdod a wnaeth y cymod cu,
Mab Duw'r uchelder, yn ei amser dioddefodd lawer dros ei lu.

6 I gael ei eni o Fari Forwyn dôi o'i orseddfa drwy ras addfwyn,
Ac angylion Duw gogoned fu nesa' yn gwenu y nos y'i ganed;

I'r bugail ddynion doen' â'r newyddion angylion doethion da
Fod Aer yr hollfyd yn y bywyd i'n dwyn o'n penyd, cledfyd cla';
Dôi'r rheini i Fethlem oll yn feithlu dan ganu bod ac un,
Gwnawn gân ar gynnydd ar foreddydd i wir Waredydd dedwydd dyn.

7 Efe lefarodd trwy ddamhegion i oleuo penne, donie dynion,
   Fe droes y dŵr, roedd hynny yn wyrthie, yn win mewn neithior – pwy a wnaethe? –
   Ymgomio â'r doethion mor rasuslon ag *a* oedd ei foddion fe,
   I bawb a gredo yn addas iddo mae fo yn addo tyrnas ne';
   Er hyn yr Iddewon gwrthodason', buon' greulon iawn i Grist,
   Eu hanwiredde nhw a ninne a wnâi iddo ddiodde' troee trist.

8 Diodde' a wnaeth yn gaeth flindere, diodde' chwysu'r gwaed yn ddagre,
   Diodde' ei ddal trwy anghyfiawnder, dioddefodd liwied iddo lawer;
   Diodde' poeri i'w wyneb purwyn gan elyn cyndyn cas,
   Diodde' ar gamwedd ddirmyg rhyfedd pan oedd mewn agwedd gweddedd gwas;
   Diodde' ei gablu a'i drwm ddiystyru *a'i* frathu dan ei fron,
   Diodde' yn dringar rhwng dau leidar ar y ddaear hagar hon.

9 Gwedi ei lafur gwaed a lif*e*, O! Dduw Frenin, o'i ddwy fronne,
   Gwaed o ystlys yr Oen graslon, mawr amarch iddo heb ruso a roeson';
   O! faint y dirmyg archolledig a gadd y Meddyg mawr,
   O'i holl gorff cryno (dylen' wylo) roedd gwaed yn llifo hyd y llawr;
   Mab Duw oedd yno, gwnawn gonsidro faint oedd croeso Crist,
   O'i drugaredd gwnaed ei ddiwedd cyn mynd i'w faenfedd geufedd gist.

10 Crist yw Brenin y gogoniant, mae tyrnas nef i bawb a gredant
   Yn agored o gwnawn guro, ei lwyr ddeisyfiad ydy ein safio;
   Gochelwn aflan briffordd Satan – on'd llydan ydyw'r lle? –
   Er ei chuled trown i gerdded â phurdda nodded ffordd y ne';
   Dyma'r munud mwyn a hyfryd mae Crist yn dwedyd "Dowch",
   At bob drwg absen, fales filen, mae'n rhywyr, druen, na hir drowch.

11 Down adre' gyda'r mab afradlon oddi wrth y moch a'r cibe gweigion,
   Cawn ran o'r llo pesgedig mwynlan, gras da yw hynny o Grist ei hunan;
   Cawn wledd barchedig ddydd Nadolig gan Grist ein Meddyg mawr,
   Sef llawn drugaredd cyn ein diwedd gan yr Oen a'i weddedd wawr;
   Rhaid inni geisio gras yn groeso a pheidio â digio Duw,
   Cawn wisgo coron yn heddychlon gan yr Iesu cyfion, raslon ryw.

12 Oedd oedran Crist fu'n drist ei ddyddie mil saith ganmlwydd, arwydd ore,
　　Wyth deg a dwyflwydd union gyfri', dyna ei oedran anian inni;
　　Gogoniant oedd i'w gyfan gofio, efe haedde ei foddio'n fawr,
　　Ar ddydd Nadolig bendigedig rhown fawl ddiddig i'n Meddyg mawr;
　　Yn lle trin pechod mawl bob diwrnod i'w dduwdod hynod hen,
　　Y dryge a wnaethon ni yn annethe, O! Dduw, gwna dithe eu madde, Amen.

Ffynhonnell
　　Llsgr. LlGC 842B, 15: Copïwyd y llsgr. gan William Edward, Llanedwen, Môn, rhwng 1783 ac 1795. Mydryddwyd y dyddiad 1782 yn y pennill olaf.

41

Carol plygain ar y mesur a elwir Y Cowper Mwyn.

1 Dyrchafwn ein llef, edrychwn tua'r nef,
 Rhown fawl y dydd heddiw trwy groyw ffydd gref
 I Arglwydd ein gwlad, hwn ydyw'r Mab Rhad,
 Gwnaeth inni drugaredd, Etifedd y Tad;
 Deffroed pob dyn sy'n cysgu ac unwn oll i ganu
 Gan lawenychu, deulu da;
 Mae achos i glodfori fod plentyn newydd eni,
 Fe ddaeth i dorri cledi'r cla'.

2 Ein pechod oedd fawr, Mab Duw ddaeth i lawr,
 Llawenodd pob dynion pan welson' ei wawr;
 Pan oedden yn brudd ar doriad y dydd
 Rhoes y Mab cyfion, Oen rhadlon, ni yn rhydd;
 Ein Harglwydd a'n Meseia oedd Meddyg codwm Adda,
 Mawl i'w ddyfodfa, hyfryda' fron,
 Am iddo dynnu ei bobol o'r carchar mawr tragwyddol
 I dyrnas nefol lwyddol lon.

3 Ar lunie Mair gu yn faban fe fu,
 Fe gafodd gryn flinder gan lawer o lu;
 Herod oedd groes yn chwennych ei oes,
 I ladd y plant bychen Ow! druen fe droes;
 Ond yr Arglwydd Iesu o Nasreth, er cymin ei elynieth,
 A gadd fagwrieth berffeth bur;
 Fe safiodd pan ddeisyfe, do, filoedd – pwy na fole? –
 O'r eneidie o'r caethle cur.

4 Mair trwy fawr boen i esgor ar yr Oen
 I feudy diymgeledd o'r diwedd y doen';
 Pan anwyd o i'r byd fe gasglodd ynghyd
 Fugeilied y meysydd a'r bronnydd yn brudd;
 Caen' glywed uwch eu penne felysion nefol leisie
 Neu dyner diwnie un fodde o fawl;
 Trwy ffydd rhown ninne fawrglod yn ddifyr am ei ddyfod
 I dendio'r dyndod, hynod hawl.

5 A heddiw yw'r dydd cu, molianned pob llu,
 Sef dydd y Nadolig, iawn Feddyg a fu

Yn achub ei blant rhag disgyn i'r nant
   Lle roedden' i farw gan chwerw ddrwg chwant;
   Gwnâi Brenin sugno bronne i nadu colli eneidie
   Oedd er ys dyddie yn diodde' dig;
   Had Adda oedd annedwyddol anafus heb Dduw nefol
   I gyd yn farwol, freiniol frig.

6 Crist yw'r sarff bres, gwnâi lawer o les,
   I'r sawl sy'n ei geisio mae'n addo daw'*n* nes;
   Crist yn ddi-gas sydd megis yn was
   I'r enaid a gredo neu grefo am gael gras;
   Crist yw'r wledd ysbrydol fu'n aberth tros ei bobol,
   Bu'n rhoi ei santeiddiol weddol waed
   I achub hepil Adda heb wynfyd oedd tan boenfa,
   Mab Duw gorucha' yn gyfa' gaed.

7 Pa frenin mewn hedd arlwye'r fath wledd
   Er achub ei ddynion, rai gwaelion eu gwedd?
   Nid gwledd i bob min o gwrw na gwin
   Ond gwaed yr Oen gweddus sydd drefnus i'w drin;
   Nid allodd poethoffryme neu borthiant hen aberthe
   Mo 'mendio clwyfe, cleisie'r cla';
   Crist yw'r Samariad diddig sy'n golchi'r archolledig,
   Ein cywir Feddyg diddig da.

8 Gwell inni nesáu at Fugail mor glau,
   Ni gawn mewn dedwyddwch, bur heddwch, barhau;
   Cawn fêl a byd llawn, gair Duw, gore dawn,
   A'r manna santeiddlan yn gyfan *a* gawn;
   Uchelwyr a chyffredin, hynawgwyr, meibion, bechgyn,
   Ymrowch i ddilyn y ffordd dda;
   Gwragedd a morynion, cydgeisiwch gerddi yn gyson
   Neu fawl i Seion, fe lesâ.

9 Mae'n golofn o dân i fawr ac i fân
   Neu efengyl Crist eto'n goleuo i rai glân;
   Moliannwn Dduw Tad am achub ein gwlad,
   Cawn olew trugaredd gan ryfedd Fab Rhad;
   Moliannwn amal ennyd sylfaene ein grasolfyd
   Neu wir Anwylyd, A*er* y ne';
   Ti, Dduw, a foliannwn beunydd, wyt hynod eirglod Arglwydd
   A gwir Ben-llywydd ar bob lle.

10 Gochelwn droi yn ôl fel pum morwyn ffôl,
   Ymrown i fyw'n santedd, air puredd, fel Paul;
   Os byddwn ni gall ni welwn ei wall,
   Awn ymaith yn llinyn o fyddin y fall;
   Na thrigwn ninne yn Annnwn, mewn ffydd a gwres ymgroeswn,
   Ar Dduw gweddïwn, byddwn bur;
   Credu yn y Drindod a gwaed yr ail gyfamod
   Rhag mynd i drallod syndod sur.

11 Mae oed Iesu hael y gwylie inni i'w gael
   Yn ddau cant ar bymtheg, mor fwyndeg yw'r fael,
   A thrigen mlwydd llawn a deuddeg mlwydd llawn
   Oed Crist yr uchelder ar gyfer *a* gawn;
   Yn ail i'r archangylion cydlunied pawb fawl union
   O flaen ein tirion burion Ben;
   Gogoniant i'r Duw mawredd a'r Mab a'r Ysbryd santedd
   Drwy faith amynedd fyth, Amen.

Ffynhonnell
Llsgr. LlGC 346B, 274: Copïwyd y llsgr. gan David Jones o Gaeserwyd, sir
   Ddinbych, tua 1794. Mydryddwyd y dyddiad 1762 yn y pennill olaf.

42

Cerdd newydd i'r anrhydeddus Esgwiar Robert Watgyn Wynne o Garthmeilo ac amryw fannau, yr hon a genir ar Heart of Oak.

1 Doed holl foneddigion, gwŷr tirion eu tai,
   Sydd bur dan y brenin, cyffredin hoff rai,
   I gofio gŵr gweddol, hyfrydol ei fryd,
   Marchogion, swyddogion y goron i gyd,
   Prif feirdd y chwe sir, gwŷr doethion ar dir,
   Holl dynnwyr mân danne a'u clyme mwyn clir,
   Holl fiwsig y wlad rhoddwch yn rhad
   Ar delyn, ar dympan, wir eurgerdd, ar organ,
   O fawl i'r aer mwynlan er llydan wellhad;
   Llawenydd yw hyn i Robert Watgyn Wynn,
   Sain rhadol sy'n rhodio parlyre Garthmeilo,
   Ni chaiff neb, gobeithio, fo tano fyd tyn.

2 Duw, llwydda'r aer gweddol, hyfrydol ei fri,
   Yn lasbren, brenhinbren, a nenbren i ni,
   Yn swmer i'w ddeilied er lludded, ŵr llon,
   Yn dulath dadoledd, hyfrydedd ei fron,
   Yn asgell i'r wlad fel ei daid, fel ei dad,
   Yn gadarn mewn crefydd, yn llywydd gwellhad;
   Uniondeb a fyn Robert Watgyn Wynn,
   Yn ei gaere efo'i gwrw na fyddwn yn feddw
   Ond cofiwn hyd farw'r tri henw trwy hyn;
   Sefyll fel gwŷr i'w garu'n ddi-gur,
   Gochel troi'n ffeilsion i Gymro glân galon,
   Boed iddo bob dynion yn ffyddlon a phur.

3 Bu un o'i hynafied yn nodded i ni,
   Ym mharlament Lloeger ei ffraethder oedd ffri;
   Bu'n barnu gweithredoedd drwy'r siroedd dros Anne,
   Cyfiawnder i ninne fe'i mynne ym mhob man;
   Ni threulie yn ddi-nam er golud awr gam,
   O lys Bwlchybeudy, da ei feddu, dôi ei fam;
   O'r teulu da hyn mae Robert Watgyn Wynn,
   Duw, gwna fo 'r un galon yn fore â'r hen faron,
   Cadw ei wladyddion yr un foddion a fyn;
   Yn swcwr ni a'i cawn, yn dyner mewn dawn,
   Ni a ddylen weddïo yn guf gydag efo,
   Duw yn hir a'i cynhalio ac a'i llwyddo â byd llawn.

4 Ystad y Plasnewydd yn ddedwydd a ddaw,
  Cwm-main a Garthmeilo i lwyddo yn ei law;
  Y Giler wen hithe, deg eirie di-gam,
  Aer Brynyneuodd da ei fodd o du ei fam;
  Pob gŵr a phob gwas, rhown glod i'w dir glas,
  Mae ganddo wergloddie a brynie o le bras;
  Robert Watgyn Wynn yw aer y rhai hyn,
  Parch a mawrhydi iddo fo a'i rieni,
  Ceir ei weled y leni yn profi ei dir pryn;
  Duw, trefna fo heb wad yn benna' yn ein gwlad
  Neu 'mysg boneddigion sir Ddinbych ac Arfon,
  Ac i rodio gwlad Feirion mor dirion â'i dad.

5 Esgwiar Wynn enwog oludog ei law,
  Ei ache drwy lendid yn ddiwyd a ddaw;
  O Bowys a'r Deau ei raddau fu erioed,
  Gŵr ifanc cariadus pur drefnus ar droed;
  A'i hen nain a fu o'r Giler fwyn gu
  Yn swcwr a chryfder i lawer o lu;
  Llin aer y Bryn Gwyn, pur hysbys yw hyn,
  A'r faner gâi fyned o flaen Harri'r Seithfed,
  Yn barch ac ymwared fe'i rhodded er hyn;
  Mae ei ache ac mae ei dir yng Nghaernarfon sir,
  Llin Coedmor hardd feddiant, Cwchwillan ni chollant,
  Boed iddo drwy lwyddiant, naws haeddiant, oes hir.

6 Yn Brotestant mwynlan, wedd burlan, y bo,
  Yn bur dan y brenin, pen brigyn ein bro,
  Yn ffydd Eglwys Loeger drwy gryfder a gras,
  Yn diffodd gau athrawon, gwŷr blinion eu blas,
  Yn fwyn wrth y wlad trwy'r tirion Dduw Tad,
  Yn gwneuthur daioni a 'lusenni o lesâd,
  Yn swcwr, yn sêl yn ddiau pan ddêl,
  Yn harddwych ei ddwyfron, yn llawen ei galon,
  Ymysg boneddigion un moddion â mêl,
  Yn ifanc, yn hen, Duw a garo ei deg wên,
  Yn fwyn wrth ei ddeilied, un ufudd i'w 'nafied,
  Yn gannoedd bo'r Gwynied yn myned, Amen.

Ffynhonnell
Llsgr. LlGC 2068F, 81: Casgliad o bapurau amrywiol, rhai ar ffurf llaw-
    ysgrif a rhai ar ffurf taflenni a llyfrynnau print, yw llsgr. LlGC 2068F.
    Copïwyd y daflen sy'n cynnwys y gerdd hon gan Huw Jones ei hun.

Nodiadau
Priodwyd Robert Wynne o'r Plasnewydd a Garthmeilo yn sir Ddinbych â Mary, merch ac aeres Humphrey Roberts, Brynyneuadd, Llanfairfechan, a'i wraig, Dorothy, merch George Coetmor, ar 21 Tachwedd 1751, gw. Ped 355. Eu mab hwy oedd Robert Watkin Wynne a gyferchir yn y faled hon. Dywedwyd am y tad: 'Another Merionethshire squire who preferred the pleasures of London to the management of his estates was Robert Wynne of Garthmeilo and Cwm-main', gw. Peter R. Roberts, 'The social history of the Merioneth gentry *circa* 1660–1840', *Cylchgrawn Cymdeithas Hanes a Chofnodion Sir Feirionnydd* 4 (1961–4), 216–29 (t. 220).

43

Cerdd ar ddyfodiad Henry Corbed Owen o Ynysymaengwyn, Esq., yn un ar hugain oed, i'w chanu ar Monday Morning.

1 Cydgodwn trwy'n gwlad, gwnawn ganiad ar gynnydd, mae'r newydd i ni
   Fod aer ym Mhlas Lloran, O! ffraethlan ŵr ffri,
Yr ienga' o dri brawd, heb wawd na dim gwagedd mor fwynedd yw efe,
   Sydd un mlwydd ar hugen, mae'n llawen y lle;
Hwn yma bob blwyddyn fe'i gelwir i'w galyn
Aer Ynysymaengwyn, un addfwyn i ni;
Boed iddo hir ffyniant i'w foddio yn ei feddiant,
Gwiw gynnydd gogoniant a llwyddiant fel lli',
Gŵr ifanc mwyn grasol hyfrydol ei fri;
Etifedd sy'n tyfu yn barch i'w holl deulu,
Trwy Loeger a Chymru bo'n twynnu fel tes
Yn barch a gwroldeb i'w 'nafied a'u nifer,
Gall wneud yn ei amser i ni lawer o les,
Yn Brotestant effro bo'n gwreiddio mewn gwres.

2 I gofio ei fawrhau yn glau pawb a glywodd a gododd yn gu,
   Mae heddiw mewn mwynder gryn lawer o lu;
Daw'n barchus i'n gwlad fel ei dad yn un dedwydd, yn ben-llywydd pob lle,
   Boed iddo yn ymwared dda nodded Dduw ne';
Fe gaiff gan bob dynion ei glodfori yng ngwlad Feirion,
Sir Ddinbych un foddion, wir ddynion, a ddaw,
Trefaldwyn, wlad fwynedd, er parch i'w anrhydedd
Sy'n cadw gorfoledd, gwŷr lluniedd ger llaw;
Pwy fydde ond gelynion yn bruddion mewn braw?
Hir oes iddo yn benieth i wneuthur llywodreth,
Fe gaiff barchedigeth bur heleth barhad
Yn bur dan y goron i'r brenin a'i weision,
A gwneud i bob dynion lwys union lesâd
Ac arferu'r gwirionedd un duedd â'i dad.

3 Llawenydd mawr sydd a dydd anrhydeddus, mae'n weddus i ni
   Roi parch a phur galon i aer ffraethlon, ŵr ffri;
Gweddïo efo'i Ras heb gas a dim ffalster, trwy fwynder bo fyw
   Gan addas gynyddu heb groestynnu â gras Duw;
O'r dydd heddiw allan cawn ef yn ŵr mwynlan,
Yn ben ar wlad lydan, ŵr diddan air da;

Mae'n gobeth o'i weled ymysg y penaethied,
Dim cam â thrueinied na niwed ni wna
Ond â'i eirie yn dra hyfryd rhag clefyd i'r cla';
Anrhydedd ac iechyd i'w galyn a golud,
Gras Duw iddo hefyd, dra hyfryd dro hen,
Parch efo'i fawredd, wir felys orfoledd,
I ddilyn pen bonedd mor waredd ei wên,
Boed iddo fe anrhydedd drwy amynedd, Amen.

Ffynhonnell
Bangor 18 (7) / LlGC = BWB 238iii: Argraffwyd yng Nghaer gan Thomas Huxley (*fl.* 1765–1788). Nid oes dyddiad ar yr wynebddalen.

Nodiadau
Etifeddodd Henry Arthur Maurice, a fu farw yn 1782 yn 30 oed, Ynysymaengwyn trwy ei nain, Ann, merch Vincent Corbet, Ynysymaengwyn a gwraig Athelstan Owen, Rhiwsaeson. Pryse Maurice, Lloran Uchaf a Phen-y-bont, sir Ddinbych, oedd ei dad, gw. Ped 237. Dathlodd ei ben blwydd yn un ar hugain tua 1772–3. Olrheinir hanes y teulu yn ysgrif Bob Owen, 'Cipolwg ar Ynysymaengwyn a'i deuluoedd', *Cylchgrawn Cymdeithas Hanes a Chofnodion Sir Feirionnydd* 4 (1961–4), 97–118 (a tt. 113–15 yn fwyaf arbennig).

44

Cerdd i'w chanu ar Monday Morning o fawl i bobl ifainc ar ddydd eu priodas.

1 Cydglymwn fawr glod ar ddiwrnod hyfrydol, arferol oedd fod
   Mewn cyflawn orfoledd dawn ryfedd dan rod;
   Rhown fawl bod ag un â thelyn a thanne o dda ddonie i ddau ddyn
   Fwy*n* nodded fu'n addo i gyd-dario'n gytûn;
   Dydd Llyn y bore clau amodwyd clymiade,
   Clo, cydiad cliciade, closiade clau swydd;
   Dau ifanc un dyfiad sy'n cyrredd sein cariad
   Fel roedd o'r dechreuad mewn rhediad yn rhwydd,
   Tra byddon' i'w boddio Duw lunio eu da lwydd;
   Boed iddyn' gynyddu a diddan gordeddu
   Fel blagur diblygu, a ffynnu mewn ffydd;
   Dan unDuw mewn undeb daioni i'w dau wyneb,
   O bob anffyddlondeb gael rhwydeb yn rhydd
   Gan addas gynyddu i garu'n ddi-gudd.

2 Fe welwyd eu rhoi a'u cloi mewn modd claear, yn dringar heb droi
   Cariad sy i'w cyrredd tra phuredd heb ffoi;
   Boed iddyn' o hyd fywyd ffyddlongar mewn claear fodd clyd
   A phob peth rwy'n dymuno fo i'w boddio yn y byd;
   Fe welwyd priodi Dafydd a Mari,
   Drwy ras yn hir oesi bo'r rheini ym mhob rhan;
   Duw roddo i'w da radde yn gydunol gadwyne
   Tra diddan drwy eu dyddie o ran modde yn 'r un man,
   Nhw glymwyd yn bendant mewn llwyddiant yn llan;
   Cydyfwn yn dawel yr iechyd goruchel,
   Mawr degwch diogel yn ddirgel i'r ddau;
   Hir oes drwy fawr gariad, ddolennog ddilyniad,
   Fel tide heb ddatodiad dan gly*m*iad yn glau,
   Boed iddyn' drwy fawrddysg bur hyddysg barhau.

Ffynhonnell
Llsgr. CM 41, i, 18: Copïwyd y llsgr. gan Rees Lloyd, Nant Irwen, yn ystod ail hanner 18g., ond yn llaw Huw Jones ei hun y mae'r gerdd hon.

45

Dechrau cerdd ar ddull ymddiddan rhwng y byw a'r marw, sef gwraig yn cwyno ar ôl ei gŵr ac yntau yn ei hateb bob yn ail bennill, ar Y Fedle Fawr.

1 *Y Wraig*
 Och! fe'm rhodded mewn caethiwed,
 Annifyrrwch arna-i fwried, fy llyged sydd yn lli';
 Fy mhriod annwyl, pura' perwyl,
 A Duw yn 'y ngwarchad, dyna 'ngorchwyl, cofio'ch arwyl chwi;
 Y fi mewn trallod syndod sydd tan alar prudd yn wylo
 Am i f'anwylyd yn y byd mewn moddion mud ymado;
 Yrŵan fy hunan anni*dd*an wyf yn awr
 Gan hireth i'm penieth diledieth fynd i lawr.

2 *Y Gŵr*
 Fy annwyl briod, dylit wybod
 Mewn dull yma nad all amod pur hynod mo'r parhau;
 Y ni rwymason ein dwy galon
 I fyw'n ufuddol, fwyna' foddion, neu'n dirion yma ein dau,
 Ac addo er adfyd, caethfyd cur, gariadus bur ymgredu
 Nes deu*e* ange un fodde i'r fan ei hunan i'n gwahanu;
 Daeth hwnnw â'i loes chwerw i'm galw heddiw i'*w* hedd,
 Ni ddylit brudd wylo ar ôl fy mudo i 'medd.

3 *Y Wraig*
 Oer wahaniad fu'ch diweddiad,
 Trwm iawn ystyr tramwy'n wastad heb f'annwyl gariad gynt;
 Ni chaf fi huno gan fyfyrio,
 Yn fy siambar, alar wylo, ochneidio oer heno ar hynt;
 Diwrnod mawr did*a*erni i mi cychwynnwyd chwi o'ch annedd
 A cholli eich 'mynedd, weddedd wawr, a'ch bwrw i'r llawr yn llwyredd;
 Prudd galon hiraethlon sydd tan fy nwyfron i,
 Rwyf eto yn ochneidio am gofio eich amdo chwi.

4 *Y Gŵr*
 Ow! deall yn eglur yr Ysgrythur
 Nad yw ond ychydig oes pechadur, cei yno gysur gwell,
 Na wiw 'morol am ddyn bydol
 Pan êl i'r gweryd, mawrfyd marfol, lle mae'r dragwyddol gell;
 Pawb er Adda, teca' tw', mor noethion meirw a wnaethant,
 Mae mwynder y byd yn mynd i'r bedd, pob gwan a henedd hunant;

Yn feirwon â'r dewrion a phob gwŷr cryfion croes,
Mewn beddle yr un fodde yr Ange yn rhywle a'u rhoes.

5 *Y Wraig*
Yr wy' mewn trwblieth o'ch mynd ymeth
Nos a dydd oherwydd hireth, ysyweth, heb lesâd,
A'm plant mwynion yn hiraethlon
Yn wylo, medda', yn wael eu moddion, modd tirion, am eu tad;
William sydd yn brudd mewn briw a Lewis nid yw lawen
Yn byw bob dydd yn brudd mewn brad am eu hynod dad eu hunen;
Ochneidio gan wylo a chofio amdanoch chwi,
Galarus hiraethus, anfoddus ydwyf fi.

6 *Y Gŵr*
Ymfodlonwch trwy Dduw'r heddwch,
Enw gwiwlan, Ow! nac wylwch, meddyliwch fod yn dda
Fy lle ar gyhoedd yn y nefoedd
Yn iawn foli, yn un o filoedd o'r lluoedd a'm gwellha;
Naw gradd o angylion cyfion cu sy'n canu o deulu dilys
Gerbron gorseddfainc y Mab Rhad, puredig wlad paradwys;
Bodlonwch, gweddïwch, na ollyngwch ddagre yn lli',
Dowch chwithe ar fyr ddyddie i fyw 'r un fodde â m'fi.

7 *Y Wraig*
Pur anniddan wyf fy hunan
Tan fawr golled yn tŷ ac allan, â chwynfan hebddoch chwi;
Trwm ochneidio'r nos heb huno,
Yn lle treio galar troi ac wylo, myfyrio y byddaf fi;
Lle buoch gyda fi 'mhob lle yn hyn o ddyddie yn ddiddan
Y fi yn ddiswcwr yma sydd heno yn brudd fy hunan;
Och! drymgur tan awyr heb gysur imi i'w gael,
Trwm imi ydoedd golli eich cwmpeini heini hael.

8 *Y Gŵr*
Darfu 'y ngyrfa o'r bywyd yma,
'Y mun dyner, fyth amdana' na chofia tra bo chwyth;
Pan ddêl barn ole i bob eneidie
Cei dy gymar, paid ag ame, i fyw 'r un fodde fyth;
Fe fydd Duw nefol deddfol da i'n galw gyda'n gilydd
I fyw yn y ne' un modde mwy olynol trwy lawenydd;
I ganu'n deg unol hyfrydol ger ei fron
Bydd barod i ddyfod i'r siwrne hynod hon.

Ffynhonnell
LlGC = BWB 155Aii: Argraffwyd yn Amwythig tros Thomas Mark. Nid oes dyddiad ar yr wynebddalen.

46

Cerdd newydd a wnaed i gaseg Hywel Lloyd o Hafodunnos, Esq., i'w chanu ar Belle Isle March.

1   Pob Cymro gwiwlan o hyn allan, cydluniwn fwynlan fawl
　　A phur alwad i *Fair* Elwy, hi 'nillodd hynny *o* hawl,
　　Sef caseg hawddgar Lloyd Esgwiar, gwnaeth honno dringar dro,
　　Y hi gynyddodd, clod a gafodd pan brifiodd yn ein bro;
　　Ar forfa Conwy y'*i* caed yn rhodio a threio ei thraed,
　　Pob rhyw brydydd sydd trwy'r gwledydd, naws ufudd, cydnesaed
　　I roi iddi foliant heddiw o haeddiant er mwyniant ym mhob man,
　　Caed aur i'w rhifo ar ddilys ddwylo tra bu hi yn rhodio ei rhan;
　　Fel mellten ar y maes yn rhyfedd y parhaes
　　A llawer monnyn yn 'r un manne a'u gwefle a'u lliwie yn llaes;
　　Yr ewig feindroed, rywiog fwyndra, gyflyma' a theca' i'*w* thir,
　　Yn mynd o gwmpas wrth ein pwrpas, naws addas, clod ein sir.

2   Fe ddaeth bonddigion Môn ac Arfon yn dirion yno ar daith,
　　Roedd amryw lyged gole yn gweled gynted oedd ei gwaith;
　　Yn ymgrymu i fyny yn fwynedd, nid gwagedd dweud y gwir,
　　Ni bu trwy Gymru 'r fath heb fethu yn melltennu, t*w*ynnu tir;
　　Er gweiddi o wŷr sir Fôn yn syre, tewch â sôn,
　　Wrth rifo'r parsel aur o'r pyrse roedd ganddyn' dene dôn;
　　Mynd adre' â'u caseg wedi ceisio nerth honno a threio ei thraed,
　　Er brolio eu mawrdda 'r diwrnod cynta' hon yma yn gwla *a* gaed;
　　Colli ei chlod yn glir, ffaelio tendio tir,
　　Colli'r dustens, hyn oedd dosta' yn ei gyrfa (dyna'r gwir);
　　Colli cantoedd (gellir cowntio) o bunne ar honno yn rhwydd,
　　Ni wiw i fonnyn, doed pan fynno, gall safio hynny o swydd.

3   Yn Hafodunnos bydd ar danne ganiade pyncie pêr
　　Gan weinidogion, dynion doniol, naws haeddol, dan y sêr
　　Lle cafwyd arian gwiwlan gole oddi wrth ymyle Môn,
　　Ar draed y gaseg, hyn oedd gysur, is wybyr 'rhawg bydd sôn,
　　A dyfeisio ceisio cân i Elwy liwgu lân
　　A fu'n amgylchu morfa Conwy neu yn tynnu fel y tân;
　　Er bod brolio a betio heb atal a dechre dadal dynn
　　Y hi oedd flaena' a'r llall a flinodd, rhai safodd yno yn syn;
　　Aeth Dinbych sadwych sir tan rod â'r glod yn glir,
　　Mwyn ei gallu, a Môn a gollodd, rhai dalodd yno ar dir;
　　Aur melynion i'w moliannu tros afon Gonwy a gaed
　　A'r gaseg wine o'u cyrre a'u cariodd, a threiodd yno ei thraed.

4 Y glân esgwiar Lloyd ffor efar, boed iddo yn foddgar fawl
    Am gadw grymus feirch porthiannus, rai trefnus hwylus hawl,
    A mwyfwy donie yn Hafodunnos fo'n aros dan y ne'
    A'i weinidogion union yno, pawb dano i'w foddio efe;
    Un Daniel Dean ar daith a'i marchoge, modde maith,
    Caiff barch cysurlan o hyn allan yn gyfan am y gwaith;
    John Jones mae'n hysbys, gof cariadus, yn gymwys ati a gaed,
    Mawr glod iddo fyth a fytho am ei phlatio a thrumio ei thraed;
    Cadwalad Hughes ar dwyn a'i trin*i*e, modde mwyn,
    Caiff barch a mwynder yn ei amser mor dyner yma ar dwyn;
    O glod *Fair* Elwy yng Ngwynedd, Cymru, bydd pawb yn tynnu tôn,
    Ei bath hi ei hunan am droi allan ni feddan' yn sir Fôn.

Ffynhonnell

Llsgr. LlGC 12449E, 3: Cynnwys y llsgr. ddeunydd amrywiol sy'n perthyn i'r 18g. ond Huw Jones ei hun a gopïodd y gerdd hon.

Nodiadau

Priododd aeres Hafodunnos yn Llangernyw â Hywel Lloyd, Wicwair, gw. Ped 215. Eu mab hwy, Hywel Lloyd, oedd perchennog y gaseg a fawrygir yn y faled hon. Tebyg mai *Fair* Elwy oedd enw'r gasgeg (yr ansoddair Saesneg *fair* yn hytrach na ffurf dreigledig yr enw priod *Mair*). Daeth rasio ceffylau yn boblogaidd ymhlith y boneddigion yn ail hanner y ddeunawfed ganrif: 'One of the earliest references to the Holywell Hunt Races is in 1769 when Sir Watkin Wynn's 'Brown George' won the cup … The Anglesey Hunt was founded in 1757; known at first as the North Wales Hunt, it persisted throughout the century even during the wars with France', gw. David W. Howell, *The Rural Poor in Eighteenth-Century Wales* (Cardiff, 2000), 48.

47

Hugh Jones siopwr Llangwm yn sir Dinbych, yr hwn oedd yn Jêl Rhuthun am ddyled ac a wnaeth gerdd iddo ei hunan, i'w chanu ar Barnad Bwnc.

1 Pob dyn diniwed sy yn y byd yn perchen golud gwiwlan,
   Clywch mewn agwedd ffraethedd ffri fy hanes i fy hunan;
   Rwy'n rhoi cyngor i bob dyn ni wnes-i mo'no erioed fy hun,
   Ow! gwnewch chwi goelio er allo 'r un, a hynny yn ddygyn ddigon;
   Y neb na cherddo'r bore yn iawn ond cymryd seibiant, llwyddiant llawn,
   Fe fydd yn rhedeg tua'r prydnawn, anfuddiol iawn ei foddion.

2 Finne a fûm yn ifanc gynt yn byw mewn helynt hwylus,
   Yn cael gorfoledd ym mhob man a dyddie anrhydeddus;
   Mi fûm felly dros ryw hyd heb hidio dim am bethe'r byd,
   Yn cael cymdeithion freulon fryd a cheraint i gydchware;
   Rhois flode f'amser, dyner dwyn, mewn llan a thre' a lle a llwyn
   I bob rhyw lodes gynnes gŵyn a fydde mwyn i minne.

3 Ni wnawn-i gyngor mam na thad, ni cheisia-i wad yn wiwdeg,
   Gwylltineb natur (dweda' ar goedd) yn rhydost oedd yn rhedeg;
   Rhoes Duw im rad yr Ysbryd Glân neu ddawn awenydd, cynnydd cân;
   Lle dyle yn awr bob mawr a mân ei thrin yn wiwlan ole
   Rhois-i 'r myfyrdod, hynod hawl, o addoli Duw i ddeilio â diawl;
   I Dduw o'r nef dyle bob sawl gydganu mawl â'u gene.

4 Gwedi hynny rhois fy mryd ar drin y byd yn bowdwr,
   Yr oedd fy meddwl i mor llawn, os hapie mi awn yn siopwr;
   Mi es yn barchus yn y wlad wrth brynu'n ddrud a gwerthu'n rhad,
   Nid oedd undyn yn y wlad mwy ei gariad ar eu geirie;
   Yrŵan rydw-i 'n dallt fy mai, gwael yw'r hap o goelio rhai,
   Wrth hyn yr aeth llawer un yn llai, fe â'r llanw yn drai ryw droee.

5 Fe fedre'r gwragedd loywedd lun addoli dyn meddaledd,
   Cwmpeini'*r* rhain yn siop a gawn mor wynion lawn o rinwedd;
   O! mor rhywiog fel yr ŵyn y bydde cant yn dweud eu cwyn,
   Deilio'n faith a dal yn fwyn nes darfu ar dwyn amdana';
   Fe fydde llawer llyged llon yn ffario'n braf a phur ei bron;
   Pwy goeliase *yr* hude hon â'i geirie mwynion mo'na'?

6 Tra bûm-i 'n gallu plesio'*r* rhain gwnaen' lyged main o'r mwyna',
   Pan ddarfu'r power yn ddi-wad nhw oedd yn siarad sura';

Altro wnaeth eu lliw a'u llun, dim clod i mi ni rodde 'r un
Ond dweud yn unair bod ac un, "O! dyma ddyn diddaioni";
Yn lle'r hen areth lyweth lân pawb yn taeru o bobtu'r tân
I gyd o'u co' gan gadw cân, "Fe dyr yn lân y leni".

7 Ni waeth pregethu hynny o hyd, tylodedd fyd sy i'm ledio,
O'm ceraint oll a'm ffrindie pêr nid oes mo'u hanner heno;
Yrŵan yr euthum yn dylawd, mor chwerw brudd heb chwaer na brawd,
Mae hynny yn flinder beth i'r cnawd, fy mynd yn wawd yn wiwdeg;
Pob cymydog hoedlog hy a phob cymdoges gynnes gu,
Rhain yn fwynion gynt a fu darfu iddyn' rydu ar redeg.

8 Chwi glywsoch sôn am fartsiant gynt *fu*'n byw mewn helynt hwylus,
Mori*o* bydde dan y glob o beunydd i bob ynys;
Dwad adre' â llonge i'r lle a phob rhyw wychder gydag e,
Fe fydde'r newydd trwy'r holl dre' pa*n* gynta' landie i Lunden;
Cael cwmni ladis wrth ei glun a phawb yn brysio i dendio'r dyn
Heb hidio fawr mo'i wraig ei hun oedd ganna*i*d fun ddigynnen.

9 Ond wrth drafaelio er maint ei glod, a hyn cyn bod yn rhywyr,
Fe gadd werth ceiniog, dyner dôn, (chwi glywsoch sôn) o synnwyr,
Ac adre' daeth o yn waetha' dyn neu'n bur dylawd a drwg ei lun,
Nid oedd o'i ffrindie bod ac un hanes yr un ohonynt;
A'i ladis gwynion a droes*on*' draw i gyd o'u lle gan godi llaw,
Mae'n siŵr eu bod mor sur â baw pan aeth i anhylaw helynt.

10 Fe ddôi merch arall at y dyn a'i wraig ei hun oedd honno,
Wylo wnaeth hi yn fwyn ddi-feth o wir *drwstanieth* drosto;
Ac wedi hyn o siwrne ddrud fe helie ei aur a'i berle ynghyd,
Fe ddôi'r hen ffri*n*die gore i gyd trwy gyfion fryd i'w gofio;
Ac adre' daeth y martsiant mawr at ei briod wiwnod wawr,
Gwnâi hon bob munud ennyd awr yn dyner fawr amdano.

11 A finne sydd na fedda-i neb *a* dry mo'i wyneb ata'
Ond mam 'y mhlant sydd imi yn fwyn yn cofio ar dwyn amdana';
Mae hi fel merch yr emprwr llon oedd gynt yn Rhuf*en* ddinas gron
Yn magu *ei* thad â llaeth ei bron mewn carchar eigion ogwydd;
Neu'r belican mewn diddan daith sy'n tynnu gwaed, da enwog waith,
I roddi i'w chywion, wiwlon waith, gynhaliaeth helaeth hylwydd.

12 Mi gofia' am Job a'i 'mynedd dda, myfi ddiolcha' yn ffyddlon
Am fy mlinder nos a dydd fel am lawenydd calon;

Noeth y darfu 'y ngeni i'r byd i gael anrhydedd dros ryw hyd
Ac yn y man – on'd gwan 'y myd? – diame' o'r bywyd yma
Bydd raid cychwyn tua'r llan yn groyw i gyd, yn gry' a gwan,
Tylawd, cywaethog rywiog ran, i orfedd tan ei yrfa.

13 Er i mi fod dan flinder beth nid aeth mo'm gobeth heibio,
Nid yw hi – yn glir i Dduw rhof glod – ond bore o'r diwrnod eto;
A'r bore fo'n ddrycinog iawn, gall fod y tywydd, Llywydd llawn,
A'r haul yn felyn tua'r prydnawn yn dyner cawn yn twynnu;
Fe all yr Arglwydd mewn rhyw bryd er diodde' blinder caethder cyd
F'amddiffyn i eto a 'mendio 'myd, hoff ennyd, trwy ailffynnu.

14 Rwy'n gyrru f'annerch i'm hen le mewn modde gole gwiwlan
At fy ngwraig a 'mhlant sydd bur a'r rhain mewn cur a'm caran',
A'm holl gymdogion ffraethlon ffri sy'n cofio fyth amdanaf fi
Tan obaith llwyr a'm dagre yn lli' dof i'w cwmpeini penna';
Rwy'n rhoi bendithion gwiwlon gant i bob rhyw Gristion fwynion fant
Sy'n rhodio ymhlith 'y ngwraig i a 'mhlant, iawn feddiant, o'r ufudda'.

Ffynonellau
LlGC = BWB 196Aii: Argraffwyd yng Nghaer gan Elizabeth Adams (*fl.* 1752–1766). Gwelir y dyddiad 15 Medi 1756 ym mhennawd y gerdd gyntaf yn y faled.
Llsgr. LlGC 1238B, 221: Penillion 1–6 yn unig. Copïwyd rhannau o'r llsgr. gan Dwm o'r Nant a Thwm Ifan yn ystod 18g.

Nodiadau
martsiant gynt (pennill 8): Crynhoir ym mhenillion 8–10 blot yr anterliwt *Histori'r Geiniogwerth Synnwyr*, gw. *Anterliwtiau Huw Jones o Langwm* 141–97. Adroddir y stori yn gynnil hefyd mewn cerdd a briodolir i Huw ab Ieuan ap Robert o Ddolgellau, ac a gopïwyd gan Richard Morris o Fôn oddeutu 1718, gw. T.H. Parry-Williams gol., *Llawysgrif Richard Morris o Gerddi* (Caerdydd, 1931), 161.
merch yr emprwr (pennill 11): Ymddengys fod Huw Jones wedi camddeall yr hanes. Ym maled Bangor 25 (151) adroddir 'Hanes rhyfeddol am Hên Wr a fu fyw Flwyddyn yngharchar heb un Tammaid o Fara, on llaeth Bron ei Ferch'. Un o gynghorwyr ymerawdr yn Rhufain oedd y gŵr a garcharwyd a gorchmynnwyd na châi neb roi bwyd iddo. Gŵr o'r enw Ifan Thomas a luniodd y faled ac fe'i hargraffwyd yng Nghaernarfon yn 1813. Delweddwyd y tad a'i ferch yn un o luniau enwocaf Rembrandt Peale, 'The Roman Daughter' (1811).

48

Cerdd newydd neu gwynfan dyn trafferthus wedi bod mewn caethiwed a charchar, fel y mae yn clodfori Duw am ei waurediad ac yn datgan ei drugareddau ym mhob oes i'r gostyngedig a'r ufudd galon a'i fawr allu i gosbi'r balch a'r anniolchgar. Cenwch ar Charity Meistres.

1 O! Arglwydd Hollalluog, Duw Tad o'r nef, O! clyw fy llef,
   Dod imi dy drugaredd o'th orsedd groywedd gref;
   Yrŵan rydw-i 'n galw ar d'enw di a'm dagre yn lli',
   Ow! dangos beth o'th hawddfyd un munud eto i mi;
   Dydi, O! Dad, sy'n addo i'r sawl a fyddo'n ceisio y cân'
   Cyn mynd i'w bedd trwy hyfryd hedd drugaredd loywedd lân
   Drwy alw'n bur drugarog bob dyn blinderog llwythog llawn
   I'w esmwytháu a'u llwyr wellhau trwy wyrthiau, doniau a dawn.

2 Duw, clyw fy ngwraig a minne a saith o blant drwy gŵynion gant
   Yn galw ar d'enw grasol, hyfrydol siriol Sant;
   Yr ydyn mewn cyfyngder yn ein hoes, mae'r byd yn groes,
   Y leni drwy fawr flinder ni gawson lawer loes;
   Gan drwbwl tristwch hefyd, angen, clefyd, cledfyd clau,
   Ond gall Duw'r hedd cyn mynd i'm bedd droi'n llwyredd i'm gwellhau;
   Ow! dadle drosta-i, Arglwydd, rwyt ti yn Ben-llywydd ar bob llu,
   A thor yn frau y tystion gau drwy greulon foddau fu.

3 Ti am dygest gynt o garchar lle bûm yn gaeth, fy meie a'i gwnaeth,
   Trwy dy wyrthie mawr lawenydd yn ddedwydd imi a ddaeth;
   Ti sefiest fy mhlant annwyl a gafodd sen dan bla'r ferch wen,
   Am hyn rhof iti fawrglod, Duw'r Drindod, barod Ben;
   Ti ddoist â'm gwraig yn gefnog, wyt hollalluog uwch y llawr,
   I fyw yn y byd o'i thrafel ddrud bob munud ennyd awr;
   Yrŵan, Duw Gorucha', y fi ni fedda' fara i fyw
   Na lle mewn pryd i fyw yn y byd ond cledfyd, Arglwydd, clyw.

4 Pan luniest Adda ac Efa rhoist iddyn' dir, mae hynny yn wir,
   Ni adewest ti mo'*r* rheini i ddiodde' cledi clir;
   Ti gedwest Noa a'i deulu mewn llong o goed, mae dy wyrthie erioed
   I bawb a'th gredo'n ufudd iawn beunydd o bob oed;
   Ti gedwest Fosus hefyd pan *y*'i rhoddwyd yn yr hesg,
   Tydi dan sêr, Oen parod pêr, sy'n safio llawer llesg;
   I Joseff rhoddest gysur dan ddwylo ei frodyr, mwrdrwyr maith,
   Gwna 'mhlant yn llon sydd ger dy fron o'th flaen, Dduw Seion, saith.

5 Ti gedwest Isaac raslon pan roes ei dad fo yn aberth rhad
　A'i wddw tan y gyllell mor lyweth yn y wlad;
　Ti gedwest lu'r Israelied yn nechre'r oes er diodde' loes
　Dan ddwylo Pharo anghyfion oedd frenin creulon croes;
　Ti 'lediest nhw yn hyfrydlon heb ar dy weision union och,
　O! nefol Dad, i Ganaan wlad trwy'r cefnfor caead Coch;
　Rhoist iddynt fanna yn heleth yno yn llunieth i'w gwellhau,
　Duw Un a Thri, Ow! gwrando fi, rwy'n diodde' cledi clau.

6 Ti gedwest Ddafydd Frenin o flaen y cawr, mae dy wyrthie yn fawr,
　A Samuel y proffwyd bob munud ennyd awr;
　Ti gedwest y wraig weddw dair blynedd hir ar olew clir
　A hanner wedi hynny rhag iddi newynu'n wir;
　Ti yrrest gigfrain duon oddi wrth eu cywion mwynion mân
　Â bara i'th was a chig pur fras, hwn oedd Elias lân;
　Duw, danfon fara yn fore cyn dyfod eisie un modde i mi
　Neu gael trwy hedd 'y mwrw i 'medd a gwledd yn d'annedd di.

7 Holl bobol gwlad Samaria a gedwest ti, Duw Un a Thri,
　Pan ydoedd newyn caled a llyged pawb yn lli';
　Ti gedwest Jonas hyfryd pan oedd mewn dŵr, hawddgara' gŵr,
　Ym mol y morfil enbyd tros ennyd yno yn siŵr;
　Gwaredu'r tri llanc hefyd o'r ffwrnes danllyd fyglyd fawr,
　Ni losge'r tân galonne glân, doen' allan wiwlan wawr;
　Danfonest broffwyd uchel â bwyd i Ddaniel ddirgel ddawn,
　O! nefol Sant, clyw gri fy mhlant, dod nhw mewn llwyddiant llawn.

8 Fel rwyt yn Dduw trugarog i bob dyn gwan, doi'n rhwydd i'w rhan,
　Ti gosbi di'r anghyfion yr un moddion yn y man;
　Melltithiest Gain annuwiol am ladd ei frawd oedd yn dylawd,
　Ei had yn grwydredigion a gweigion megis gwawd;
　Ti gosbest Pharo yntau â deg o blaau digon blin,
　Llu Cora fawr fe'i llynce'r llawr lle cadd ei dramawr drin;
　Roedd Oliffernes enwog yn ŵr galluog uwch y llawr,
　Gwraig weddw glyd a'i gyrre o'r byd mewn munud ennyd awr.

9 Roedd Jesebel ac Ahab yn greulon iawn heb Dduw, heb ddawn
　Pan ddygen' winllan Nabo*e*th *a*'i gyfoeth llwyrddoeth llawn;
　Gan ddwyn ei fywyd ynte trwy godi aed a'i ladd a wnaed
　A'r cŵn mewn modd echryslon yn llyfu ei wirion waed;
　Cadd Jesebel anraslon ddiben digon creulon croes,
　Y cŵn trwy ddig yn bwyta ei chig, trancedig lewyg loes;
　Gwnaeth Haman grogbren uchel i grogi heb gêl ddiogel ddyn,
　Cyn cael yn gu ei ewyllys cry' cadd ddiodde' hynny ei hun.

10 Fe roes y ddau henuried farn galed iawn heb Dduw, heb ddawn
   Yn erbyn gwaed Susanna, hon oedd ddedwydda' ei dawn;
   Ti yrrest Ddaniel fwyngu i safio hon oedd brudd ei bron
   A 'nhwythe gadd eu diben, yr henwyr llawen llon;
   Ti droist ar lun anifel y brenin uchel hoedel hir
   O Fabilon oedd braf gerbron saith mlynedd cledion clir;
   Ti dorrest Alecsander oedd fawr ei gryfder yn byw'n groes,
   Ar gefn ffordd fawr fe syrthie i lawr lle cadd ei laddfawr loes.

11 Nid ydy'r mwya' ei hyder ar bower byd yn cael fawr hyd,
   Rhaid iddyn' fudo ymeth er casglu cyweth cyd;
   Fel gynt y gŵr goludog a lunie ar lawr ei furie yn fawr
   Ei einioes ef a fynnwyd mewn munud ennyd awr;
   Roedd gynt yn City Lisbon rai gwŷr cryfion creulon croes,
   Fe ddaeth Duw cu oedd ben pob llu i ddibennu o hynny eu hoes;
   Datododd ei sylfaene, holl blase'r dre' a ymollynge i'r llawr,
   Fel Sodom gron darfu am hon i'r eigion moddion mawr.

12 Bu Ddeifas gynt byw'n ddiofal yn ŵr di-ras a'i fwrdd yn fras,
   Cadd Lasarus flinder creulon, hwn ydoedd wirion was;
   I fynwes Abram dirion cadd fynd o'r byd, hyfrydol fryd,
   A Deifas, ŵr diymwared, a drefned i le drud;
   Mae'n rhaid i ni fodloni i ddiodde' leni gledi yn glir,
   Rho-i fawl o hyd am flinder byd fel petai hawddfyd hir;
   Yn noeth y doethon yma i rodio ein gyrfa bod ac un,
   Pob gwych eu gwedd â'n feirw i fedd a noeth yw diwedd dyn.

13 Er tosted yw fy nghyflwr a'm byd yn awr ni phery o fawr,
   Mae'r Arglwydd yn drugarog galluog uwch y llawr;
   Er bod yn yr Aifft saith mlynedd o newyn tost neu fyd di-fost
   Fe ddarfu am hyn o gystudd, dôi cynnydd gwedi cost;
   Pob blinder sydd yn darfod, pob clwy' a nychdod, syndod syth,
   Mae gan Dduw cu i'r trawsion lu garchardy a bery byth;
   Tydi ydyw'r llwyr Ddialwr, Ow! gwêl fi yn siŵr dan gyflwr gwan,
   Er bod pob llu yn greulon gry' mae'r Iesu er hynny i'm rhan.

14 Bu Peder yr Apostol a'i long ar ddŵr, hawddgara' gŵr,
   Pan ydoedd Crist yn huno yr oedd ar suddo'n siŵr;
   Ond iddo alw arno fe ddeffroes a'r gwynt a droes,
   Gostegodd o 'r tymhestlodd, achubodd lwyrfodd loes;
   Yrŵan, Duw Gorucha', darfu amdana', deffro di,
   Mae'r gwynt yn gry', O! Arglwydd cu, a dal i fyny fi;
   Tymhestloedd sydd i'm rhwystro, yr ydw-i 'n ffaelio hwylio o hyd,
   Mae Duw dan go', ond ei addoli fo gall eto 'mendio 'myd.

15 Rwy' wrth dy ddrws di yn curo, Duw, agor di a gwrando fi,
   Trugaredd rwy'n ei geisio, mae honno yn d'eiddo di;
   Trugaredd, Arglwydd, dyro i'm gwraig a'm plant trwy gŵynion gant,
   Trugaredd Iesu grasol, Duw nefol siriol Sant;
   Yn ail i'r mab afradlon cla' ydw-i o foddion, clyw di fi
   Sy'n gyrru heb wad, O! dirion Dad, a'm tyniad atat ti;
   Dod olwg ar dy deulu a th'di yn eu prynu ar y pren,
   Darpara le i ni yn y ne', ein beie madde, Amen.

Ffynonellau

LlGC = BWB 435: Argraffwyd yn Nhrefriw. Nid oes dyddiad ar yr wyneb-ddalen.

PC WG 35.1.179 = BWB 130i: Argraffwyd yn Amwythig tros Evan Ellis. Nid oes dyddiad ar yr wynebddalen. Perthyn yr ail gerdd, yn ôl y pennawd ar yr wynebddalen, i'r flwyddyn 1755.

Llsgr. LlGC 1238B, 170: Penillion 2–7 yn unig (wedi eu rhifo). Copïwyd rhannau o'r llsgr. gan Dwm o'r Nant a Thwm Ifan.

Llsgr. LlGC 843B, 125: Copïwyd y llsgr. gan William Edward yn 1772. 'Hugh Jones ai gwnauth 1753'.

Nodiadau

Adda ac Efa (pennill 4): Adroddir hanes creu Adda ac Efa ym mhennod gyntaf Genesis, 1.26–8.

Noa a'i deulu (pennill 4): Achubwyd Noa a'i deulu yn yr arch pan foddodd Duw'r byd, gw. Genesis 6–8.

Mosus (pennill 4): Cuddiwyd Moses mewn cawell yn yr hesg wedi i Pharo orchymyn lladd pob bachgen a aned i'r Israeliaid yn ystod eu caethiwed yn yr Aifft, ond fe'i hachubwyd gan ferch Pharo, gw. Exodus 2.

Joseff (pennill 4): Mynnai ei frodyr ladd Joseff ond yna fe'i gwerthwyd i fasnachwyr am ugain darn o arian, gw. Genesis 37.

Isaac (pennill 5): Gorchmynnodd Duw i Abraham aberthu ei fab Isaac, er mwyn profi ei ffyddlondeb, ond fe'i hataliwyd rhag gwneud hynny pan oedd y gyllell yn ei law ac yntau er fin ei ladd, gw. Genesis 22.1–14.

llu'r Israelied ... Pharo (pennill 5): Amddiffynnwyd y genedl etholedig gan Dduw yn ystod ei halltudiaeth yn yr Aifft, gw. Exodus 1–12, ac yn ystod y daith o dan arweiniad Moses trwy'r anialwch a thrwy'r Môr Coch yn ôl i Wlad yr Addewid, gw. Exodus 13–15.

Dafydd Frenin (pennill 6): Cafodd nerth gan Dduw i drechu'r cawr Goleiath, gw. I Samuel 17.

Samuel (pennill 6): 'A'r bachgen Samuel a gynyddodd, ac a aeth yn dda gan Dduw, a dynion hefyd', gw. I Samuel 2.26.

y wraig weddw (pennill 6): Y wraig weddw o Sareffta a fu'n porthi'r proffwyd Elias, gw. I Brenhinoedd 17.8–16.

Elias (pennill 6): Pan fu'n cuddio yn yr anialwch deuai cigfran â bara a chig yn gynhaliaeth iddo bob bore a hwyr, gw. I Brenhinoedd 17.

gwlad Samaria (pennill 7): Adroddir hanes y newyn yn Samaria yn 2 Brenhinoedd 6.25–33.

Jonas (pennill 7): Fe'i taflwyd i'r môr gan ei gyd-deithwyr, ond fe'i llyncwyd gan bysgodyn a bu yn ei fol am dri diwrnod a thair nos, gw. Jona 1.

y tri llanc ... o'r ffwrnes danllyd (pennill 7): Sadrach, Mesach ac Abednego oedd y tri llanc y gorchmynnodd Nebuchodonosor eu rhoi mewn ffwrn dân am iddynt anwybyddu ei gyfarwyddyd ac addoli delwau, gw. Daniel 3.1–30.

Daniel (pennill 7): Cosbwyd Daniel trwy ei daflu i ffau'r llewod am addoli ei Dduw ond ni fynnai'r llewod ei ladd, gw. Daniel 6. Taflwyd Daniel i ffau'r llewod ar achlysur arall. Cofnodwyd yr hanes hwn yn un o'r tri llyfr ychwanegol wrth enw Daniel a welir yn yr Apocryffa. Unwaith eto nid ymosododd y llewod arno ac fe'i porthwyd gan y proffwyd Habacuc, gw. F. L. Cross & E. A. Livingstone, *The Oxford Dictionary of the Christian Church* [ODCC] (Oxford, 1997), 179, 449.

Cain annuwiol (pennill 8): Cyntafanedig Adda, a laddodd ei frawd, Abel; o ganlyniad 'gwibiad hefyd a chrwydriad fyddaf ar y ddaear', gw. Genesis 4.14.

Pharo (pennill 8): Gyrrodd Duw ddeg pla i gosbi Pharo am iddo wrthod rhyddhau'r Iddewon o'r Aifft, gw. Genesis 8–11.

Cora (pennill 8): Gwrthryfelodd Cora, Dathan ac Abiram yn erbyn awdurdod Moses, ond fe'u llyncwyd gan y ddaear, gw. Numeri 16.1–15.

Oliffernes (pennill 8): Fe'i gyrrwyd ar gyrch milwrol gan y brenin Nebuchodonosor a fynnai gosbi'r Iddewon am iddynt wrthod ei gefnogi, a bu'n eu gwarchae yn ninas Bethulia. Yr oedd yr Iddewon yn chwannog i ildio, ond addawodd Judith, gwraig weddw brydweddol, y byddai'n gwaredu ei phobl. Aeth i wersyll y gelyn ac ymserchodd Oliffernes ynddi. Gwahoddodd hi yn ôl i'w babell, ac yno, ac yntau yn feddw, fe dorrodd hi ei ben ymaith. Adroddir yr hanes yn Llyfr Judith yn yr Apocryffa, gw. ODCC 908–9.

Jesebel ac Ahab (pennill 9): Trwy ddichell Jesebel, lladdwyd Naboth, fel y gallai Ahab, brenin Samaria, feddiannu ei winllan, a phroffwydodd Elias y byddai'r cŵn yn llarpio'r ddau ohonynt, gw. I Brenhinoedd 21.

Haman (pennill 9): Adroddir am ei gynllwyn i ddial ar yr Iddewon ac i grogi Mordecai yn Esther 3–6, ond fe'i crogwyd ar y pren a fwriadwyd ar gyfer Mordecai.

Susanna ... Daniel (pennill 10): Yn Llyfr Susanna, yn yr Apocryffa, sonnir am y modd y cyhuddwyd Susanna gan ddau hynafgwr parchus o odinebu, a'r modd yr achubwyd hi, diolch i ymyrraeth Daniel, gw. ODCC 1561.

ar lun anifel (pennill 10): Cosbwyd Nebuchodonosor trwy ei droi yn anifail, a bu yn y cyflwr hwnnw am saith mlynedd, gw. Daniel 4.25, 5.21.

Alecsander (pennill 10): Un o arwyr mawr yr Hen Fyd. Nid awgrymir ei fod wedi tramgwyddo Duw a bod Duw wedi ei gosbi o'r herwydd, ond cyfeirid ato yn fynych yn y canu crefyddol, yn enwedig pan fynnid pwysleisio darfodedigrwydd grym a chyfoeth, ac oferedd rhoi ffydd ar ddeunyddiau daearol, er enghraifft, *Mae Gwalchmai, ni ddaliai ddig, / Gwrol? Mae Gei o Warwig? / Mae Siarlas o'r maes eurlawr? / Neu mae Alecsander Mawr?* gw. Rhiannon Ifans gol., *Gwaith Syr Dafydd Trefor* (Aberystwyth, 2005), 16.13–16.

y gŵr goludog (pennill 11): Gw. Luc 12.16–21 lle yr adroddir y ddameg am y gŵr goludog a helaethodd ei ysguboriau ond a fu farw y noson honno.

City Lisbon (pennill 11): Cyfeiriad arall at y daeargryn a drawodd ddinas Lisbon ar 1 Tachwedd 1755.

Sodom (pennill 11): Dinas a ddinistriwyd gan Dduw ar gyfrif pechodau ei thrigolion, gw. Genesis 19.1–26.

Deifas ... Lasarus (pennill 12): Yn ôl yr hanes a adroddir yn Luc 16.19–31, cardotwr oedd Lasarus, na châi hamdden hyd yn oed i fwyta'r bara a syrthiai oddi wrth fwrdd y gŵr cyfoethog, y daethpwyd i'w adnabod wrth yr enw Deifes, gw. ODCC 491. Dygwyd y cardotyn gan yr angylion i fynwes Abraham wedi iddo farw ond fe'i cafodd y gŵr cyfoethog ei hun yn uffern.

Peder (pennill 14): Pan oedd Crist a'i ddisgyblion yn croesi Llyn Galilea cododd storm gan fygwth dymchwel y llong, ond gostegodd Crist y tonnau. Ni chyfeirir yn benodol at Bedr yn Luc 8.22–15 a Marc 4.35–41 lle yr adroddir yr hanes.

y mab afradlon (pennill 15): Ceir ei hanes yn Luc 15.11–32.

Dechrau dau bennill ar Charity Meistres.

1 Mor union rwy'n gyrru annerch i'm gwraig a'm plant drwy gŵynion gant,
    Wrth feddwl am fy nghartre' mae 'nagre fel y nant;
    Yr ydw-i mewn caethi*w*ed bob nos a dydd a'm bron yn brudd,
    Mae 'nghalon i yn ochneidio heb allu rhodio'n rhydd,
    Fel Joseph dan law Pharo (rwy'n coelio) mew*n* byd caeth
    Heb fam, heb dad yn mynd o'*m* gwlad a byw dan geidwad gwaeth;
    Mae 'nghalon i ymron torri wrth gofio am Lowri, lili lon,
    A Beti bach os yw hi yn iach rhydd imi bruddach bron.

2 Cysurus iawn yw Sara i'm calon i, cyf*ddefaf* fi,
    Wrth feddwl am fy nghowled fy llyged i aeth yn lli';
    Rwy'n cofio am Fegi fechan, mor fwyn *a* fu, fy ngeneth gu,
    Fel bydde yn galw arna', "Ow! tada, ddoi di i'r tŷ?"
    Ond rŵan drwy fawr drwbwl rwyf fi yn meddwl am eu ma*m*,
    Duw Un a Thri fo'n madde i mi os gw*n*es ag *hy*hi gam;
    Ei thynnu a wnes i flinder a thrafferth lawer yn y wlad,
    Duw, helpia hon sy'n brudd ei bron, a'm ffyddlon dirion Dad.

Ffynhonnell
Llsgr. LlGC 653B, 147: Copïwyd rhannau o'r llsgr. gan Margaret Davies (*c.* 1700–1785), Coedcaedu, Llanfachreth, sir Feirionnydd.

Cerdd i'w chanu ar dôn Y Ceiliog Du.

1 Ow! fy ngeneth lyweth lon, mi gaf yn f'amser brudd-*d*er bron
　Am dy fwynder, ffraethder ffri, *a* fydde yn fwyn i'm boddio i;
　Er pan y'*i* ganed gynta' i'r byd ac er pan sigled iddi grud
　Pleser 'y nghalon union i mewn gole teg oedd ei gweled hi;
　Er pan gerddodd gynta' gam yn ole *ei* modd yn *n*wylo ei mam,
　Er pan gafodd laeth o fron, 'y nghalon i oedd yn hoffi hon;
　Pan eistedde ar fy nglin y*n* hoyw ei thro, yn hawdd ei thrin,
　Ow! na chlywn hi yn y wlad, gole ei thôn, yn galw ei thad.

2 Anserten iawn yw hoedel dyn, ni safia cledde Ange 'r un,
　Fel saer mewn llwyn o goedydd mawr fe dyr y glasbren weithie i lawr;
　Ail yw gŵr sy'n claddu ei blant i goed sy'n tyfu ar ochor nant,
　Y dail yn syrthio a gwyfo a gân' a'r coed yn tyfu heb lygru'n lân;
　Darfu mwynder, hoffter hon, darfu amdani, 'r lili lon,
　Darfu heb gêl ei hoedel hi, trwm yn awr a mawr i mi;
　Yn llenwi o barch on'd llon y bu, llawn air teg yn llenwi'r tŷ?
　Ei difyrrwch oedd yn fawr, cyn mynd i fedd y gwedda' ei gwawr.

Ffynhonnell
Llsgr. LlGC 346B, 212: Copïwyd y llsgr. gan David Jones o Gaeserwyd, sir
　Ddinbych, tua 1794.

Geirfa

absen drygair
aed cymorth, cynhorthwy
altro newid
allan o fy natur yn ddi-hwyl
amdoi amwisgo (am gorff marw)
amwisgo gwisgo
anffortun anffawd, aflwydd
anserten ansicr
ansutiol amhriodol
arael mwyn
arloesi clirio
asw chwithig
bariaeth drygioni; trachwant
baron amr. barwn
bastio ireiddio (cig)
batel brwydr, rhyfel
beld gwregys
berwig gwallt gosod
betio hapchwarae
blot ysmotyn; diffyg, bai
bordor ffin
brac parod
braeno amr. *braenu*
braenu pydru, llygru, dryllio, difetha
breci cwrw newydd heb eplesu
bricsiach maen neu garreg fechan
briwsyn ll. briwsion
brol ymffrost
brolio ymffrostio
buddai llestr at gorddi ymenyn
bugad trwst, baldordd
bwndog gwraig anynad, creadures sarrug
bylan pwtyn byrdew
calonnus dewr
canan magnel
cannaid disglair

catel[1] da byw, gwartheg
catel[2] eiddo, taclau, offer
ceimiad cam, anunion, beius, anafus
cidfwch ? S. 'kid' gafr + bwch, creadur barus
cleimio hawlio
clol pen, penglog, copa
closiad cysylltiad, undod
clùl sain clychau (yn dynodi marwolaeth neu gladdedigaeth)
cobio curo
coc[1] ceiliog, ans. ffroenuchel
coc[2] clicied clo gwn
cocin ymladd ceiliogod
coledd trin
condisiwn amod
considro ystyried
contreifio cynllunio, dyfeisio, paratoi
costog taeog, cerlyn, gŵr sarrug ei natur
cuniaidd caredig, annwyl
cwla gwael
cwmbrus trafferthus, trwblus
cwrrwm crymedd cefn
cwyn cornel
cyflychu gwaelu
cyfnesaf perthynas, câr
cynhafu amr. cynaeafu
cysgadur swrth, diog
cyswyn ll. cyswyni, cynllwyn
chwimpio amr. chwimio, ysgwyd, symud
dail dwndwr te
darllaw bragu
debid siri 'deputy sheriff'
deilio amr. delio, ymwneud â

dialeddfa dialedd
dianardd rhagorol
dibendod diwedd
didaerni heb sêl neu angerdd
di-foc diffuant, parod, diwarafun
difyn darn, tamaid
digwyddol yn digwydd
distaeo dirwystr
dobr ll. *dobri*, gwobr, tâl
dofaidd dof, hydrin
dondio ceryddu, tafodi
dragio tynnu
dragwm amr. *dragwn*, gŵr o sylwedd
dul ergyd; yn sydyn, ar fyrder
dulio curo, taro, cystwyo
duryn trwyn hir
dustens hyd, pellter
dwndi ? un sy'n dondio neu'n tafodi
dyfais cynllun, bwriad
dyfowrio bwyta, llyncu, ysu
dynan dyn bychan
eflo elfen anhysbys (ai *ef-*) + *llo*, ? dihiryn, cnaf
egluro gwella, clirio
eigion dyfnder
eisin plisg allanol grawn ŷd
enynnu llosgi
fent gwerth masnachol
ffario bod, ymdaro
ffloc llu, mintai
ffomio ewynnu, glafoerio
fforio chwilio, crwydro
ffromio, digio, gwylltio
ffumer corn simnai
ffured chwiwleidr
ffwndwr ffwdan, terfysg
ffwrnas amr. *ffwrnes*, ffwrnais
gardiwr cribwr gwlân
gostwn amr. *gostwng*
gruddio anharddu'r gruddiau
gwaetio gwylio

gwalc cudynnau o wallt, gwallt y pen wedi ei godi i fyny
gwallio cyfeiliorni
gwasarn isel, gwael
gwegi gwagedd, oferedd
gweitio aros, disgwyl
gwladydd un o drigolion y wlad
gwŷn angerdd, chwant
gwynio trachwantu
gwynto chwythu'n wyllt, ffroenochi
gynhwyfar amr. *gwenhwyfar*, hoeden, putain
hafnai gwraig aflan, slebog
hafota byw dros dro
henw amr. *enw*
hepil amr. *epil*
hitio digwydd, dod o hyd i, cael gafael ar
hoedlog byw
hoetio galifantio, ymddifyrru
honos creadur hirfain
howden hoeden, merch gwrs
hyfysg wedi ei gymysgu yn dda
iwin ffyrnig, gwyllt
jacmon porthmon
jenny troell at nyddu
labio taro
larwm bloedd, cri
las carrai; meinwe o edau lin
lowtog hurtyn
llabi llabwst, hurtyn
lladdgar angheuol
llarp cerpyn, clwt
lleban llabwst, hurtyn
lledrwydd lled + rhwydd
llegach (creadur) eiddil, musgrell
llegys amr. *lleigys*, buan, ebrwydd
llelo hurtyn, penbwl
lliwied edliw, dannod
lliwio gw. *lliwied*
llochi anwesu, mwytho
llodr un sy'n gorwedd yn swp ar ei hyd

llongwriaeth morwriaeth
lluman llipryn trwsgl
llysewyn ll. *llysiau*
macyroni dillad ffasiynol, y dillad diweddaraf
maeden slebog, merch (iselfoes)
mael budd, gwobr
maelio masnachu
maetsio uno
mant genau
marfol amr. *marwol*
martsiant amr. *marsiant*, masnachwr
merfal ? gwych, hynod
merthyr dioddefaint
methianllyd ofer
monnyn creadur sorllyd
mop enw difrïol am ŵr
mopio taflu rhywbeth at rywun
mosiwn symudiad, cerddediad
mowntio mynd ar gefn (ceffyl &c)
mulen mul
mwrdrio llofruddio
mwyglo gwneud neu fynd yn feddal, mwydo
mynag neges, newyddion
negesa gwneud negeseuon
noes sŵn, llef
nymbrio cyfrif
offisers swyddogion
ordro gorchymyn
osio gwneud ymgais, rhoi cynnig ar
ostres tafarnwraig
pac pecyn, llwyth
pacio gyrru rhywun i ffwrdd
paeled talp, lwmp
pall methiant, diffyg, afles
pannwr curwr (defnydd)
pario pilio; trin
pas¹ peswch
pas² symudiad, treigl
peniaeth amr. *pennaeth*
pincio tacluso, harddu

pis darn, dryll
plaender uniondra, gonestrwydd
plaened gw. *planed*
planed un o'r planedau sy'n dylanwadu ar un o arwyddion y Sidydd
platio gorchuddio â haenen o fetel, pedoli
pledio cyfarch, annerch
power gallu, awdurdod, cyfoeth
prac parod, rhwydd
procsi dirprwy
prol celwydd; araith
prolio twyllo, dweud celwydd; holi, dweud
proliwr celwyddgi, twyllwr
pwff darn neu damaid (sylweddol)
pwrpasu paratoi
raenio rheoli
recyfrio (ym)adfer
rogri anfadwaith, dihirwaith
rorio crochlefain, rhuo, hefyd yn ffig.
rhadol parod, hael
rhincyn sŵn aflafar, sŵn rhygnu
rhoden ll. *rhodenod*, hoeden, putain
rhoden llath, gwialen
rhumen bol
rhuso petruso; llesteirio, rhwystro,
rhydid amr. *rhyddid*
sein arwydd
sesiwn yn ffig. barn, cwyn
setliad cytundeb
siêl carchar
siabas sothach
siabi llwm, di-raen
siampl arwydd, achos
sibed fframwaith i ddal corff y sawl a ddienyddiwyd neu a grogwyd
sibedu gosod mewn sibed
simio amr. *symio*, cyfrif, gwneud cyfrif
siot cyfrif, tâl am ddiod, diod

sisio amr. *sisial, sisian*, clebran
siwri ynadon
sopen enw difrïol ar wraig
sos amr. *saws*, coegni, haerllugrwydd
sosi digywilydd, haerllug
stent tir, etifeddiaeth
swagr coegwych
swbach creadur eiddil
swcro cynorthwyo, annog
swcwr cynhorthwy, ymgeledd
swmer nenbren, trawst (simnai)
syre awdurdodol
tadolaidd fel tad
tario preswylio, oedi
tendio gwasanaethu, gofalu am, ymorol am
tesni ffawd, tynged, hap
timpan drwm, yn ffig. dadwrdd, trwst
tip rhan, tamaid; ans. yn rhannol
torrog beichiog, porthiannus
traenband milwyr o dan hyfforddiant
traenio disgyblu
traetur bradwr
traethod amr. *traethawd*, datganiad, adroddiad
trafaelio teithio
trafaelu gw. *trafaelio*
tramglwydd amr. *tramgwydd*
trancedig angheuol
transports y rhai a drawsgludir

treial prawf; profiad
treinglio amr. *treiglo*, symud, treiddio
treio ceisio, rhoi prawf ar
tres rhaff, cadwyn
tringar medrus; dof
trwbliaeth blinder, trallod
trwbliaethus trafferthus, blinderus
trybaeddu difwyno, halogi
trybedd llwyfan (o dan esgid)
tryfrith helaeth
tulath trawst
twymnio amr. *twymo*
uno chwenychu, blysio
unyd unffurf, cyffelyb
witsio swyno, melltithio
ymaelyd cydio, ymgydio, ymdaro
ymendio trefnu, cymoni, gwella
ymhyllu gwylltio, cynddeiriogi
ysbred sothach
ysbul llif neu ffrwd (o arian)
ysgôr ll. *ysgorion, ysgoriau*, cofnod (o ddyled)
ysgilio marchogaeth y tu ôl i arall, yn ffig. hebrwng
ysgip ? gwas iselradd
yslaf caethwas
ystae rhwystr
ystai amr. *ystae*, cynhaliaeth
yswagro cerdded yn rhodresgar, ymffrostio
yswagrwr rhodreswr

Mynegai i'r enwau priod

Cofnodwyd yr enghraifft gyntaf yn unig ym mhob cerdd. Cyfeiria'r rhif cyntaf at y gerdd a'r ail at y pennill.

Personau a phobloedd

Abram: 48.12
Absolon: 34.3
Adda: 6.9, 12.3, 18.2, 22.2, 36.5, 37.1, 38.6, 40.2, 41.2, 45.4, 48.4
Ahab: 48.9
Alecsander: 34.3, 37.8, 48.10
Anne Thomson: 1.5
Anne (brenhines Lloegr, 1665–1714): 42.3
Arthur: 34.4
Aurora: 16.2
Awgwstws Cesar: 37.8
Awstriaid: 9.2
Beti (merch Huw Jones Llangwm): 49.1
Cadwalad Hughes: 46.4
Cain: 48.8
Ciwpid: 16.5
Coli: 10.10; *Coli o Ruddlan*: 25.11
Cora: 48.8
Crist: 3.5, 4.7, 5.1, 6.10, 7.6, 9.2, 19.1, 34.2, 35.1, 36.5, 37.4, 40.1, 41.6, 48.14; yr Ail [*Adda*]: 38.7; gw. hefyd *Iesu*
Cwacers: 7.2
Cymro: 19.1, 23.20, 28.8, 29.5, 30.1, 35.1, 42.2, 46.1; *Cymry*: 3.1, 6.7, 8.6, 28.1, 29.4
Dafydd (gŵr *Mari*): 44.2
Dafydd: 5.16, 34.3; *Dafydd Frenin*: 19.6, 48.6
Daniel Dean: 46.4
Daniel: 48.7
Deifas: 34.6, 48.12
Dina: 16.4

Doli o Gaerwys: 23.20
Duw: 1.19, 2.4, 3.2, 4.8, 5.8, 6.5, 7.3, 9.8, 13.1, 19.4, 25.1, 32.6, 34.5, 35.1, 36.1, 37.3, 38.3, 39.2, 40.1, 41.2, 42.2, 43.2, 44.1, 45.1, 47.3, 48.1, 49.2
Efa: 11.2, 15.8, 48.4
Eglon: 34.3
Eifftiaid: 34.2
Elias: 38.17, 48.6
Elis y Cowper, *y Cowper o Landdoged*: 23.21
Esau: 6.6
Esther: 16.6
Fair Elwy: 46.1
Ffrancod: 9.2, 10.2, 25.2
George (III, brenin Lloegr, 1738–1820): 32.2
Gwyddel: 4.2
Haman: 48.9
Harri'r Seithfed: 42.5
Herod: 41.3
Huw o Langwm: 23.22
[*Hywel*] *Lloyd* [*Hafodunnos*]: 46.1
Iesu: 2.5, 3.2, 5.16, 6.10, 7.6, 9.3, 33.3, 35.1, 36.8, 37.4, 40.2, 41.3, 48.13; gw. hefyd *Crist*
Indiaid: 8.2
Isaac: 16.6, 48.4
Israeliaid: 19.6, 38.15, 48.5
Jesebel: 48.9
Job: 47.12
John Jones: 46.4
Syr John yr Heidden: 23.2
Jonas: 16.5, 48.7

Jonathan Puw: 1.10
Joseff: 48.4, 49.1
Josiwa: 7.7, 9.6
Lasrus: 34.6; *Lasarus*: 48.12
Lefiad: 36.4
Lewis (XV, brenin Ffrainc, 1715–74): 10.7
Lewis ?: 45.5
Liwsiffer: 24.3
Lot: 14.2
Lowri (merch Huw Jones Llangwm): 49.1
Luc: 36.2
Lloyd, gw. *Hywel Lloyd*
captain Llwyd: 32.2
Mair: 36.8, 41.3; *y Forwyn Fair*: 40.3; *Mari Forwyn*: 40.6
Mari (gwraig *Dafydd*): 44.3
Morgan Randol: 23.2
Mostyn, gw. *Syr Roger Mostyn*
Mosus: 36.6, 48.4
Naboeth: 48.9
Syr Niclas [*Baily*]: 32.2
Noa: 48.4
Oliffernes: 48.8
Pabyddion: 32.5, 35.8
Paul: 14.3, 38.25, 39.8, 41.10; *Sant Paul*: 19.1
Pedr: 7.6, 19.3, 35.2, 48.14
Pegi (merch Huw Jones Llangwm): 49.2
Pharo: 48.5, 49.1; *y brenin Pharo*: 19.6
Plato: 37.8
Presbyterian: 7.2
Protestant: 42.6, 43.1
Rebecca Jones: 16.7
Rebecca: 16.6
Richards: 1.1

sergeant Risdale: 32.3
Robert Watgyn Wynn: 42.1
[*Syr Roger*] *Mostyn*: 31.2
Rysians: 9.2
Sais: 27.1, 28.5, 30.1; *Saeson*: 28.4
Samariad: 36.4, 41.7
Samson: 34.3
Samuel: 48.6
Sant Crusto: 16.5
Sara (merch Huw Jones Llangwm): 49.2
Satan: 3.1, 4.6, 6.8, 18.2, 19.3, 35.5, 40.10
Saul: 6.2
Siân Ysmith: 1.2
Siôn y Cigydd o Langollen: 10.3
Stephen Price: 32.2
Suddas: 35.2
Susanna: 48.10
Tamar: 14.2
lieutenant Thomas: 32.3
[*Syr Thomas*] *Wynn* [*Glynllifon*]: 31.3
Twm y Cariwr: 25.4
[*Syr*] *Watgin* [*Williams Wynn*]: 31.2
William Baker: 1.3
William Ffredrig: 9.1
William ?: 45.5
Wyn, gw. *Syr Thomas Wynn*
y Cowper o Landdoged, gw. *Elis y Cowper*
y Cythrel: 39.7
y Gwyniaid: 42.6
(*y*) *Meseia*: 37.3, 40.4, 41.2; gw. hefyd *Crist*, *Iesu*
y Pab: 35.8
y Pennau Crynion: 38.8
yr Ail [*Adda*], gw. *Crist*
yr Iddewon: 40.7

Lleoedd

Affrica: 6.1
America: 7.2, 8.1, 24.6
Annwn: 33.6, 41.10
Arfon: 6.6, 28.1, 42.4, 46.2; *sir Gaernarfon*: 42.5
Asia: 6.1, 16.2
Babel, brenin Babel: 19.4
Babilon: 48.10
Bethlem: 40.6
Bryn-y-llin: 5.1
Brynyneuodd: 42.4
Bwlchybeudy: 42.3
Caer: 29.4
Caerfyrddin: 6.8
Caerwys: 23.20
Canaan: 19.6, 34.2, 38.15, 48.5
Cent: 28.5
Coedmor: 42.5
Conwy: 10.9, 46.1
Corwen: 33.2
Cwchwillan: 42.5
Cwm-main: 42.4
Cymru: 5.12, 6.5, 7.4, 8.6, 10.11, 23.2, 27.1, 28.7, 30.4, 32.1, 43.1, 46.2
Deau: 4.1, 42.5
Dinbych: 28.1
Dolgellau: 10.13, 22.4, 25.13
Dunkirk: 29.4
Dyffryn Clwyd: 31.1
Eden: 36.5; *Gardd Eden*: 16.2
Eglwys Loegr: gw. *Lloegr*
Endor: 6.2
Europia: 6.1, 16.2
Ffrainc: 7.3, 10.1, 23.15, 24.1, 29.4, 30.1, 32.5
Garthmeilo: 42.1
Germany: 9.2
Gwynedd: 4.1, 6.8, 28.6, 33.1, 46.4
Hafodunnos: 46.3
Jericho: 36.2

Jerusalem: 36.2
Lerpwl: 29.4
Lisbon: 2.2, 48.11
Llanddoged: 10.9, 23.21
Llangollen: 10.3
Llangwm: 23.22
Lloegr: 1.1, 5.6, 7.4, 8.1, 10.1, 23.22, 24.1, 27.1, 28.8, 32.2, 42.3, 43.1; *Eglwys Loegr*: 35.8, 42.6
Llundain: 26.4, 27.1, 47.8
Maesyfed: 4.5
Manaw: 23.6
Meirion: 28.1, 42.4, 43.2; *sir Feirionnydd*: 10.13
Môn: 6.6, 10.9, 23.6, 28.1, 32.5, 46.2; *sir Fôn*: 27.7, 32.1, 46.2
Nasreth: 41.3
Parnasus: 16.1
Plas Lloran: 43.1
Polant: 23.20
Powys: 42.5
Prwsia: 9.1
Prydain: 6.9, 9.8, 23.14
Pwllheli: 29.1
Ro: 23.21
Rhuddlan: 10.10, 25.11
Rhufain: 24.1, 47.11
Rhuthun: 33.1, 38.20
Sacsonia: 9.2
Samaria: 38.19, 48.7
Sbaen: 16.4, 24.3, 32.5; *Ysbaen*: 7.3, 24.1
Seion: 41.8
Sgotland: 24.1
sir Ddinbych: 42.4, 43.2, 46.3
sir Faesyfed: 4.1
sir Fflint: 10.12
sir y Mwythig: 3.2
Sodom: 2.3, 48.11
Sussex: 1.1
Trefaldwyn: 43.2

Troea: 16.4
Uffern: 39.1
y Bala: 22.4, 38.20
y Bryn Gwyn: 42.5
y Giler: 42.4
y Glyn (Glynllifon): 31.3
y Môr Coch: 16.2, 19.6; *y cefnfor Coch*: 48.5

Ynysymaengwyn: 43.1
y Plasnewydd: 42.4
(yr) Aifft: 19.6, 48.13
yr India: 16.4, 23.2
Ysbaen: gw. *Sbaen*
Ystaffort: 23.9

Mynegai Llawn i Deitlau'r Cerddi

1. Cerdd newydd neu hanes fel y cafodd un Siân Ysmith ei barnu i farwolaeth ar gam ac fel y gwaredodd Duw hi, yr hon a genir ar Fryniau'r Werddon.
2. Cerdd yn rhoddi byr hanes am City Lisbon, yr hon a faluriodd i'r môr o fewn yr ychydig amser, gyda rhybudd i ninnau, onid edifarhawn, y difethir ni oll yr un modd.
3. Cerdd neu hanes rhyfeddol fel y crogwyd tri yn Amwythig y sesiwn ddiwethaf, sef y tad a'i ddau fab, i'w chanu ar Y Fedle Fawr.
4. Cerdd dosturus fel yr oedd gwraig feichiog yn trafaelio tros fynydd yn sir Faesyfed …
5. Cerdd neu hanes rhyfeddol fel y darfu i fachgen pedair oed syrthio i grochenaid o ddŵr berwedig a cholli ei fywyd, yr hyn a fu ym Mryn-y-llin ym mhlwyf Trawsfynydd, Medi 28, 1759, i'w chanu ar Fryniau'r Werddon.
6. Dechrau cerdd ar ddull ymddiddan rhwng y prydydd a'r gog ynghylch yr amser presennol, i'w chanu ar King's Farewell.
7. Cerdd newydd neu gwynfan teyrnas Loegr ar drigolion America am eu bod yn gwrthryfela i'w herbyn, ar ddull anfoniad mam at ei phlant, yr hon a genir ar Let Mary Live Long.
8. Cerdd o atebiad y plant i'w mam neu anfoniad Americans i Loegr, i'w chanu ar Hunting the Hare.
9. Dechrau cerdd o goffadwriaeth am orfoleddus lwyddiant brenin Prwsia ar ei holl elynion gyda chywir hanes am gymaint a laddodd a chymaint oedd i'w erbyn, i'w chanu ar Gwymp y Dail.
10. Cwynfan gwŷr Ffrainc am ychwaneg o luniaeth o Loegr, i'w chanu ar Hitin Dincer.
11. Cerdd i'r merched, i'w chanu ar fesur a elwir Cwymp i'r Nant.
12. Cerdd neu gynghorion i ferched ieuanc i gadw eu hunain fel y bo gweddus.
13. Cwynfan merch gwedi ufuddhau i'w chariad ac yntau ei gadael hi, i'w ganu ar Elusenni Meistres.
14. Cerdd ar ddull ymddiddan rhwng gŵr ifanc a'i gariad yr hon oedd feichiog ohono ef, yntau yn ei gwrthod hi, yr hon a genir ar Ffilena bob yn ail bennill.
15. Cerdd ar ddull ymddiddan rhwng hen ddynes heb briodi a dynes ifanc yn gweiddi am ŵr, i'w chanu bob yn ail bennill ar Doriad y Dydd.
16. Dechrau cerdd neu gwynfan gŵr ieuanc am ei gariad gan ei chyffelybu hi i'r winllan, i'w chanu ar Y Foes.
17. Byr hanes o ryw ffregedd a fu rhwng mab a merch wrth ddyfod o'r gwylmabsant, i'w chanu ar Neithiwr ac Echnos.

18 Cerdd newydd, neu hanes gŵr ifanc a aeth i garu, ac i aros i'r bobl fynd i gysgu aeth i'r berllan, ac i frig pren afalau, ac oddi yno gwelodd un arall yn myned ar uchaf ei gariad dan y pren, yr hon a genir ar Green Windsor.

19 Cerdd neu gynghorion yn erbyn medd-dod, i'w chanu ar King's Farewell neu Ymadawiad y Brenin.

20 Cyffes yr oferddyn drannoeth ar ôl gwario'r cwbl, ar Belle Isle March.

21 Cerdd ar ddull ymddiddan rhwng meddwyn a'i wraig, y hi yn ei geisio ef adref ac yntau yn nacáu, i'w chanu bob yn ail bennill ar Gonsêt Gwŷr Dyfi.

22 Cerdd o ymddiddan rhwng yr oferddyn a'r dafarnwraig, i'w chanu ar Doriad y Dydd.

23 Cerdd newydd neu hanes fel y tyfodd ymrafael mawr yng Nghymru rhwng dau ŵr bonheddig ...

24 Cerdd newydd neu ymffrost Balchder o'i anrhydedd a'i lywodraeth a'r amryw orchestion a wnaeth yn y byd, i'w chanu ar Barnad Bwnc.

25 Cerdd newydd neu gwynfan tosturus y cybyddion am fod y farchnad mor isel a'r byd cystal ar bobl dylodion, i'w chanu ar Hitin Dincer.

26 Cerdd newydd ar ffurf ymddiddan rhwng merch fonheddig a merch y tenant o achos eu bod yn rhy falch, yr hon a genir ar Doriad y Dydd.

27 Cerdd newydd o gwynfan yr hwsmon trafferthus o achos y trethi a'r degwm, ar Heart of Oak.

28 Cerdd newydd yn adrodd costus drafael y porthmyn, a genir ar Heart of Oak.

29 Ychydig o benillion ynghylch dechreuad a chodiad yr ymenyn gyda chwynfan y tylodion ar ei ôl, y rhain a genir ar Freuddwyd y Frenhines.

30 Cerdd newydd neu gwynfan y rhan fwyaf o drigolion Cymru am yr holl ddarnau aur ac arian a fu anrhydeddus yn ein plith, y rhai aethant lle na welir byth un ohonynt, yr hon gerdd a genir ar Doriad y Dydd.

31 Cerdd a wnaed o gwynfan tros amryw bobl a gadd lawer o gwrw a licers yn rhad wrth gadw elecsiwnau y flwyddyn ddiwethaf, ac fel y gellir yn drymllyd feddwl na welant yrhawg y fath beth, i'w chanu ar Y Foes.

32 Cerdd o glod i filisia sir Fôn, i'w chanu ar Monday Morning.

33 Cerdd newydd neu fynegiad am ŵr a gwraig aeth i Ruthun ag ymenyn i'w werthu ac fel y darfu i rywun trwy genfigen lunio stori fod cloben o garreg mewn un llestr yn lle ymenyn, i'w chanu ar Freuddwyd y Frenhines.

34 Dechrau cerdd ar Gwymp y Dail neu rybudd i bawb edifarhau.

35 Dechrau cerdd newydd yn gosod allan aml bechodau ac anwireddau dynion a rhybudd i edifarhau cyn mynd yn rhy hwyr, i'w chanu ar Crimson Felfed.

36 Dechrau cerdd yn rhoddi eglurhad o'r ddameg sy'n 10 pennod o Luc gyda rhybudd i bawb feddwl am edifarhau mewn pryd, i'w chanu ar Gwymp y Dail.

37 Cerdd newydd ynghylch diwedd amser a dechrau tragwyddoldeb, ac mor ofnadwy yw marwolaeth y pechadur, gyda byr grybwylliad am y farn ddiwethaf, yr hon a genir ar Gwêl yr Adeilad.

38 Dyrifau digrifol ar ddull o ymddiddanion rhwng Cristion ac Anghristion ynghylch mynd i'r eglwys, ar Gonsêt Gwŷr Dyfi.

39 Dechrau cerdd yn adrodd fel y mae amryw fath o ddynion yn torri'r Saboth, i'w chanu ar Charity Meistres.

40 Carol plygain ar Susanna am 1782.

41 Carol plygain ar y mesur a elwir Y Cowper Mwyn.

42 Cerdd newydd i'r anrhydeddus Esgwiar Robert Watgyn Wynne o Garthmeilo ac amryw fannau, yr hon a genir ar Heart of Oak.

43 Cerdd ar ddyfodiad Henry Corbed Owen o Ynysymaengwyn, Esq., yn un ar hugain oed, i'w chanu ar Monday Morning.

44 Cerdd i'w chanu ar Monday Morning o fawl i bobl ifanc ar ddydd eu priodas.

45 Dechrau cerdd ar ddull ymddiddan rhwng y byw a'r marw, sef gwraig yn cwyno ar ôl ei gŵr ac yntau yn ei hateb bob yn ail bennill, ar Y Fedle Fawr.

46 Cerdd newydd a wnaed i gaseg Hywel Lloyd o Hafodunnos, Esq., i'w chanu ar Belle Isle March.

47 Hugh Jones siopwr Llangwm yn sir Ddinbych, yr hwn oedd yn Jêl Rhuthun am ddyled ac a wnaeth gerdd iddo ei hunan, i'w chanu ar Barnad Bwnc.

48 Cerdd newydd neu gwynfan dyn trafferthus wedi bod mewn caethiwed a charchar, fel y mae yn clodfori Duw am ei warediad ac yn datgan ei drugareddau ym mhob oes i'r gostyngedig a'r ufudd galon a'i fawr allu i gosbi'r balch a'r anniolchgar. Cenwch ar Charity Meistres.

49 Dechrau dau bennill ar Charity Meistres.

50 Cerdd i'w chanu ar dôn Y Ceiliog Du.

Mynegai i'r Llinellau Cyntaf

Ai merch rhyw denant bychan, anniddan wyt yn awr 92
Cydglymwn fawr glod ar ddiwrnod hyfrydol, arferol oedd fod 144
Cydgodwn trwy'n gwlad, gwnawn ganiad ar gynnydd,
    mae'r newydd i ni 142
Cydnesed pob crefftwr, yn wŷdd ac yn bannwr 102
Cydneswch yma, bawb, yn glir i ystyried gwir ystori 46
Cydneswch, holl Gymry, gan dannu yr un dôn 99
Deffro, 'r Cymro, heb ruso'n brysur, gwrando ychydig ar bechadur 70
Dihuned pob rhyw Gymro i gofio'r Arglwydd cyfion 117
Doed holl foneddigion, gwŷr tirion eu tai 139
Dowch yn hyddysg, fawrddysg feirddion 63
Dowch yn nes, y llancie swagar 66
Dowch, ferched a morynion, i ystyrio 'nghlwy' 56
Dydd da fo i'm gŵr priod hoff hynod ei ffydd 74
Dydd da fo i'r gog luosog leisie, tydi sydd bencerdd dwys dy byncie .. 37
Dydd da fo i'r gŵr dawnus, da weddus, di-wawd 125
Dyma ddiwrnod gorfoleddus, rhown fawl i'th enw, Duw daionus 133
Dyrchafwn ein llef, edrychwn tua'r nef 136
Fy hen gyfeillion, oferddynion, gwrandewch ar gŵynion gwir 72
Fy hen gyfnither Mari oedd gynt yn firi ar fanc 60
Gwraig y dafarn hoyw, oes gwrw yma i'w gael? 78
Gwrandewch alarus gŵynion, ochneidion trymion trist 34
Gwrandewch y tenantied, o bared i bost 96
Holl wŷr a gwragedd Deau a Gwynedd 31
Mor union rwy'n gyrru annerch i'm gwraig a'm plant
    trwy gŵynion gant 159
O! Arglwydd hollalluog, Duw Tad o'r nef, O! clyw fy llef 153
O! ddyn, O! ddyn, ystyria dy gyflwr gynt yn Adda, mae d'yrfa
    yn darfod 123
Och! fe'm rhodded mewn caethiwed 145
Ow! beth a wnawn gan gyflawn drymder 48
Ow! f'annwyl blant i, fy nghri sydd dosturus 40
Ow! f'annwyl gariad i, gwrandewch fy ngwaedd a'm cri 57
Ow! fy ngeneth lyweth lon, mi gaf yn f'amser brudd-der bron 160
Ow! hen dyrnas Loeger sy a'i nifer yn wan 43

Pawb sydd ganddo glustie clir, gwrandewch ar ddifyr ddyfes 120
Pob cangen led anllad wir lygad, wawr lon 52
Pob carwr mwyn ddynes, clywch hanes achwynion 68
Pob Cristion sydd dan grefydd a bedydd ar ei ben 23
Pob Cristion trwy'r wlad mewn rhad ac anrhydedd, un duedd
    gwnawn dôn 108
Pob cwmnïwr, maeddwr meddw, pob yswagrwr, carwr cwrw 106
Pob Cymro gwiwlan o hyn allan, cydluniwn fwynlan fawl 148
Pob dyn diniwed sy yn y byd yn perchen golud gwiwlan 150
Pob dyn sy'n perchen bedydd, mae'r dasg yn fawr aneiri' yn awr 130
Pob dynion haelion hylwydd sy'n perchen cred a bedydd trwy lawn
    wybodeth 27
Pob gŵr trwy wlad Gwynedd, pob gwreigan rywiogedd 111
Trigolion yr holl wledydd lawn ufudd, dowch yn nes 104
Wel, dyma fyd helbulus ddigon 89
Y chwi, foneddigion haelion hylwydd 81
Y feinir ifanc fwyn arafedd sydd rywiogedd waredd wych 54
Y fi ydyw'r emprwr mwya' o'r byd, rwy'n byw'n o glyd heb gledi 87
Y mwynion Gymry, gwnewch ostegu 29
Yr hen bechadur difyr daith, myfyriwr maith oferedd 114

Mynegai i'r Alawon

	Cerdd
Barnad Bwnc	24, 47
Belle Isle March	20, 46
Breuddwyd y Frenhines	29, 33
Bryniau'r Werddon	1, 5
Consêt Gwŷr Dyfi	21, 38
Crimson Felfed	35
Cwymp i'r Nant	11
Cwymp y Dail	9, 34, 36
Diniweidrwydd	12
Elusenni Meistres / Charity Meistres	13, 39, 48, 49
Ffilena	14
Green Windsor	18
Gwêl yr Adeilad	2, 37
Heart of Oak	27, 28, 42
Hitin Dincer	10, 23, 25
Hunting the Hare	8
Let Mary Live Long	7
Monday Morning	32, 43, 44
Neithiwr ac Echnos	17
Susanna	40
Toriad y Dydd	15, 22, 26, 30
Y Ceiliog Du	50
Y Cowper Mwyn	41
Y Fedle Fawr	3, 4, 45
Y Foes	16, 31
Ymadawiad y Brenin / King's Farewell	6, 19